Wissensteilung
Zur Dynamik von Innovation und kollektivem Lernen

Arbeit und Technik

Band 13

herausgegeben von
Franz Lehner
Gerhard Bosch
Peter Brödner
Josef Hilbert

Schriftenreihe des
Instituts Arbeit und Technik
im Wissenschaftszentrum Nordrhein-Westfalen

Peter Brödner
Ernst Helmstädter
Brigitta Widmaier
(Hrsg.)

Wissensteilung

Zur Dynamik
von Innovation
und kollektivem Lernen

Rainer Hampp Verlag   München und Mering   1999

Die Deutsche Bibliothek - CIP-Einheitsaufnahme

Wissensteilung : zur Dynamik von Innovation und kollektivem
Lernen / Peter Brödner ... (Hg.). - München ; Mering : Hampp,
1999
   (Arbeit und Technik ; Bd. 13)
   ISBN 3-87988-422-6

Arbeit und Technik: ISSN 0947-2967

Herausgeber: Institut Arbeit und Technik
                 Wissenschaftszentrum Nordrhein-Westfalen
                 Munscheidstr. 14
                 D - 45886 Gelsenkirchen

Liebe Leserinnen und Leser!
Wir wollen Ihnen ein gutes Buch liefern. Wenn Sie aus irgendwelchen
Gründen nicht zufrieden sind, wenden Sie sich bitte an uns.

∞   *Dieses Buch ist auf säurefreiem und chlorfrei gebleichtem Papier gedruckt.*

© 1999   Rainer Hampp Verlag   München und Mering
         Meringerzeller Str. 16   D - 86415 Mering

         Internet: http://www.hampp.de

Brödner, P. / Helmstädter, E. / Widmaier, B. (Hg.):
Wissensteilung. *Zur Dynamik von Innovation und kollektivem Lernen,*
München und Mering: Hampp 1999

Inhaltsverzeichnis

A Die Wissensgesellschaft und ihr Wissen

B Institutionelle Voraussetzungen für den Innovationsprozeß

C Der Umgang der Unternehmen mit Wissen und Innovation

Anhang

A

Die **Wissens**gesellschaft und ihr **Wissen**

Brödner, P. / Helmstädter, E. / Widmaier, B. (Hg.):
Wissensteilung. Zur Dynamik von Innovation und kollektivem Lernen,
München und Mering: Hampp 1999

Peter Brödner / Ernst Helmstädter / Brigitta Widmaier

Innovation und Wissen –
Zur Einführung

1 Worum es in dieser Untersuchung geht

Der innovatorische Prozeß einer Volkswirtschaft verlangt die Interaktion einer Vielzahl von Akteuren. Als Grundlage dieses Prozesses dient heute mehr und mehr das Wissen, das von der Gesellschaft insgesamt genutzt und weiterentwickelt werden kann. Es ist nur verstreut vorhanden und muß deshalb über geeignete organisatorische und gesellschaftliche Institutionen zusammengeführt werden. Hierzu tragen der wirtschaftliche Wettbewerb, vielfältige Formen der Kooperation und die Infrastruktur des Wissens bei. Wirtschaft und Politik haben das ihre zum Gelingen dieses komplexen Prozesses zu leisten. Welcher Art die erforderliche Interaktion der individuell handelnden Akteure ist und über welche Instrumente sie erfolgreich zustandekommt, mit diesem Gegenstand befaßt sich die vorliegende Untersuchung.

Daß die internationale Wettbewerbsfähigkeit einer Volkswirtschaft von deren Innovationsfähigkeit abhängt, kann man heute täglich in den Zeitungen lesen. Empirische Untersuchungen informieren über die Aufwendungen für Forschung und Entwicklung im internationalen Vergleich. Patentstatistiken und das Qualifikationsniveau der Arbeitskräfte werden herangezogen, um den Einsatz von Humankapital zu belegen. Es gibt zahlreiche Befragungsergebnisse zum innovatorischen Verhalten von Unternehmen und Erfolgsberichte zur Tätigkeit aus dem Boden sprießender Innovationszentren. So gesehen fehlt es nicht an Informationen über die Innovationstätigkeit.

Und dennoch mangelt es an Untersuchungen, die den Innovationsprozeß als komplexen gesellschaftlichen Interaktionsprozeß der Wissensnutzung und der Findung neuen Wissens betrachten, und eben nicht aus der eindimensionalen Perspektive einer linearen Ursache-Wirkung-Kette.

Dieser Prozeß hängt zwar eng mit dem Wettbewerbsprozeß zusammen, aber er stellt gleichwohl einen Prozeß eigener Art dar. Die Produktivkraft Wissen ist eben eine besondere Ressource, über deren Struktur und interaktive Funktionsweise noch viel zu wenig bekannt ist. Die Verbreitung neuer Anwendungsmöglichkeiten läuft nur zum Teil über die Schiene wirtschaftlicher Transaktionen, andere Formen der Weitergabe und Teilhabe am Wissen beherrschen das Feld. Was durch die Diffusion des Wissens zustande kommen soll, erfaßt der in der bisherigen Diskussion vernachlässigte Begriff der *Wissensteilung.* So wie sich durch Arbeitsteilung die Leistungsfähigkeit der Industriegesellschaft entfaltet hat, so schlägt sich die Art und Weise der Wissensteilung in der Gesellschaft und im einzelnen Unternehmen im Grad der Innovationsfähigkeit nieder.

Die Forschungen des IAT sind auf Prozesse des Strukturwandels und der Modernisierung im Industrie- und Dienstleistungsbereich ausgerichtet. Hierbei ist der betriebliche, der regionale und der globale Kontext zu berücksichtigen. Von entscheidender Bedeutung für zukunftsorientierte Konzepte und Strategien hat sich immer deutlicher die Gewinnung neuen Wissens und dessen Umsetzung in Innovationen erwiesen. Eine Reihe einschlägiger Untersuchungen des IAT galt bisher schon den Erneuerungsprozessen in ausgewählten Industrie- und Dienstleistungsbranchen. Diese Projekte nahmen den konkreten Produktionsablauf und die spezifische Arbeitsorganisation von Unternehmen in den Blick. Weitere Untersuchungen befaßten sich mit dem Strukturwandel von Industriezweigen und -regionen, wobei immer auch die Innovationstätigkeit als Motor des Wandels zu berücksichtigen war. So hat sich eine spezifische Forschungskompetenz bezüglich der Organisation von Produktionsabläufen, der Unternehmenskooperation und der Problematik von Angebot und Nachfrage auf den Arbeitsmärkten aufgebaut. Sie in dieser auf das gesamte innovatorische Geschehen angelegten Studie zu nutzen, war eines der mit dieser Untersuchung in Angriff zu nehmenden Ziele. Wie dabei im einzelnen vorgegangen wurde, beschreibt der 3. Abschnitt dieser Einleitung im Überblick.

Worin die Besonderheiten der Wissensteilung bestehen, wie sich von hier aus die Orientierung für die Detailbereiche der Untersuchung und auch für neue Ansatzpunkte der Innovationspolitik ergibt, darin besteht das zweite, auf grundsätzliche Fragen abgestellte Ziel dieser Untersuchung. Darauf geht der folgende 2. Abschnitt dieser Einleitung ein, wo wir die Grundbegriffe der Wissensteilung übersichtlich und im systematischen Zusammenhang erläutern. Dieser Abschnitt wird ergänzt durch den anschließenden Beitrag von Helmstädter. Dort werden beide Arten der gesellschaftlichen Interaktion auf der Basis der Neuen Institutionenökonomik dargestellt.

2 Das Wissen der Wissensgesellschaft – Die Leitbegriffe im Überblick

Wir bedienen uns in dieser Untersuchung einiger Leitbegriffe, die in der Diskussion um die Rolle des Wissens im innovatorischen Prozeß Bedeutung erlangt haben, die aber in der Literatur zum Teil noch nicht endgültig ausformuliert worden sind, wenngleich sie unserer Ansicht nach die Sache, um die es hier geht, ins rechte Licht rücken. Wohl gilt das Wissen mit Fug und Recht heute als die wichtigste wirtschaftliche Ressource. Sie wird jedoch zumeist an Hand von globalen Größen (wie Humankapital, Ausgaben für Forschung und Entwicklung u. ä.) behandelt. Das analytische Instrumentarium zur Darstellung der interaktiven Wissensteilung, die Grundvoraussetzung für eine effiziente Wissensnutzung, fehlt völlig. In der Diskussion mangelt es an der zweckdienlichen Terminologie. So erscheint es uns angebracht, zunächst die Leitbegriffe dieser Untersuchung übersichtlich zusammenzufassen.

2.1 Wissensgesellschaft versus Industriegesellschaft

Die heutige Bedeutung des Wissens für den Innovationserfolg wird in dem mehr und mehr in den Mittelpunkt der Diskussion tretenden Begriff der *Wissensgesellschaft* augenscheinlich. Doch wer wahrnimmt, wie die globalen Kennzeichnungen unserer Gesellschaft insgesamt mit der Mode wechseln, wird jedem neuen Stichwort dieser Art von vornherein mit Unbehagen begegnen. Wir finden den Begriff der Wissensgesellschaft für unseren Zweck jedoch sehr nützlich, insbesondere zur Kennzeichnung jener Entwicklungsprozesse, die uns von der überkommenen Industriegesellschaft weg zu einer neuen Qualität der gesellschaftlichen Prozesse des Wirtschaftens führen. Sein Inhalt charakterisiert in unserem Verständnis die Gesellschaft nicht universell, sondern nur eingeschränkt auf die in der Wirtschaft und Gesellschaft stattfindende Verarbeitung vorhandenen und die Findung neuen Wissens. Im Englischen spricht man von der *knowledge based economy*. So gesehen geht es also eigentlich um die „Wissenswirtschaft", die vom Wissensprozeß angetriebene Wirtschaft. Daß wir es vorziehen, von der Wissensgesellschaft zu sprechen, liegt darin begründet, daß die wirtschaftliche Nutzung des Wissens selbst einen spezifisch geprägten gesellschaftlichen Prozeß darstellt. Die Früchte des Wirtschaftens sind schon seit Jahrhunderten nur gesellschaftlich durch den Prozeß der *Arbeitsteilung* zur vollen Reife zu bringen. Heute ergibt sich der wirtschaftliche Ertrag des Wissens vor allem aus dem gesellschaftlichen Zusammenwirken der einzelnen Wissensträger im Rahmen einer durchgreifenden *Wissensteilung*.

Wissensteilung nennen wir mit Friedrich A. von Hayek[1] jenen komplexen gesellschaftlichen Vorgang, der das verstreut bei den vielen selbständig handelnden Wissensträgern vorhandene und laufend erneuerte Wissen synergetisch zum Vorteil der Gesellschaft insgesamt zur Entfaltung bringt. Der Begriff der Wissensteilung umfaßt einerseits die Spezialisierung des Wissens, somit die Fragmentierung nach Wissensgebieten und die Trennung der Wissensträger nach Personen und Institutionen, wie auch andererseits die mittels der gesellschaftlichen Interaktion zustandekommende Vereinigung der Teile zu einem zweckvollen Ganzen. Der Begriff der Teilung, wie er sowohl in der Arbeits- wie in der Wissensteilung steckt, schließt somit die *Aufteilung* auf spezielle Aktivitäten und, im zweiten Schritt, deren prozessuale *Beteiligung*[2] an der vorteilhaften Zusammenführung ein. Der Tatbestand der Aufteilung betrifft den Gegenstandsbereich, die Organisationsweise der Beteiligung den ordnungspolitischen Gestaltungsbereich.

Die arbeitsteilige Erstellung von Produkten ist im Gegenstandsbereich daran gebunden, daß die Arbeitsergebnisse in Form von Werkstücken oder Dokumenten von einem Teilprozeß zum nächsten weitergereicht und dort nach einem separaten Verfahren verarbeitet werden können. Die Beteiligung geschieht innerhalb der Unternehmen kooperativ und zwischen den Unternehmen durch den marktwirtschaftlichen Austausch.

Die Wissensteilung stellt sich im Gegenstandsbereich jedoch nicht in der Form der Weitergabe einer Sache und deren separater Weiterverarbeitung dar. Es handelt sich vielmehr in aller Regel darum, daß die *Teilhabe* an kodifiziertem (explizitem[3]) Wissen ermöglicht wird. Danach besitzt derjenige, der die Teilhabe gestattet, hinterher nicht weniger Wissen, wer die Teilhabe wahrnimmt, verfügt dagegen über mehr Wissen. In der Gesellschaft insgesamt hat sich somit das Wissen vermehrt oder aus-

---

[1] „Eine der originellsten und bedeutendsten Ideen, die Hayek entwickelte, ist die Rolle der ‚Wissensteilung‘ in einer Wirtschaftsgesellschaft." Machlup, F. 1977: 41. Siehe auch Hayek 1976: Kap. 2 und 4.

[2] Die Zusammenführung der Teilaktivitäten hat List (1920: 239 f) „Konföderation oder Vereinigung der verschiedenartiger Tätigkeiten, Einsichten und Kräfte zum Behuf einer gemeinschaftlichen Produktion" genannt. Die Begriffe der Aufteilung und der Beteiligung bringen sinnfällig den Doppelcharakter der Arbeits- wie der Wissensteilung zum Ausdruck.

[3] Die Unterscheidung von explizitem und implizitem Wissen hat Michael Polanyi (1985) eingeführt. „Implizites Wissen ist persönlich, kontextspezifisch und daher nur schwer kommunizierbar. Explizites Wissen hingegen läßt sich in formaler, systematischer Sprache weitergeben" (I. Nonaka, H. Takeuchi 1997: 72).

gebreitet. Die Teilhabe am Wissen stellt also einen Diffusionsvorgang dar. Dies gilt auch für die im gesellschaftlichen Prozeß der Wissensteilung nicht im Mittelpunkt stehende unmittelbare Weitergabe von implizitem Wissen durch Anlernen. Auch hier vermindert sich das Wissen des Lehrenden nicht, während das des Lernenden zunimmt. Mit der Ausbreitung von explizitem Wissen alleine ist es nicht getan. Zur Anwendung bedarf es auch der Fähigkeit, das erlangte Wissen im Rahmen gegebener Bedingungen umzusetzen. Diese besondere Fähigkeit eines situativ angemessenen Umgangs mit dem Wissen erfordert *Können* oder *implizites Wissen*. Das durch Diffusion verfügbar werdende explizite Wissen wird durch implizites Wissen in den Rahmen eines neuen Kontextes gestellt und so erst nutzbar gemacht. Diesen Vorgang bezeichnet man auch als Internalisierung expliziten Wissens. Da umgekehrt neues Wissen zunächst nur als implizites Wissen, nicht zuletzt auch aus der situationsgebundenen Erfahrung, entstehen kann, ist es in dieser Form nicht weiterzugeben. Es muß erst durch Dekontextualisierung in die Form kodifizierten expliziten Wissens überführt werden.[4]

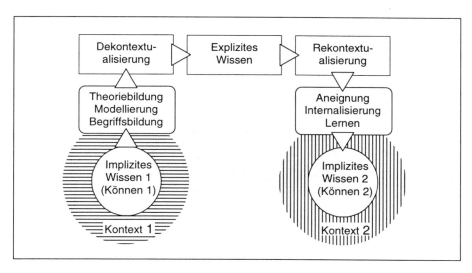

Abbildung 1: Schritte der Wissensdiffusion und des Lernens

---

[4] Siehe die näheren Erläuterungen zu diesen Begriffen im Beitrag von Brödner, Begriffserläuterung.

Die Diffusion neuen Wissens ist also nur möglich, indem anfangs implizites Wissen von seinem spezifischen Kontext gelöst und kodifiziert wird,
und dann reziprok das explizite Wissen in implizites, d. h. auf einen neu-
en Kontext bezogenes Wissen verwandelt wird. Das Schema der Abbildung 1 veranschaulicht die einzelnen Schritte des Übergangs impliziten
Wissens in explizites Wissen und von da zurück in neues implizites Wissen. Unter Dekontextualisierung ist hierbei ein Vorgang des Abstrahie-
rens, von der Begriffsbildung über die Modellierung und möglicherweise
die Theoriebildung, zu verstehen. Dann erst wird neues explizites Wissen
für weitere Anwendungen verfügbar. Die Aneignung oder Internalisierung expliziten Wissens bezeichnet mit dem Begriff der Rekontextualisierung einen Lernvorgang. Die erfolgreiche Anwendung expliziten Wissens
auf eine neue Situation verlangt wiederum Können und den Gebrauch
bisher schon verfügbaren expliziten Wissens. In jedem Fall hat man sich
die Mehrung des expliziten Wissens und die Teilhabe daran als jeweils
mehrstufige Prozesse der Wissensverarbeitung vorzustellen.

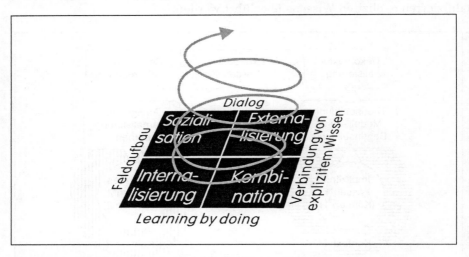

Abbildung 2: Die Wissensspirale nach Nonaka / Takeuchi 1997: 84

Eine anschauliche Vorstellung von solchen Prozessen vermittelt die Abbildung 2. Die eingezeichnete Wissensspirale startet mit der Nutzung eines
Bestandteils des externen Wissens, der mit einem neuen Kontext kombiniert wird. Aus dem lernenden Umgang mit diesem Wissen entsteht neues implizites Wissen. Nonaka und Takeuchi beschreiben diesen Vorgang
als Internalisierung. Es schließt sich eine Dekontextualisierung an, die in

Abbildung 2 Feldaufbau genannt wird. So ergibt sich die Möglichkeit das neue Wissen für die Gesellschaft verfügbar zu machen. Am Ende der ersten Schleife der Spirale steht dann neues externes (explizites) Wissen zur Verfügung. Die Spirale dreht sich über die genannten Stationen fortwährend weiter nach oben, womit angedeutet wird, daß auf solche Weise der Wissensbestand fortwährend zunimmt.

Falls es sich bei einem Zugang zum explizitem Wissen und bei der Anwendung expliziten Wissens auf eine andere Situation um den gleichen Wissensinhalt handelt, verfügt der Anwender im Kontext 2 über das gleiche explizite Wissen wie der Anwender im Kontext 1. Doch das jeweils damit im Zusammenhang stehende implizite Wissen, in dem sich ein anderer Kontext spiegelt, ist unterschiedlich. So kann aus dem neuen Kontext heraus abermals neues explizites Wissen entstehen. Diese Schritte der Wissensdiffusion wiederholen sich fortwährend in einem endlosen dynamischen Prozeß und mehren so das Wissen insgesamt.

Kompetitive und kooperative Interaktion kennzeichnet den Prozeß der Wissensteilung. Seit der Industrialisierung haben sich durch die Arbeitsteilung gewaltige Produktivitätssteigerungen in der laufenden Produktion ergeben. Die Erforschung ihrer institutionellen Bedingungen beginnt jedoch erst in jüngster Zeit mit dem Aufkommen der Neuen Institutionenökonomik[5]. Mit Hilfe dieser Konzeption ist es zugleich möglich, den Prozeß der Wissensteilung analytisch zu fassen, der bis heute als spezifischer Problemkomplex noch nicht auf der Tagesordnung der Sozialwissenschaften zu finden ist.

Die Übersicht 1 faßt die bisher vorgestellten Unterscheidungsmerkmale zwischen Wissensteilung und Arbeitsteilung zusammen. Wir beschränken uns dabei auf die vier wichtigsten Sachzusammenhänge des Gegenstandsbereichs. Es sollte aus deren Gegenüberstellung deutlich werden, inwiefern die gesellschaftliche Interaktion bei der Wissensteilung von jener bei der Arbeitsteilung markante Unterschiede aufweist. Sie sind bisher vernachlässigt worden, so als ob es sich einheitlich um Arbeitsteilung handeln würde und dabei identische Mechanismen wirksam wären, daß insbesondere die Wissensfindung und -verarbeitung über die daraus entstehenden Innovationen eine rein wirtschaftlich zu begreifende Domäne darstellen würde, so als könnte man mit Geld einfach Innovationen kaufen! Daß dies in weitem Umfang gar nicht zutrifft und daß für die Be-

---

[5] Die Neue Institutionenökonomik integriert in sich die drei Teildisziplinen Transaktionskostenökonomik, Property-Rights-Analyse und Ökonomische Vertragstheorie. (Richter, Furubotn 1996: 35). Eine eingehende Darstellung und kritische Auseinandersetzung mit der Neuen Institutionenökonomik erfolgt im Beitrag von Helmstädter „Arbeitsteilung und Wissensteilung – Ihre instutionenökonomische Begründung".

wältigung der Wissensteilung besondere institutionenökonomische Regeln erforderlich sind, ist insgesamt Gegenstand der Untersuchung.

Sachzusammenhang	bei der Arbeitsteilung	bei der Wissensteilung
	Typischer Vorgang	
Gegenstand der Interaktion:	Güter und Leistungen	Wissen und Können
Interaktionsform:	Transaktion	Teilhabe
Wirkung der Interaktion:	Umverteilung von Gütern und Leistungen	Wissensvermehrung
Nächster Verarbeitungsschritt:	Separate Weiterverarbeitung	Internalisierung Rekontextualisierung

Übersicht 1: Die Unterschiede zwischen Wissensteilung und Arbeitsteilung

Die zunächst aufgezeigten Unterschiede im Gegenstandsbereich von Wissensteilung und Arbeitsteilung, die unabhängig von der Wirtschaftsordnung und ihren Institutionen stets gelten, institutionenökonomisch zutreffend zu erfassen, ist Aufgabe des nachfolgenden Beitrags von Helmstädter.

Nach der Erläuterung der hier vertretenen Position, daß Arbeitsteilung die Industriegesellschaft und Wissensteilung die Wissensgesellschaft kennzeichnet, mag man sich gleichwohl fragen, ob nicht mit den für diese Untersuchung zentralen Begriffen alter Wein lediglich in neuen Schläuchen angeboten wird. War nicht das Wissen immer schon die wichtigste Produktivkraft, ist nicht Wissensteilung seit eh und je die Voraussetzung für die Mehrung des Wohlstandes? Gewiß hatte beides zu allen Zeiten seine Bedeutung. Doch gewinnen Wissen und Wissensteilung im Zusammenhang mit der heute verfügbaren Technologie ihren überragenden Stellenwert.

2.2 Das neue Anforderungsprofil der Industriearbeitsplätze

Die Wissensgesellschaft verabschiedet sich nicht von der industriellen Produktion. Vom Wissen alleine kann keine Gesellschaft leben, und ohne industrielle Arbeitsplätze auch nicht. Deren Anforderungsprofil hat sich jedoch in der Wissensgesellschaft entscheidend gewandelt. Worin das Neue besteht, zeigt die Inaugenscheinnahme der heutigen Arbeitsplätze in der Industrie. In den Zeiten Fords und Taylors wurden – in Fortführung der Prinzipien der betrieblichen Arbeitszerlegung nach Adam Smith und Charles Babbage – Arbeitsplätze auf möglichst enge Bewegungsabläufe zugeschnitten und die Handarbeit durch maschinelle Bearbeitungsvorgänge ergänzt. Aus der Zerlegung des Arbeitsablaufs in kleine Teilschritte ergab sich die Steigerung der Arbeitsproduktivität bei gleichzeitig sich verringernder Qualifikation der Arbeitskräfte. Unverzichtbare Voraussetzung dieser weitreichenden Entwicklung war die genaue analytische Durchdringung und begrifflich-funktionale Modellierung der Arbeitsprozesse. Ohne sie wäre weder die Planung und Koordination der einzelnen Verrichtungen noch die Konstruktion und der enorme Einsatz von Maschinen erfolgreich verlaufen. Das natürliche Geschick und die Handlungskompetenz handwerklich qualifizierter Arbeiter mußte – Taylors Grundsätzen wissenschaftlicher Betriebsführung entsprechend – nach und nach in explizites theoretisches Wissen über den Arbeitsprozeß verwandelt werden. Der Erfolg der Arbeitszerlegung war im Laufe der Zeit so durchschlagend, daß der Eindruck grenzenloser Machbarkeit der Explikation von praktischem Können in theoretisches Wissen, der Mechanisierung und der Automatisierung von Arbeitsprozessen entstand.

In den achtziger Jahren folgte man in der Tat der Vision einer ohne menschliche Mitwirkung fehlerfrei laufenden Fabrik. Man glaubte, alles sei vorab zu programmieren und im Vollzug problemlos zu steuern. Das war jedoch ein großer Irrtum. Die Berechenbarkeit komplexer Produktionsprozesse insgesamt ist an nicht überwindbare Schranken gestoßen. Auf Grund der immensen Anlage- und Unterhaltungskosten automatischer Herstellung sind die Stillstandskosten in exorbitante Höhen gestiegen. Und Stillstände sind nun einmal nicht zu vermeiden. Sie nehmen katastrophenähnliche Züge an: „Wenn ... ein, zwei Stunden am Tag die Fabrik steht, ist das wie ein Erdbeben" (Ferdinand Piëch 1999).[6]

Wenn es ohne Stillstandskosten nicht geht, so kommt alles darauf an, sie niedrig zu halten. Und dazu sind Maschinenführer mit einem hohen Wissensstand und beträchtlicher Erfahrung nötig. Ihr Wissen scheint bei normalem Betrieb gar nicht gebraucht zu werden, sie üben dann lediglich einfach vorzunehmende Kontrolltätigkeiten aus. Aber ihr Erfahrungswissen warnt sie, noch bevor es zum Stillstand kommt, klug in die Vorgänge einzugreifen. Und wenn der Stillstand unvermeidbar geworden ist, sind nur sie in der Lage, auf Grund ihrer Einsicht in die Wirkungsweise solch komplexer Maschinenabläufe und kraft ihrer vielseitigen fachlichen Qualifikation das Erforderliche zu tun, damit die Stillstandszeit minimiert wird. Eine solche in höchstem Maße wissensbasierte Tätigkeit in der industriellen Fertigung kennzeichnet den heutigen Industriearbeitsplatz. In

---

[6] DER SPIEGEL, Nr. 6/1999: 94.

anderen Tätigkeitsbereichen verhält es sich kaum anders (Böhle 1989, Schon 1987).

Der Maschinenführer spielt nicht mehr die Rolle des kleinen Rädchens, das sich anweisungsgerecht zu drehen hat, es geht vielmehr um eigenverantwortliches Handeln auf Grund eines soliden Erfahrungswissens. Dieses speist ferner die Findung neuen Wissens. Zum planenden Ingenieur bildet sich ein enger Kontakt heraus. Hier begegnet uns der Zusammenhang zwischen implizitem Wissen (Können) und explizitem Wissen im praktischen Fall. Können umfaßt die allen Menschen eigene und jederzeit verfügbare, freilich mehr oder weniger qualifizierte praktische Handlungskompetenz, die sie „ohne langes Überlegen" zu situationsgerechtem Handeln befähigt. Sie entsteht im Arbeitsprozeß und ist daher an handelnde Personen gebunden. Nur aufgrund besonderer Anstrengungen, etwa mittels Reflexion, Begriffsbildung oder Experimentieren, gelingt es kraft des menschlichen Unterscheidungsvermögens, in der Vielfalt das Wiederkehrende und im Besonderen das Allgemeine zu erkennen und so Aspekte des Handelns in explizites Wissen zu transformieren. Stets ist aber das Können von Maschinenführer und Ingenieur vorgängig. „Erfolgreiche Praxis geht ihrer eigenen Theorie voraus" (Ryle 1987: 33). Diese Zusammenhänge verdeutlichen, weshalb heute im Produktionsprozeß wie in allen betrieblichen Tätigkeiten ein besonderes *Wissensmanagement* erforderlich ist. Dessen Aufgabe besteht in der unternehmensintern umzusetzenden Wissensteilung.

Was der Taylorismus betrieben hat, war im Grunde nicht Arbeitsteilung, sondern *Arbeitszerlegung*. Die Stückelung der Arbeitsverrichtungen wurde dabei viel zu weit getrieben. Den davon betroffenen Arbeitskräften wurde es unmöglich gemacht, den Produktionsprozeß ganzheitlich zu erfahren. Lernen lohnte sich unter solchen Bedingungen nicht sonderlich, das Lernbemühen verkümmerte.

Recht verstandene Arbeitsteilung setzt selbständiges Handeln der beteiligten Akteure voraus. Darunter hat man sich in aller Regel Unternehmen vorzustellen. Über diese Akteure stellt sich auch eine, oft als horizontal bezeichnete Arbeitsteilung zwischen Regionen und Ländern her. Innerhalb der Unternehmen gab es im Zeichen des Taylorismus mangels der Selbständigkeit der Akteure eben in Wirklichkeit keine Arbeitsteilung, sondern lediglich die von oben angeordnete Arbeitszerlegung. Abhilfe sollte schließlich eine „neue Arbeitsteilung" (Littek/Charles 1995) bringen. Wir ziehen es vor, diese neue Entwicklung unter dem Stichwort der *Wissensteilung* zu subsumieren. Darum geht es in den Unternehmen ebensosehr wie in der Wirtschaft insgesamt.

Das versteht sich einmal aus der enorm angestiegenen Bedeutung der Produktivkraft Wissen für das gesamte Innovationsgeschehen. Zum andern bezieht dieser Begriff die Bildungs- und Forschungseinrichtungen der Gesellschaft in die Betrachtung ein. Sie stehen unter einem umfassenden Einfluß der öffentlichen Hand weitgehend außerhalb des wirtschaftlichen Aktionsfeldes. Gleichwohl gehen von hier starke Impulse auf das Wirtschaftsgeschehen aus. Wissensteilung als politische Aufgabe heißt, das in diesem Bereich verstreut vorhandene und häufig losgelöst von der Wirtschaft entwickelte Wissen zum Vorteil der Allgemeinheit zur wirtschaftlich ertragreichen Entfaltung zu bringen.

Das erste Institutsbuch hat die Krise des Taylorismus unter die kritische Lupe genommen: „Mit den Ansprüchen der Herrschaftssicherung durch horizontale und vertikale Arbeitsteilung in Verbindung mit der Automatisierung wird die Entfaltung jenes Wissens und Könnens untergraben, das zur Einlösung der hohen Flexibilitätsanforderungen des Marktes unverzichtbar ist" (Brödner 1996: 43). Die vorliegende Untersuchung erweitert diese auf die unternehmensinternen Produktionsprozesse konzentrierte Problemsicht auf die Wirtschaft insgesamt. Die marktwirtschaftliche Ordnung insgesamt muß in ihren Rahmenbedingungen und ihrer Infrastruktur darauf ausgerichtet sein, damit sich die Kompetenz ihrer Akteure entfalten kann und sich in vielfältigen Prozessen der Wissensteilung zum Vorteil aller zusammenfindet.

2.3 Zur Entfaltung der „Produktivkraft Wissen"

Bei aller Bewunderung des Werkes von Adam Smith hat Friedrich List dessen Vorstellung von den Wohlfahrtswirkungen der Arbeitsteilung mit herber Kritik überzogen. Sein Vorwurf bestand darin, daß Adam Smith die Produktivitätssteigerung der Arbeit ausschließlich dem infolge der Arbeitsteilung zustandekommenden Warenaustausch zuschreibt. Dieser Theorie der Werte setzt List seine eigene Theorie der Produktivkräfte entgegen. „Adam Smith hat die Natur dieser Kräfte im ganzen so wenig anerkannt, daß er nicht einmal der geistigen Arbeit derer, welche Recht und Ordnung handhaben, Unterricht und Religiosität, Wissenschaft und Kunst pflegen usw., Produktivität zugesteht. ... Hätte er die Idee *'produktive Kraft'* verfolgt, ohne sich von der Idee, Wert, Tauschwert' beherrschen zu lassen, so hätte er zur Einsicht kommen müssen, daß einer *Theorie der Werte* eine selbständige *Theorie der produktiven Kräfte* zur Seite stehen muß, um die ökonomischen Erscheinungen zu erklären." (List 1920: 225).

Was damit gemeint ist, beschreibt List mit einer Anzahl von Beispielen. Das eindringlichste liefert das Verhalten Englands beim Handel mit ostindischen Stoffen aus Seide und Baumwolle. Diese wurden nach Kontinentaleuropa zu Schleuderpreisen verkauft, während ihre Einfuhr nach England verboten wurde. Das widersprach eindeutig der Smithschen 'Theorie der Werte'. „Anders verhält es sich nach unserer (der Listschen, E. H.) Theorie, die wir *Theorie der produktiven Kräfte* nennen, und welche die englischen Minister, ohne sie bis auf den Grund erforscht zu haben, vermittels der Maxime: *Produkte kaufen, Fabrikate verkaufen* befolgten. Die englischen Minister wollten keine *wohlfeilen* und *vergänglichen Manufakturwaren, sondern teure und bleibende Manufakturkraft erwerben.*" (List 1920: 123).

Eine solche merkantilistische Politik hat Adam Smith seinerseits zu Recht heftig kritisiert. (Smith 1974: 496-541). Unabhängig davon ist jedoch nicht zu leugnen, daß die Produktivität der Arbeit nicht nur von der Arbeitsteilung herrührt. Vielmehr spielt im umfassenden Sinne die Qualifikation der Arbeit eine Rolle, die nicht in jeder Hinsicht als eine Folge der Arbeitsteilung zu begreifen ist. Die rasche Industrialisierung Deutschlands in der ersten Hälfte des neunzehnten Jahrhunderts war wesentlich der Errichtung der Gewerbeinstitute und den frühen technischen Bildungsanstalten zu verdanken (Helmstädter 1997). Mit Friedrich List darf gerade unter den heutigen Bedingungen auf die Notwendigkeit der qualitativen Entfaltung der Produktivkraft Wissen, die die Qualifizierung der Arbeitskraft einschließt, verwiesen werden. Ihr Ziel besteht wesentlich in einer effizienten Wissensteilung, d. h. in einem ertragreichen Zusammenspiel von Können und Wissen.

Wesentlich für das Verständnis der Entfaltung von Können und Wissen ist deren dynamische Beziehung, die Art und Weise, wie sie einander wechselseitig bedingen: Vorgängig ist, wie schon erwähnt, stets die natürliche Handlungskompetenz, das Können. Erst durch die Anstrengungen der begrifflichen Reflexion lassen sich Aspekte des Handelns in explizites, theoretisches Wissen, das vom situativen Kontext abstrahiert, transformieren. Durch dessen Aneignung für praktische Zwecke, d. h. durch Interpretation seiner Funktionen in einem anderen Handlungskontext, wird das explizite, abstrakte Wissen wieder in einen neuen Praxiszusammenhang gestellt. Diese Rekontextualisierung stellt wiederum einen komplexen Vorgang dar, der seinerseits Können erfordert und zugleich zu einer neuen Praxis führt (vgl. Brödner 1997). Diese Dialektik der Explikation von Erfahrung in Wissen und der Aneignung von explizitem Wissen über das Können in neuer Praxis kennzeichnet grundlegend die Aktivitäten der Produktivkraft Wissen. Diese Produktivkraft ist eben nicht als Bestandsgröße zu begreifen, sondern als ein dynamisches Aktivitätsfeld.

Das explizite Wissen verlangt genauso wie das implizite eine fortwährende aktive Befassung damit. Sonst vermindert sich dessen Nutzbarkeit. Teile des Wissens werden zwar auch von alleine unweigerlich obsolet, aber dies zu wissen, erfordert ebenfalls einen laufenden Kontakt mit dem betreffenden Gegenstand. Die so geforderte aktive Auseinandersetzung mit dem Wissen besagt jedoch nicht, daß sie alleine und urwüchsig im Sinne der Wissensteilung geschieht. Es gibt häufig strukturbedingte, durch eingespielte Handlungsmuster hervorgerufene soziale Barrieren (vgl. dazu Klatt et al. in diesem Band), gelegentlich auch Wissensverweigerung oder gar Irreführung durch unfreundlich gesinnte Partner. So wie im Rahmen der Unternehmungen das Wissensmanagement für den tatsächlichen Erfolg der Wissensteilung zu sorgen hat, so erfordert die gesellschaftliche Wissensteilung insgesamt geeignete Institutionen mit den dazu passenden Sanktionen.

Die Wissensteilung hat gewiß auch viel mit dem wirtschaftlichen Austauschprozeß selbst zu tun. Aber sie ist nicht zureichend aus ihm alleine erklärbar. Friedrich List hat im Zusammenhang mit der Arbeitsteilung nachdrücklich darauf hingewiesen, daß die Arbeitsproduktivität nicht ausschließlich aus der Arbeitsteilung, sondern ebensosehr aus der Qualifikation der Arbeit als Produktivkraft – gleichsam vor dem Eintritt der Arbeit in den arbeitsteiligen Austauschprozeß – erfolgt. Entsprechendes gilt für die Produktivkraft Wissen. Die Institutionen der Wissenspflege und -findung sind vor ihrer wirtschaftlichen Einbindung nach ihren Eigengesetzlichkeiten im Sinne der Entfaltung der Produktivkraft Wissen einzurichten. Wichtige Wissensleistungen haben gar keinen Marktpreis: „Wissenschaftliche Erkenntnisse sind geradezu ein Paradebeispiel für ein freies öffentliches Gut" (Beckmann 1993: 147). Es hat also durchaus seinen guten Sinn, der Entwicklung der Produktivkraft Wissen im Rahmen der Wissensgesellschaft von heute ein besonderes Augenmerk zu widmen. Dabei sollte nicht übersehen werden, daß heute die Unternehmen wesentlich zur Grundlagenforschung beitragen, was die Verfügbarkeit des Wissens einschränken kann.

Hierbei sind zwei Aspekte zu beachten. Der eine betrifft die Frage der optimalen Allokation des Wissens, der andere die Frage der ordnungspolitisch zu gestaltenden Rahmenbedingungen der gesellschaftlichen Nutzung des Wissens. In diesem Buch gehen wir mit Schwergewicht dem allokationstheoretischen Aspekt der Wissensteilung nach. Ordnungspolitische Gesichtspunkte finden gleichwohl Beachtung unter einer vorwiegend institutionenökonomischen Perspektive. Ohne Zweifel hängt beides miteinander zusammen. Fehlt es an den von der Ordnungspolitik zweckgerecht vorzugebenden Rahmenbedingungen, kann die Wissensteilung nicht zur vollen Wirksamkeit gelangen. Diese Rahmenbedingungen haben namentlich über das Patentrecht dafür zu sorgen, daß ein innovatorisches Unternehmen vorübergehend Pioniergewinne erzielen kann, aber andererseits auch der Diffusionswettbewerb nicht zu lange gehindert ist, die Früchte der Innovation der Gesamtheit verfügbar zu machen. Insgesamt ist zu bedenken, daß der wissensteilige Prozeß vom wirtschaftlichen Wettbewerb ebenso wie von vielfältigen Formen der Kooperation und auch durch die Beschaffenheit der wissensrelevanten Infrastruktur gelenkt wird.

2.4 Lernen – wissen – können

Wer etwas mit Erfolg gelernt hat, der hat etwas begriffen und verstanden, kurz: er weiß und kann schließlich auch etwas. So reihen sich die Tätigkeitswörter lernen, wissen und können problemlos aneinander. Aber diese Begriffe gibt es auch in substantivischer Form! Und da stellen sich dann schon Verständigungsprobleme ein. Hier war schon fortwährend vom Wissen, auch von verschiedenen Arten des Wissens die Rede. Aber es fehlt noch eine Antwort auf folgende Fragen: Was ist nun Wissen, was Können, wie ist Lernen zu verstehen?

Eine grundlegende Unterscheidung teilt das Wissen einer Gesellschaft nach der Art und dem Ort seiner Verfügbarkeit in das kodifizierte Wissen (*stock of knowledge* nach Machlup 1962) und in das Wissen in den Köpfen der Menschen ein (*knowledge in the mind* nach Machlup 1962). Das Wissen in den Köpfen wird aktiviert durch *Kopfarbeit*. Diese bedient sich zugleich des kodifizierten oder, wie es auch heißt: des expliziten Wissens, und sie bereichert auch dieses Wissen.

Die Kopfarbeit ist bezüglich dessen, was man unter Arbeit normalerweise versteht, Metaarbeit, also Vor-Arbeit für andere ausführende Arbeit. Diese Metaarbeit umfaßt die Analyse, Modellierung, Planung, Anleitung, Koordination und Kontrolle anderer Arbeit. Kopfarbeit ist selbstverständlich, auch unabhängig von der Produktion, auf die Findung neuen Wissens gerichtet. Schließlich ist nicht jedes Wissen, das im Produktionsprozeß zur Anwendung kommt, in explizites Wissen umzuwandeln. Wichtige Teile des Erfahrungswissens bleiben sogar auf immer implizites Wissen, weil sie zur Weitergabe nicht zureichend in Zeichenform umsetzbar sind.

Jede Kopfarbeit muß ihr Ergebnis, das produktionsbezogene wie das produktionsferne, in kommunizierbarer Zeichenform hervorbringen. Hierzu dienen in erster Linie sprachliche Zeichen und weitere Formen der

Semiotisierung. Eine Konstruktionszeichnung ist ein Beispiel für eine Kommunikationsform ohne eigentliche Sprache (wenn man die Regeln der zeichnerischen Darstellung nicht selbst als eine Sprache auffaßt). Die die Kommunikation ermöglichende und das Wissen explizierende Zeichenform ist die Voraussetzung dafür, daß überhaupt viele Kopfarbeiter am Wissensfindungs- und -übertragungsprozeß teilnehmen können und das Wissen im Zeitablauf akkumulierbar wird. Diese Art des expliziten (kodifizierten) Wissens ist von prinzipiell abstraktem Charakter und somit von seinem Kontext losgelöst (dekontextualisiert). Es ist zugleich unvollständig, insofern die jeweiligen Anwendungsbedingungen ausgeblendet bleiben und notwendig zersplittert in unterschiedliche Gegenstandsbereiche, was letztlich die Leistungsfähigkeit der Kopfarbeit fördert und andererseits nach Koordination verlangt. Letzere besteht in einer Anzahl von zu lösenden Aufgaben. Sie laufen darauf hinaus,

- das für bestimmte Problemlösungen benötigte verstreute Wissen aufzufinden;

- die Anwendbarkeit des Wissens auf ein praktisches Problem zu prüfen;

- unterschiedliche relevante Wissensgebiete zusammenzuführen;

- das Wissen für die erfolgreiche Anwendung zu rekontextualisieren.

Zur Bewältigung solcher praktischen Aufgaben trägt ein stufenweises Eindringen in ein Wissensgebiet bei. Bei der Aufeinanderfolge der einzelnen Schritte lassen sich vier Typen des Wissens unterscheiden (Näheres siehe den Beitrag von Nordhause-Janz und Widmaier):

- Know-what: Worin besteht das Problem?
- Know-why: Welche Zusammenhänge sind zu beachten?
- Know-how: Wie ist das Problem zu lösen?
- Know-who: Wer kann dazu beitragen?

Praktische Aufgaben zu erfüllen, verlangt Könnerschaft. Sie bezieht sich auf Fähigkeiten im Umgang mit dem Wissen und bildet sich als persönliche *Handlungskompetenz* aus. Das Können ist Ausdruck dieser Kompetenz. Sie ist erforderlich zur zweckdienlichen Anwendung von Wissen auf eine konkrete Aufgabe. Ebenso verlangt auch der umgekehrte Vorgang Handlungskompetenz: Wer neues Wissen gefunden hat, muß sich zugleich in der Lage sehen, es in Zeichenform kommunizierbar zu machen und es so dem Bestand an kodifiziertem Wissen zu weiterer Verbreitung hinzuzufügen.

Bei der Unterscheidung zwischen (explizitem) Wissen und (persönlichem) Können bezeichnet das Wissen zunächst einen Wissensbestand außerhalb einer Person und Können die einer Person eigene Fähigkeit zum Handeln. Bei diesem Handeln kommt freilich auch das individuell verfügbare Wissen, das sich seinerseits aus explizitem und implizitem Wissen zusammensetzt, zur Anwendung. Es bildet beim Handeln einen mit der Erfahrung herangereiften abrufbereiten Vorrat an analogen Anwendungsfällen, die gleichsam ohne weitere Überlegungen übernommen werden. Auf diese Weise beschleunigt sich die Entscheidung des mit Kompetenz begabten Experten. Solches Können läuft neurobiologisch übrigens in anderen Gehirnregionen ab als die pure Wissensverarbeitung oder das Lernen.

Unter Lernen ist, wie oben bereits angedeutet, der Erwerb expliziten Wissens durch aktive eigene Anstrengung zu verstehen. Es handelt sich im Kern um Teilhabe an und Aneignung von explizitem Wissen. Etwas zu lernen heißt, einen Sachzusammenhang zu begreifen oder zu verstehen, so daß er später wiederholt oder auf Dauer nachvollziehbar bleibt, so dem Können dienlich ist und schließlich durch Internalisierung selbst zum Teil des erweiterten Könnens wird.

2.5 Quantitative Merkmale der Wissensgesellschaft

Die hier gegebene Darstellung der Merkmale der Wissensgesellschaft war wesentlich auf deren qualitative Aspekte ausgerichtet. Die Wissensgesellschaft ist jedoch auch mittels quantitativer Indikatoren zu kennzeichnen. Ein Charakteristikum ist die Verbreitung der Computer und Telekommunikationsgeräte und -einrichtungen. Nach einer Untersuchung von Stewart (1997) haben sich von 1965 bis 1991 die Investitionen in Anlagen der Informationstechnik in den USA versechsfacht, während im gleichen Zeitraum die Investitionen in Anlagen der Produktionstechnik sich noch nicht einmal verdoppelt haben. Wie Tabelle 1 zeigt, haben beide Investitionszwecke heute das gleiche Gewicht.

Auch die Arbeitswelt unterliegt in der Wissensgesellschaft einem deutlichen quantitativen Wandel. Die Kopfarbeit und die informationsverarbeitenden Tätigkeiten haben eine enorme Ausdehnung erfahren. Reich (1993) schätzt den Anteil der Kopfarbeiter („Symbolanalytiker", knowledge worker) an der Gesamtzahl der Beschäftigten in den USA auf mindestens 20 vH am Ende achtziger Jahre. Der Anteil der überwiegend mit Informationsverarbeitung Beschäftigten wird am Anfang der neunziger Jahre sogar auf 50 vH beziffert (Dostal 1995). Die wachsenden Anteile dieser Art von Arbeit an der Gesamtbeschäftigung charakterisiert die Entwicklung zur Wissensgesellschaft.

Tabelle 1: Investitionen in Anlagen der Produktions- und Informationstechnik in den USA, 1965-1991

Jahr	Investitionen in Mrd. US-$ in Anlagen der		Informations- in vH der Produktionstechnik
	Produktionstechnik (1)	Informationstechnik (2)	(3)=((2)/(1))*100
1965	60,3	18,8	31
1970	63,4	28,6	45
1975	68,6	27,4	40
1980	96,7	52,0	54
1983	77,2	61,5	80
1991	107,0	112,0	105

Quelle: Stewart 1997

Die Tabelle 1 zeigt, wie sich in diesem Jahrhundert die Beschäftigungsanteile in den USA entwickelt haben. Unter dem Aspekt der Wissensgesellschaft sind die Veränderungen seit 1970 besonders zu beachten: der hier einsetzende verstärkte Rückgang des Anteils der einfachen Arbeit (laborers and operators) und der Anstieg der Verwaltungs- und Leitungstätigkeiten.

Typische Berufe und Tätigkeitsfelder von Kopfarbeitern finden sich bei Rechtsanwälten, Steuer- und Unternehmensberatern, Managern, Forschern und Entwicklern. Aber es gibt darüber hinaus auch bestimmte Gruppen von Facharbeitern, die man getrost den Kopfarbeitern zurechnen kann, insbesondere wenn sie für den zielorientierten Betrieb einer teilautonomen Produktionszelle mit oft erheblicher Kapitalausstattung verantwortlich sind. Zu den Fähigkeiten der Kopfarbeiter zählen: Abstrahieren, Modellieren, Systemdenken, Experimentieren und Explorieren, aber auch die Fähigkeit zur Kooperation und Kommunikation. Diese Eigenschaften des Kopfarbeiters sind allesamt dem personengebundenen kreativen Können zuzurechnen (Reich, 1993).

Die Entwicklung der Tätigkeitsstruktur der Wissensgesellschaft läuft insgesamt gesehen günstig für die Kopfarbeit und nachteilig für die einfache Arbeit. Solange es noch ein großes unausgenutztes Bildungspotential gegeben hat, konnte der Verlust an Arbeitsplätzen einfacher Qualifikation durch Höherqualifikation der betroffenen Personen ausgeglichen werden. Es ist zu befürchten, daß inzwischen das Bildungspotential am unteren Rand der Berufsqualifikation nahezu ausgeschöpft ist und im Gefolge der Ausbreitung der Wissensgesellschaft sich eine neue Form technologischer Arbeitslosigkeit herausbildet (Helmstädter 1998). Da es zur Wissensgesellschaft im internationalen Wettbewerb keine Alternative gibt, dürften auf die Dauer wirtschaftspolitische Vorkehrungen gegen die Abnahme der Beschäftigungsmöglichkeiten niedrig qualifizierter Arbeitskräfte unumgänglich werden.

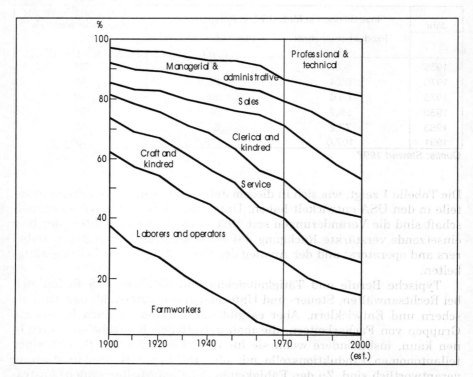

Abbildung 3: Zur Entwicklung der Anteile an der Gesamtbeschäftigung in den USA nach Tätigkeitsmerkmalen, 1900-2000 (Quelle: Stewart 1997)

3 Die Detailuntersuchungen im Überblick

In engem Zusammenhang mit dem 2. Abschnitt dieser Einführung steht der nachfolgende Beitrag von *Helmstädter*. Er steuert eine wichtige theoretische Grundlage für die gesamte Untersuchung bei.

Jede gesellschaftliche Interaktion muß im Rahmen bestimmter Regeln, auf die Verlaß ist, erfolgen. Solche Interaktionsregeln begegnen uns in vielfältiger Form, vom sanktionsbewehrten Gesetz bis zu eingespielten Verhaltensgewohnheiten. Sie werden sämtlich unter dem Begriff der *Institution* zusammengefaßt. Die in vergangenen zwei Jahrzehnten entwikkelte Neue Institutionenökonomik (NIÖ) befaßt sich damit.

Helmstädter stellt zunächst den im Zentrum der NIÖ stehenden Begriff der Transaktion vor und plädiert für dessen streng auf die Vorgänge der laufenden arbeitsteiligen Produktion bezogene Interpretation. Parallel dazu läuft ein interaktiver Prozeß der Wissensteilung ab, der zunächst die effiziente Nutzung des *vorhandenen* Wissens zu sichern hat. Zugleich geht es jedoch um die Findung *neuen* Wissens, wovon die Innovationsfähigkeit einer Gesellschaft in erster Linie abhängt. Von der Zweckmäßigkeit der Institutionen der Wissensteilung wird dann die Innovationsleistung bestimmt. Die Schlußfolgerungen des Beitrags münden in die Empfehlung an die Innovationspolitik, sich der institutionenökonomischen Zusammenhänge der Wissensteilung bewußt zu werden und bessere institutionelle Voraussetzungen für den Innovationsprozeß zu schaffen.

Verschiedene institutionelle Voraussetzungen für den Innovationsprozeß werden in den drei nächsten Beiträgen behandelt. So geht der Beitrag von *Rehfeld* von dem Befund aus, daß angesichts der tiefgreifenden Veränderungen von Märkten und Unternehmensbeziehungen im Umbruch zur Wissensgesellschaft pfadabhängige Innovationen zunehmend an ihre Grenzen geraten. Er stellt die Frage nach der Möglichkeit weitergehender Innovationen, im Sinne von Innovationen, die über den bestehenden Kompetenzrahmen des Unternehmens oder der Produktionskette hinausgehen, zugleich aber auch hohe Unsicherheit schaffen.

Mit der Interdisziplinarität, der Urbanität und der interkulturellen Kommunikation werden Diskurse außerhalb des Ökonomischen betrachtet, die das Spannungsfeld zwischen Routine und Innovation zum Gegenstand haben. Die Organisation des Neuen, des Kreativen bleibt, das zeigen alle drei Diskurse, ein Widerspruch in sich. Unsicherheit läßt sich nun einmal nicht planvoll aufheben, allenfalls lassen sich Freiräume schaffen und Fixpunkte und Konturen einbauen, deren Wirksamkeit aber von den Nutzungsstrategien der Individuen abhängt.

In diesem Zusammenhang ist bedenklich, daß in der momentanen Innovationsdebatte zwar die wachsende Bedeutung zwischen- und überbetrieblicher Zusammenarbeit bei Innovationen hervorgehoben wird, Strategien des organisationalen Lernens usw. aber in erster Linie auf den Betrieb fokussiert bleiben. Angesichts der anhaltenden Schwierigkeiten, aus den bestehenden Innovationspfaden auszubrechen, wird abschließend nach der Möglichkeit von Regionen als Räumen für Innovationen gefragt.

Aus dieser Perspektive kann ein regionales Verankertsein als Möglichkeit verstanden werden, sich bei Bedarf kontinuierlich vor Ort zu treffen und damit gemeinsame Bezüge zu entwickeln, und damit eine Sicherheit oder Vertrautheit zu ermöglichen, die den Schritt über die Grenzen der bestehenden Pfade hinaus erleichtert

Im Vordergrund des Beitrags von *Nordhause-Janz* und *Widmaier* steht die Frage nach den Institutionen und Mechanismen, die zur Generierung, Verbreitung, Aneignung und Verarbeitung von wirtschaftlich verwertbarem Wissen führen sowie nach deren gesellschaftlichen Rahmenbedingungen. Nach einer Darstellung des Innovationssystemansatzes und seiner wichtigsten Komponenten geht der Beitrag näher auf die regionale Ebene ein.

Der Zusammenhang von Wissen, Lernen und Innovation wird unter einer theoretischen Perspektive diskutiert und es wird mit Hilfe unterschiedlicher „Wissenstypen" auf die zentrale Bedeutung sozialer Interaktionen (Netzwerke, Kommunikation) im Innovationsprozeß hingewiesen. Im Anschluß daran wird gefragt, wie solche Kategorien in der Forschung zu regionalen Innovationssystemen verwendet werden und, wie sich Erklärungsmuster aus der Regionalforschung vor dem ständig wechselnden Hintergrund des regionalen und globalen Kontextes bewähren. Die Variablen „räumliche Nähe" und „Netzwerke" werden als zentrale Kategorien diskutiert. Die Auswertung vorliegender empirischer Erkenntnisse führt im Ergebnis zu einer widersprüchlichen und in Teilen zu relativierenden Funktion, die die Region in unternehmerischen Innovationsprozessen spielt. Vor diesem Hintergrund erscheinen weitere Forschungsanstrengungen notwendig, die insbesondere den Zusammenhang von Region und Sektor im Rahmen der Diskussion um Innovationssysteme stärker thematisieren.

Die Angemessenheit bestehender politischer Rahmenbedingungen für die Nutzung von Wissen und Können älterer Arbeitnehmer diskutiert *Knuth* in seinem Beitrag. Während das vorzeitige Ausscheiden der Älteren aus dem Erwerbsleben noch immer als Mittel zur Bekämpfung der Jugendarbeitslosigkeit gilt, ist die Altersarbeitslosigkeit dramatisch angestiegen. Hiervon ist insbesondere die Altersgruppe zwischen 55 und 60 Jahren betroffen. Die demographische Welle der geburtenstarken Jahrgänge 1934 bis 1940 wurde durch höhere Erwerbsbeteiligung der Frauen dieser Jahrgänge im Vergleich zu den vorangegangenen verstärkt und traf in den neunziger Jahren zusammen mit einem beispiellosen Beschäftigungsabbau, der von den Betrieben mit den bewährten Mustern des Vorruhestandes bewältigt wurde.

Altersarbeitslosigkeit als "Vorruhestand" gilt mittlerweile als gesellschaftlich akzeptabel und stellt zudem für Männer ohne rentenrelevante gesundheitliche Beeinträchtigungen den einzigen Weg zu einer Altersrente schon mit 60 dar. Daß die in Westdeutschland im Verhältnis zur allgemeinen Arbeitslosenquote einmalig niedrige Jugendarbeitslosenquote ein Ergebnis des Vorruhestandes wäre, ist eine weithin akzeptierte Rechtfertigung, für die es aber keine empirischen Belege gibt. Statt dessen ist der Vorruhestand, dessen Kosten zum größten Teil von den Sozialversicherungssystemen getragen werden, zu einem wesentlichen Treibsatz der Sozialversicherungsbeiträge geworden. Die Ruhestandserwartungen der Beschäftigten und die Personalpolitik der Betriebe müssen im Sinne einer neuen Kultur der Altersarbeit verändert werden, bevor ab etwa 2015 die nächste und weitaus höhere demographische Welle das Vorruhestandsalter erreicht.

Die bisherigen Umsteuerungsversuche im Renten-, Arbeitsförderungs- und Steuerrecht laufen nach wie vor darauf hinaus, die Kosten des Vorruhestandes auf die Beschäftigten und Betriebe zurückzuverlagern, wobei die konkrete Verteilung den Tarif- und Betriebsparteien überlassen bleibt. Angesichts der gegebenen Kräfteverhältnisse ist zu befürchten, daß Einkommensarmut im Alter die Folge dieser Verteilung sein wird. Die Rahmenbedingungen müssen deshalb so geändert werden, daß Vorruhestand die eng umgrenzte Ausnahme wird, deren Kosten unmittelbar von den Betrieben einer Branche zu tragen ist. Gleichzeitig müssen sowohl die Altersarbeit für Betriebe und Beschäftigte attraktiv gestaltet als auch angemessene Bedingungen für lebenslanges Lernen geschaffen werden.

Die Beiträge des dritten Teils des Buches behandeln den Umgang von Unternehmen mit Wissen und Innovation. *Brödner* untersucht in seinem Beitrag die Innovationsfähigkeit von Unternehmen, die als zentraler Ort des Geschehens bei der Erschließung neuer Geschäftsfelder betrachtet werden. Gerade der Übergang von der Industrie- zur Wissensgesellschaft, wie wir sie charakterisiert haben, stellt besondere Anforderungen an die Innovationsfähigkeit von Unternehmen und deren strategische Orientierung. Zugleich sind aber in großem Umfange blockierte, unzureichende oder fehlgeleitete Innovationsprozesse zu verzeichnen, die in dem Beitrag als eine der Ursachen für mangelnde Beschäftigung geltend gemacht werden. Nur eine vergleichsweise kleine Minderheit von Unternehmen verfolgt eine konsequente Innovationsstrategie des oberen Weges, die auf der Grundlage systematischen Wissensmanagements und fortlaufender Kompetenzentwicklung auf Expansion der Geschäfte und Exploration neuer Märkte ausgerichtet ist. Vergleiche mit der auf bloße Rationalisierung des Herkömmlichen zielenden Strategie des unteren Weges fördern die wesentlichen Unterschiede in der Strategie und Arbeitsweise zutage und liefern empirische Belege für weit günstigere Beschäftigungswirkungen der expansiven Strategie. Daraus ergeben sich klare Leitlinien dafür, was Unternehmen tun müssen, um auf den oberen Weg der Innovation zu gelangen und damit zu mehr Beschäftigung beizutragen.

Die zunehmende Wissensintensität stellt auch das einzelne produzierende Unternehmen vor neue Anforderungen an das Innovationsmanagement, dessen wesentliches Merkmal die Erleichterung der Integration geteilter Wissensbestände sein muß. Vor diesem Hintergrund verdeutlicht der Beitrag von _Klatt, Maucher_ und _Schmidt-Dilcher_ die Bedeutung sozialer Kommunikations- und Kooperationsbarrieren am empirischen Fall zweier Spezialistengruppen aus dem Bereich der Produktionsplanung eines Automobilunternehmens. Es wird vor allem deutlich, daß ihre bloß formelle Integration den gegenwärtigen Anforderungen wissensbasierter Produktion nicht genügen kann, die auf das produktive Zusammenwirken unterschiedlicher Perspektiven und Kompetenzen angewiesen ist. Notwendig sind dazu aus Sicht der Autoren Maßnahmen zur Entfaltung der organisatorischen Wissensteilung, die sowohl den einzelnen Mitarbeitern als auch Arbeitskollektiven Entwicklungsperspektiven eröffnen. Im Rahmen eines ganzheitlichen Wissensmanagements ist zugunsten funktionsübergreifender Verständigungsprozesse außerdem auch der Austausch unterschiedlicher Sichtweisen zwischen den betroffenen Spezialistengruppen zu fördern.

Wesentlich für die Bewältigung der hohen Dynamik und Komplexität betrieblicher Abläufe ist erfahrungsgeleitetes Handeln sowie die Nutzung von Erfahrungswissen, wie der Beitrag von _Jaeger_ zeigt. Dieses Wissen wird nicht im Rahmen einer formalen Ausbildung, sondern einer Auseinandersetzung mit der konkreten betrieblichen Praxis erworben. Insbesondere erfordert die Herstellung höherwertiger Produkte mit einem größeren Wissens- und Dienstleitstungsanteil – als realistischer Alternative zu einseitigen Kostensenkungsstrategien – die gezielte Förderung und Nutzung des Erfahrungswissens der Produktionsmitarbeiter.

Jedoch wird einerseits in hochgradig arbeitsteiligen Organisationen die Bedeutung des eigenen Erfahrungswissens oft nicht erkannt, weil der Überblick über die betrieblichen Abläufe fehlt. Andererseits verhindern ein tayloristisch geprägtes Menschenbild sowie sprachliche Barrieren, daß der Stellenwert des im Produktionsbereich vorhandenen Erfahrungswissens von den Entscheidungsträgern erkannt wird. Zudem stellt die Aufwertung des Erfahrungswissens der Produktionsmitarbeiter das innerbetriebliche Macht- und Statusgefüge in Frage.

Um das Erfahrungswissen gleichwohl nutzen zu können, müssen dafür förderliche Bedingungen geschaffen werden. Strategisches Wissensmanagement identifiziert innovationsrelevantes Erfahrungswissen und unterstützt durch die gezielte Einbindung von Produktionsmitarbeitern dessen Umwandlung in explizites Wissen und die Wissensteilhabe. Meister sind für die Rolle des Wissensmanagers im Bereich der unmittelbaren Produktionsarbeit präsentiert, da sie aufgrund ihrer genauen Kenntnis der Mitarbeiter und der Produktionsabläufe dazu in der Lage sind, sprachliche Barrieren überwinden zu helfen und damit implizites Wissen in eine explizite, für andere verständliche Form zu bringen.

Der Beitrag von *Beyer* und *Micheel* legt dar, wie der Einzelhandel, dem von den Autoren eine Innovationslücke bescheinigt wird, moderne Organisations- und Personalentwicklungskonzepte nutzen kann, um sich aus der Umsatztalsohle zu befreien. Das Ingangsetzen eines betriebsumfassenden Kommunikations- und Lernprozesses kann (neues) Wissen ans Tageslicht fördern und zu Innovationen für das Unternehmen verdichten helfen. Durch einen solchen Prozeß können alle am Verkaufsvorgang beteiligten Akteure – Führungskräfte, Mitarbeiterinnen und Mitarbeiter – in die Lage versetzt werden, die Kernkompetenz des Handels – das Verkaufen – beständig (neu) zu lernen. Sie können sich auf dieser Basis zu kompetenten Dienstleistungspartnern entwickeln, denen es gelingt, gemeinsam mit dem Kunden fundierte und zufriedenstellende Kaufentscheidungen zu treffen. Darüber hinaus können sie auf diese Weise Rückschlüsse aus dem Verkaufsalltag für die Weiterentwicklung des ganzen Einzelhandelsbetriebes ziehen und an das Team vermitteln. Daß diese Konzepte nicht nur visionären Charakter besitzen, belegen die Autoren am Beispiel dreier Warenhaus-Unternehmen, die erste und überaus positive Erfahrungen mit derartigen Organisations- und Personalentwicklungskonzepten sammeln konnten.

Literatur

Beckmann, M., 1993: Wissenschaftsökonomie, Schriften des Vereins für Socialpolitik, Bd. 224, Berlin.

Böhle, F., 1989: Körper und Wissen, Soziale Welt 40: 497-512.

Brödner, P., 1996: Arbeit und Technik zwischen Wandel und Beharrung. In: Brödner u.a. (Hg.), 1996: 13-52.

Brödner, P., 1997: Der überlistete Odysseus. Über das zerrüttete Verhältnis von Menschen und Maschinen, Berlin: edition sigma.

Brödner, P. / Pekruhl, U. / Rehfeld, D. (Hg.), 1996: Arbeitsteilung ohne Ende? Von den Schwierigkeiten inner- und überbetrieblicher Zusammenarbeit, München und Mering: Rainer Hampp.

Dostal, W., 1995: Die Informatisierung der Arbeitswelt: Multimedia, offene Arbeitsformen und Telearbeit, Mitteilungen zur Arbeitsmarkt- und Berufsforschung 4/95:
527-543.

Hayek, F. A. von, 1976: Individualismus und wirtschaftliche Ordnung, Salzburg W.
Neugebauer, 2. erw. Aufl.

Helmstädter, E., 1998: Technologische Arbeitslosigkeit heute? In: Hesse, H. / Welzel,
P.: Wirtschaftspolitik zwischen gesellschaftlichen Ansprüchen und ökonomischen
Grenzen. Festschrift für Reinhard Blum zum 65. Geburtstag, Göttingen: Vanden-
hoek & Ruprecht: 125-134.

Helmstädter, E., 1997: Grundtypen der Diffusion. In: Helmstädter, E. / Poser, G. /
Ramser H. J. (Hg.), 1997: Beiträge zur angewandten Wirtschaftsforschung. Festschrift für Karl Heinrich Oppenländer: Berlin.

List, F., 1920: Das nationale System der Politischen Ökonomie, Nachdruck der 3. Aufl.
Jena, (Erstaufl. 1840).

Littek, W. / Charles, T. (eds.), 1995: The New Division of Labor. Emerging Forms of
Work Organsiation in International Perspective.

Machlup, F., 1962: The Production and Distribution of Knowledge in the United States, Princeton.

Machlup, F., 1977: Würdigung der Werke von Friedrich A. von Hayek, Tübingen.

Nonaka, I. / Takeuchi, H., 1997: Die Organisation des Wissens. Wie japanische Unternehmen eine brachliegende Ressource nutzbar machen, Frankfurt / New York:
Campus.

Polanyi, M., 1985: Implizites Wissen, Frankfurt / M: Suhrkamp.

Reich, R. B., 1993: Die neue Weltwirtschaft. Das Ende der nationalen Ökonomie,
Frankfurt / Main.

Richter, R. / Furubotn, E., 1996: Neue Institutionenökonomik. Eine Einführung und
kritische Würdigung, Übersetzt von Monika Streissler, Tübingen.

Ryle, G., 1987: Der Begriff des Geistes, Stuttgart: reclam.

Schon, D. A., 1987: The Reflective Practitioner: How Professionals Think in Action,
New York: Basic Books.

Smith, A., 1974: Der Wohlstand der Nationen. Eine Untersuchung seiner Natur und
seiner Ursachen. Neu aus dem Englischen übertragen von Horst Claus Recktenwald, München (Englische Erstauflage 1776).

Stewart, T. A., 1997: Intellectual Capital. The New Wealth of Organizations, New
York.

Brödner, P. / Helmstädter, E. / Widmaier, B. (Hg.):
Wissensteilung. Zur Dynamik von Innovation und kollektivem Lernen,
München und Mering: Hampp 1999

33

Ernst Helmstädter

Arbeitsteilung und Wissensteilung – Ihre institutionenökonomische Begründung

1 Wissensteilung, ein vergessener Begriff

Der wirtschaftliche Erfolg hängt wesentlich von der gesellschaftlichen Interaktion ab: Arbeitsteilung steigert die Arbeitsproduktivität und Wissensteilung fördert die Nutzung des vorhandenen und die Gewinnung neuen Wissens sowie dessen vorteilhafte Anwendung in der wirtschaftlichen Praxis.

Die Erkenntnis der Wirkung der Arbeitsteilung markiert den Beginn der Nationalökonomie als Wissenschaft. Adam Smith (1776, 1974: 9) rückt diesen Gesichtspunkt in den Vordergrund seiner Überlegungen zum „Wohlstand der Nationen"[1]. Aber erst in jüngerer Zeit sind die institutionellen Voraussetzungen der Arbeitsteilung Gegenstand der wissenschaftlichen Erörterung geworden. Die Neue Institutionenökonomik (NIÖ) hat diese Frage mit Hilfe eines reichhaltigen Instrumentariums aufgegriffen.

Dagegen ist die Rolle der Wissensteilung bisher nur rudimentär in den Blick genommen worden. Friedrich A. von Hayek hat diesen Begriff in den dreißiger Jahren geprägt[2] und festgestellt, daß nur der marktwirtschaftliche Wettbewerb in der Lage ist, das in der Gesellschaft verstreut verfügbare Wissen zum allgemeinen Vorteil zu nutzen. Er betonte, daß „the division of knowledge ... is quite analogous to, and at least as important as the problem of the division of labor" (Hayek 1937: 49). In späterer Zeit hat sich Hayek vielfach damit begnügt, darauf zu verweisen, daß bei zentraler Planung der Wirtschaft die Wissensteilung gerade nicht gelingen kann und lediglich „Anmaßung von Wissen" herauskommt, die sich fatal im Ergebnis auswirkt. Obwohl Machlup den Hayekschen Begriff der Wissens-

---

[1] Das erste Kapitel des „Wohlstands der Nationen" trägt die Überschrift: Die Arbeitsteilung.

[2] Die erste Erwähnung findet der Begriff in Hayek 1937; siehe auch Hayek 1945.

teilung als eine seiner „originellsten und bedeutendsten Ideen" (Machlup 1977: 41) bezeichnet, ist dieser Begriff mehr oder weniger in Vergessenheit geraten. Außerdem hat die Rolle des Wissens in der Wirtschaft kaum je breiteres Interesse gefunden. Boulding (1966: 1) nennt lediglich vier Autoren, die sich damit ernsthaft befaßt haben[3].

Wäre das wirtschaftlich wertvolle Wissen einer Gesellschaft auf die von Hayek gemeinte Art des Erfahrungswissens beschränkt, dann könnte man davon ausgehen, daß sich die Wissensteilung aus dem Wettbewerbsprozeß simultan mit der Arbeitsteilung einfindet. Die NIÖ könnte es bei der Arbeitsteilung als einzigem Feld wirtschaftlich interessanter gesellschaftlicher Interaktion belassen. Aber schon die Tatsache, daß es für das Wissen und die Allgemeinbildung spezifische Einrichtungen gibt, in denen besondere Formen des Wettbewerbs und vielfältige Weisen der Zusammenarbeit stattfinden, legt es nahe, der Wissensteilung als einem erstrangigen Prozeß gesellschaftlicher Interaktion auch ein eigenes Untersuchungsfeld im Rahmen der NIÖ zuzuweisen. Hinzu kommt, daß die NIÖ, gerade indem sie auf die von den Wirtschaftswissenschaften lange Zeit übersehenen institutionellen Voraussetzungen im einzelnen einging, auf Zusammenhänge gestoßen ist, die sich der (von der NIÖ angewandten) einschlägigen Transaktionskostenanalyse entziehen.

In der Einführung (Brödner, Helmstädter, Widmaier) wurde gezeigt, daß der Gegenstand der Wissensteilhabe ohnehin nicht unter dem für die NIÖ zentralen Begriff der Transaktion eingeordnet werden kann. Innerhalb der NIÖ gibt es außerdem mannigfache Versuche, die Herausbildung von Institutionen nicht allein aus dem wettbewerblichen Geschehen zu erklären. Douglass C. North schwebt ein „institutionell-kognitiver Ansatz" (1994: 323) vor, womit er auf die gesellschaftliche Rolle des Wissens für das Zustandekommen von Institutionen hinweist. Darüber hinaus sind sich die Unternehmen der heutigen Bedeutung der Wissensfindung und -verarbeitung sehr wohl bewußt, Wissensmanagement steht hoch im Kurs. Man spricht auch von der „knowledge based production", und nicht von ungefähr sieht man die ganze Entwicklung sich unter dem Dach der in der Einführung vorgestellten Wissensgesellschaft vollziehend an. Eine neue Arbeitsteilung entspringt aus steigenden Investitionen in Humankapital (Littek/Charles 1995: 4). Somit spricht eine Reihe von Gründen dafür, den Gegenstand der Wissensteilung als besonderen Zweig der NIÖ einzuführen. Darauf richtet sich hauptsächlich dieser Beitrag.[4]

---

[3]   F. A. von Hayek, F. Machlup, T. E. Schultz, F. Harbison.

[4]   Für kritische Hinweise und Anregungen, insbesondere zur Interpretation der Hayekschen Thesen, danke ich Dieter Schmidtchen.

Zum einen ist hierbei die Fragestellung und das Instrumentarium der NIÖ kritisch und auch unter dem Gesichtspunkt noch offener Fragen hinsichtlich der Wissensteilung darzulegen. Dies geschieht zweckmäßigerweise in Anlehnung an die umfassende Monographie zur NIÖ von Richter/Furubotn (1996)[5].

Der Beitrag versteht sich in dieser Veröffentlichung zum anderen als eine allgemeine theoretische Grundlegung der Rolle der Wissensteilung im Innovationsgeschehen. Die wichtigsten Aspekte der Problematik sollen verdeutlicht werden. Darüber hinaus handelt es sich um einen ersten Entwurf zur Erschließung eines neuen Fachzweiges der NIÖ: Die Institutionen der Wissensteilung werden als Parallelfall zu den Institutionen der Arbeitsteilung vorgestellt. Daraus ergeben sich erste Schlußfolgerungen für den theoretischen Zugang zum Innovationsprozeß und für die Innovationspolitik.

2 Zur Fragestellung der NIÖ

„Kernaussage der NIÖ ist der Satz, daß Institutionen für den Wirtschaftsprozeß von Bedeutung sind". Mit dieser pauschalen Kennzeichnung leiten Richter/Furubotn ihre Monographie über diesen neuen Fachzweig der Wirtschaftswissenschaften ein. Sie bemerken hierzu, daß es sich dabei nicht um eine verblüffend neue, sondern um eine jedermann geläufige und einleuchtende Einsicht handle. Im weiteren Verlauf wird dann deutlich, was der neue Fachzweig mit den Institutionen vorhat. Sie sollen ökonomisch erklärt, d. h. in der ökonomischen Analyse als endogen zu bestimmende Strukturmerkmale behandelt werden. Daß der Wirtschaftsprozeß als ein interaktiver Prozeß der Leistungserstellung unter dem Aspekt der Arbeitsteilung zu begreifen ist, wird in der Monographie zwar nirgends als das besondere Problemfeld herausgestellt, aber man hat dennoch stets den Eindruck, daß es im Grunde darum geht. Der obige Pro-

---

[5] Die Seitenzitate gelten auch für die 1999 erschienene 2. Auflage. Nach Ausarbeitung dieses Beitrags ist die Monographie INSTITUTIONAL ECONOMICS von Kasper und Streit (1999) erschienen. Sie behandelt den Gegenstand, ohne sich mit Richter / Furubotn auseinanderzusetzen, in anderer Weise. Es geht in dieser Untersuchung stärker um den System- oder Ordnungsgesichtspunkt im evolutorischen Kontext. „Institutional Systems and Social Order" (Überschrift des 6. Kapitels) stehen im Zentrum des Interesses. Richter/Furubotn behandeln hingegen die Fragestellung aus einem eher mikroökonomischen Aspekt. Dieser Zugang erscheint für unsere eigenen Zwecke besser geeignet. Auf einzelne Aspekte, die Kasper und Streit im Sinne unseres Untersuchungsinteresses oder im Gegensatz dazu herausstellen, weisen wir durchgängig hin.

grammsatz zu dem neuen Fachzweig könnte also durchaus in dem Sinne verstanden werden, daß die Institutionen, die die Arbeitsteilung ermöglichen (und teils aus ihr selbst hervorgehen), analytisch begründet werden sollen.

Im weiteren Verlauf der Einführung in die Fragestellung der NIÖ reiben sich Richter / Furubotn fortwährend an der Neoklassik, genauer: an deren Darstellung des allgemeinen Gleichgewichts auf mikroökonomischer Grundlage. Zwar sei „der Neue Institutionalismus der neoklassischen Analyse ... in vieler Hinsicht ähnlich, aber doch eine eigene Richtung; er zeichnet sich durch den wesentlich anderen Blickwinkel aus, unter dem er mikroökonomische Erscheinungen betrachtet" (2 f). Andererseits wird der „neoklassische Ansatz als übermäßig abstrakt" (1) angesehen.

Jene neoklassische Abstraktion besteht eben darin, daß sich die Wirtschaftssubjekte im neoklassischen Modellrahmen um die Kompatibilität ihrer Pläne keinerlei Gedanken machen müssen. Auf welche Weise die mikroökonomischen Dispositionsgleichgewichte sich widerspruchsfrei zum Lösungszustand des totalen Gleichgewichts zusammenfügen, illustriert lediglich der gedanklich nachvollziehbare Abstimmungsprozeß des „tâtonnement", der nichts weiter als einen virtuell verfügbaren Algorithmus darstellt. Doch in der Wirklichkeit liegen die mikroökonomischen Entscheidungseinheiten weit auseinander, ihr Verhalten ist nicht einheitlich programmiert, ihre Informationen sind unvollkommen, sie handeln vor einer unsicheren Zukunft.

Mehr ist im Grunde zu den interaktionsrelevanten Versäumnissen der Neoklassik nicht zu sagen. Es nützt nichts, darüber hinaus der Neoklassik zuzugestehen, sie habe bezüglich konkreter Vorgänge des wirtschaftlichen Zusammenwirkens mit der Nichtbeachtung der Interaktionsproblematik implizit Annahmen getroffen, die der institutionenökonomische Ansatz jetzt explizit in seine Betrachtung einbezieht.[6]

Daß es geeigneter Institutionen zur Überbrückung der tatsächlichen Vereinzelung der Wirtschaftsagenten bedarf, damit eine Interaktion zwischen ihnen überhaupt zustande kommen kann, liegt auf der Hand. Vom Standpunkt der neoklassischen Theorie wäre das erwähnte Manko jedoch leicht zu beheben, wenn die erforderliche Brückenfunktion, analog der ausdrücklichen Berücksichtigung des Handels zur Erleichterung des Gütertauschs, durch eigens darauf ausgerichtete Aktivitäten zu übernehmen wäre. Es müßte hinzukommen, daß man die erforderlichen Dienstleistungen auch spezifisch entgelten könnte. Ihr Preis ginge dann wie der Preis aller übrigen Aktivitäten und Güter in die Bestimmung der relativen

---

[6]   So in Richter 1998: 324.

Preise, die im Vordergrund stehenden endogenen Modellvariablen der Neoklassik, ein und es käme unter Berücksichtigung solcher Dienstleistungen zur Beförderung der Interaktion zu einem entsprechenden Totalgleichgewicht[7]. Jede fehlende Aktivität ist also in das neoklassische Modell des totalen Gleichgewichts dann mühelos einzubauen, wenn sie käuflich weil handelbar ist. Unter dieser Voraussetzung bedürfte es demnach gar keiner Ergänzung der Neoklassik durch eine besondere Institutionenanalyse.

Genau an dieser Vorbedingung fehlt es jedoch in der wirklichen Wirtschaft. Jene Institutionen, die die gesellschaftliche Interaktion ermöglichen, lassen sich nämlich nicht hinreichend aus der wirtschaftlichen Arbeitsteilung selbst erklären. Man muß die Erklärung schon auf Sitte und Moral zurückführen. Und: „Gesellschaftliche Moral (oder Vertrauen) kann man nicht einfach kaufen" (Richter/Furubotn 1996: 24).

Außerdem bildet die Interaktion zur Findung und Anwendung neuen Wissens in den Unternehmen und in der Gesellschaft insgesamt, die einen eigenen Strang zur Steigerung der Arbeitsproduktivität darstellt, ein Tätigkeitsfeld, das wohl in den wirtschaftlichen Prozeß hineinragt, jedoch keineswegs durchgängig nach dessen Interaktionsprinzipien zu organisieren ist. In weiten Bereichen der Wissensteilung ist wirtschaftlicher Wettbewerb als Suchprozeß nicht anwendbar. Es kommen andere Formen des Wettbewerbs und insbesondere spezifische Formen der Kooperation zum Zuge. Das verursacht zwar auch Kosten, sie sind jedoch nicht allein über Marktpreise zu bewerten und zu entgelten. Und von der Sache her sind es eben keine Transaktionskosten, weil keine Transaktionen zu Grunde liegen.

Zur Begründung des eigenen Ansatzes der Institutionenökonomik berufen sich Richter/Furubotn ferner auf eine Reihe von Unvollkommenheiten bei der mikroökonomischen Entscheidung[8], die insgesamt die Interaktionsfähigkeit der Wirtschaftssubjekte beeinträchtigen (3-9). So bedarf es bestimmter „Durchsetzungsregeln" (22 ff), die vom kollektiven Handeln der Gesellschaft gestützt werden. Aber diese Durchsetzungsregeln können wegen der Unvollkommenheiten des Regelungsgegenstandes

---

[7]   Boulding (1966: 4) weist in diesem Zusammenhang darauf hin, daß in das neoklassische Modell ohne weiteres „spezielle Arbitrageure" einzuführen wären, die sich und den Marktteilnehmern insgesamt die Kenntnis der Preise verschaffen, hierdurch den Preisausgleich zustande bringen und für diese Dienstleistung auch bezahlt werden. – Die NIÖ braucht also nur zu zeigen, inwiefern ihr Ansatz von solchen Lösungstricks unbetroffen bleibt.

[8]   Unvollkommene Information, unvollkommene individuelle Rationalität, opportunistisches Verhalten, unvollständige Verträge (insbesondere unvollständige Vertretungsverträge).

selbst nur unvollständig sein. So hat „die NIÖ während der letzten zehn bis fünfzehn Jahre zunehmend die Notwendigkeit betont, die Gestaltung von Institutionen unter dem Aspekt ihrer unvermeidlichen Unvollständigkeit zu betrachten" (18).

Die NIÖ nimmt also bewußt Abschied von der fixen neoklassischen Idee der friktionslosen Interaktion der Wirtschaftssubjekte. Das Instrument zur Überwindung dieser Friktionen sind Institutionen, die mangels Handelbarkeit der sie zustande bringenden Aktivitäten keinesfalls in vollem Umfang spezifisch entgeltlich abgewickelt werden können, die der Wirtschaftsprozeß somit nur teilweise aus sich selbst hervorbringt, deren Orientierung vielmehr in tieferen Schichten des gesellschaftlichen Zusammenlebens wurzeln, die die Analyse der Entstehung von Institutionen zu berücksichtigen hat (Kubon-Gilke 1997; Schlicht 1998).

3 Transaktionen zur Arbeitsteilung

Die NIÖ ist ein „Konglomerat von Transaktionskostenökonomik, Verfügungsrechtsanalyse und Vertragstheorie" (Richter/Furubotn 1996: VI). Die Transaktionskostenökonomik[9] bezieht sich auf die Tauschvorgänge im Rahmen der laufenden Leistungserstellung und somit auf die Arbeitsteilung. Die Verfügungsrechtsanalyse und die Vertragstheorie gehören zwar auch dazu, sind aber nicht ausschließlich an Tauschvorgänge gebunden. Solche rechtlichen Vorgänge spielen in zahlreichen weiteren Formen gesellschaftlicher Interaktion ihre Rolle, sie sind nicht auf den Prozeß der Arbeitsteilung beschränkt.

Ob sich die Transaktionskostenökonomik, wie soeben behauptet, lediglich mit jenen Vorgängen befaßt, die die Arbeitsteilung erfordert, entscheidet sich an der Abgrenzung des Begriffs der Transaktion. Williamson (1985/90: 1) hat eine Definition der Transaktion geliefert, die man wohl als die Grundeigenschaft von Transaktionen ansehen muß: „Eine Transaktion findet statt, wenn ein Gut oder eine Leistung über eine technisch trennbare Schnittstelle hinweg übertragen wird. Eine Tätigkeitsphase wird beendet; eine andere beginnt" (Zitiert nach Richter/Furubotn 1996: 47). Die technisch trennbare Schnittstelle liegt beim Tausch zwischen der Rechtssphäre des Verkäufers und der des Käufers. Aber auch innerhalb einer Rechtssphäre, etwa eines Unternehmens, gibt es solche Schnitt-

---

[9] Die Transaktionskostenökonomik spielt, obwohl vielfältig darauf Bezug genommen wird, bei Kasper und Streit 1999 in systematischer Hinsicht bei der Begründung der Institutionenökonomik keine Rolle. Im Teil I (Foundations) ist von Transaktionen oder Transaktionskosten nicht die Rede.

stellen der Verantwortungsbereiche im Rahmen des verschiedene Tätig-
keitsphasen umfassenden Fertigungsprozesses[10]. Der Tausch stellt eine
Transaktion zwischen selbständigen Wirtschaftssubjekten dar. Zwischen
den Beschäftigten eines Unternehmens finden andere Formen der Übergabe von Gütern oder Leistungen statt, die gleichwohl Transaktionen
darstellen. All diese Transaktionen sind das Komplement der Spezialisierung der Tätigkeiten bzw. der Arbeitsteilung.

Transaktionen sind der Gegenstand zusammenhängender individueller Handlungen, die das Feld der Interaktion im Rahmen der Arbeitsteilung ausmachen. Durch die Erfordernisse dieser Form der Interaktion
entstehen einer Wirtschaftsgesellschaft Kosten. Sie werden entsprechend
Transaktionskosten genannt. Der Sache nach sind es die Interaktionskosten der Arbeitsteilung. Zu dieser Interpretation des Begriffs der Transaktion nach Williamson passen auch drei weitere Merkmale, die Williamson zusätzlich anführt (Richter / Furubotn 1996: 49):

- Unsicherheit,

- Transaktionshäufigkeit,

- Umfang transaktionsspezifischer Investititonen.

Diese Merkmale gelten typischerweise für Transaktionen im Rahmen des
Prozesses der Arbeitsteilung. Wir plädieren dafür, den Begriff der Transaktion auf Aktivitäten zu beschränken, die die Interaktion zum Zwecke
der arbeitsteiligen Produktion betreffen.

In der NIÖ wird der Begriff der Transaktion oftmals viel weiter gefaßt,
was zu seiner Unschärfe am Rand beiträgt. So betrachten Richter /
Furubotn (1996: 48) wirtschaftliche Transaktionen „als Sonderfall sozialer
Transaktionen, d. h. sozialer Handlungen". Williamson (1979: 239) spricht
selbst gar von „politischen Transaktionen". Weiter halten es Richter /
Furubotn (1996: 49) für „wesentlich, die Transaktionen zwischen Politi-
kern, Beamten und Interessengruppen zu erklären und die Verhandlun-
gen und Pläne dieser Gruppen im Zusammenhang mit der Ausübung politischer Macht (den 'politischen Tausch') zu untersuchen". Wenn in solchen

---

[10] In dem der 2. Auflage (523) von Richter/Furubotn angefügten Glossar definieren
die Autoren eine Transaktion wie folgt: „Unter Transaktion wird sowohl ein technischer Vorgang verstanden – die Übertragung eines Gutes oder einer Leistung
über eine technisch trennbare Schnittstelle hinweg – als auch eine Übertragung
von Verfügungrechten." Hier wird aus Williamsons Forderung der „technisch
trennbaren Schnittstelle" unvermittelt ein „technischer Vorgang", nämlich im
Rahmen der betrieblichen Arbeitsteilung. So erhebt sich die Frage, ob etwa bei der
Übertragung von Verfügungsrechten keine technisch trennbare Schnittstelle vorliegt. Um der Klarheit willen: Williamsons Kriterium der „technisch trennbaren
Schnittstelle" gehört, wie im obigen Text dargelegt, zu *jeder* Transaktion!

Fällen etwa Schmiergeld aus einer Tasche in eine andere fließt, so mag hierbei, wie verlangt, eine technisch trennbare Schnittstelle passiert werden und die übrigen drei Merkmale mögen ebenfalls zu beobachten sein. Wenn ferner das Schmiergeld von einer Firma dafür bezahlt wird, damit sie einen Auftrag der öffentlichen Hand erhält, so befinden wir uns freilich immer noch im Bereich der Arbeitsteilung. Wenn aber solche Schmiergelder ausschließlich um der politischen Einflußnahme willen gezahlt werden, so erfolgt dies außerhalb der wirtschaftlichen Leistungserstellung und deshalb sollten solche Transaktionen von der NIÖ nicht in ihre Fragestellung einbezogen werden, weil deren Untersuchungsfeld sonst ins Uferlose gerät. Es kann beispielsweise nicht Sinn der Sache sein, die Welt verbrecherischer Interaktionen nur weil es auch dort Transaktionen im Sinne der formalen Definition gibt, in die institutionenökonomische Betrachtung einzubeziehen. Schließlich interessiert sie ja das wirtschaftliche Geschehen.

Nach Richter/Furubotn (1996: 47 f) sind zwei miteinander verwandte Arten von Transaktionen auseinanderzuhalten. Bei den unternehmensinternen und den Markttransaktionen werden „Ressourcen im physischen Sinn" übertragen. Sie stellen „Übergaben" dar. Von ihnen sind zu unterscheiden die „Transaktionen im rechtlichen Sinn". Beides auseinanderzuhalten, gelingt aber schon deswegen nicht, weil in jeder Übergabe auch ein rechtlicher Sinn steckt! Mit ihm befaßt sich ja das zweite Standbein der NIÖ, die Verfügungsrechtsanalyse. Was ist mit Transaktionen im lediglich rechtlichen Sinn gemeint?

Richter/Furubotn (48) berufen sich zur näheren Erläuterung des Gemeinten auf Commons (1934: 58): „Für ihn ist eine Transaktion die zwischen Einzelpersonen stattfindende Entäußerung und Erwerbung der Rechte zukünftigen Eigentums an physischen Sachen". Nimmt man diese Umschreibung wörtlich, so könnte damit eine Option gemeint sein: in einer rein rechtlichen Vereinbarung wird die künftige Übergabe physischer Sachen verabredet.

Es kann aber keine Rede davon sein, daß sich Commons gerade auf eine solche Art von Transaktionen konzentriert hätte. Für ihn ist hingegen die Auffassung charakteristisch, daß es in der Analyse der Wirtschaft nicht um eine tote Güterwelt geht, sondern um Aktivitäten von Menschen: „Commons concluded that the major area should be the 'activity', and as such, 'transactions' were the proper field of economic analysis because the basic form of economic interaction and the most elemental aspect of going concerns was the transaction" (Zingler 1974: 334). Und aus Transaktionen erwachsen bei Commons Institutionen: „Economic institutions were defined as customs growing out of 'transactions' and collective activities of going concerns, the latter being the family, union, business firm, trade association, state, or what not" (Zingler 1974: 333). Kurz: In Transaktionen drückt sich das interaktive gesellschaftliche Handeln der Individuen aus. Dieses gesellschaftliche Handeln (collective action) steht überhaupt im Zentrum seines Interesses: „Even when an individual participated in a simple act of exchange with another person, he was operating within a framework of customs, habits, mores, and other socially and economically accepted practices" (Zingler 1974: 336). Im Grunde ist die Analyse von Commons außerdem stärker auf das menschliche Handeln im sozialen als im ökonomischen Kontext konzentriert. Warum sollte er sich gerade auf Transaktionen mit zukünftiger Erfüllung eingelassen haben?

Im Sinne einer stärker soziologisch orientierten Sichtweise sind drei Arten von Transaktionen, die Commons unterscheidet (Zingler 1974: 334), bemerkenswert:

1. Freiwillige Tauschtransaktionen (bargaining transactions) zur Übertragung von Gütern zwischen legal Gleichgestellten;

2. Weisungsgebundene Transaktionen (managerial transactions) zwischen Vorgesetzten und Mitarbeitern;

3. Umverteilungstransaktionen (rationing transactions) durch eine übergeordnete Organisation, wie etwa den Staat.

Aus dieser Unterteilung wird die vornehmlich auf den sozialen Prozeß der Interaktion gerichtete Betrachtungsweise von Commons deutlich.

Weiter bemerken Richter/Furubotn (48), in den letzten Jahren hätten sich Kostenrechner und Wirtschaftstheoretiker verstärkt für eine besondere Art von Transaktionen interessiert. Sie beträfen den „Austausch von Gütern und/oder Information, der die Produktion vorantreibt, selbst aber nicht unmittelbar physische Ergebnisse zeitigt" (Miller/Vollmann, 1985: 144). Zur näheren Erläuterung ihrer Vorstellungen führen Miller/ Vollmann an, daß diese Transaktionen den Gebrauchswert des Produkts anreichern (augmented product) und produktbezogene Dienste (Anlieferung nach Kundenwunsch, Qualität, Produktvarianten, verbessertes Design) einbeziehen. Das quantitative Produktionsergebnis (nicht das physische!) wird durch solche Transaktionen also nicht unmittelbar berührt, wohl aber das qualitative, und dieses sehr wohl unmittelbar. Im übrigen geht es beiden Autoren darum zu zeigen, daß man bei Rationalisierungsmaßnahmen die Allgemeinkosten und nicht nur die direkten Verarbeitungskosten angehen müsse. Und deshalb stellen sie den Begriff der Transaktion dem des Produkts gegenüber, Transaktionen in den Büros versus Produktion im Betrieb: „... in the 'hidden factory', where the bulk of manufacturing overhead costs accumulates, the real driving force comes from transactions, not physical products" (Miller/Vollmann 1985: 144). Ferner involviert dieser Begriff der Transaktion nichts weiter als

Management-Handeln. Die Autoren wollen dieses Handeln durch die Benennung diskreter Aktivitäten, die sie leider Transaktionen nennen, genauer identifizieren. Der Gedanke an eine Interaktion im Unternehmen wird dabei gar nicht erst bemüht. Insofern handelt der Beitrag von Miller und Vollmann gar nicht von dem die NIÖ interessierenden Gegenstand kollektiver Interaktion.

Wir sahen, daß der Begriff der schnittstellenüberschreitenden Transaktion nach Williamson klar umrissen ist. Solche Transaktionen kommen bei der laufenden Leistungserstellung aber auch bei Vermögensumschichtungen vor, wovon bisher noch nicht die Rede war. Zweifellos trägt auch das Produktivvermögen und, wenn man will, auch das Finanzvermögen zur laufenden Leistungserstellung bei. So gesehen fügen sich Transaktionen zwecks Vermögensumschichtung problemlos in den Prozeß der Arbeitsteilung ein. Mit diesem kurzen Hinweis auf den Umfang der Transaktionen unter dem Zeichen der Arbeitsteilung wollen wir es hier bewenden lassen, wohl wissend, daß eine nähere Auseinandersetzung damit geboten wäre.

Die Andeutungen von Richter/Furubotn über die in der Literatur vorfindlichen weiten Interpretationen des Transaktionsbegriffs hindern uns nicht, den Begriff auf die arbeitsteilig bedingten Transaktionen zu beschränken. Eigentliche politische Transaktionen kann die NIÖ anderen Disziplinen überlassen. In der angezogenen amerikanischen Literatur (Commons, Miller und Vollmann) findet man einen sehr allgemein gehaltenen Begriff der Transaktion, der nichts weiter meint als individuelles Handeln in der Wirtschaft oder im Unternehmen.

In der Berücksichtigung der Transaktion und ihrer Kosten, sowie der möglichst ökonomischen Erklärung des Zustandekommens der Institutionen unterscheidet sich die NIÖ von der alten Institutionenanalyse. Der Begriff der Institution ist hingegen aus der älteren Schule übernommen. Richter/Furubotn berufen sich (7) insoweit auf Schmoller (1900) und Commons (1934).

Zwischen Individuen erfolgen Interaktionen auf die Dauer nur dann, wenn Institutionen eine Brückenfunktion erfüllen. Das ist ihr Zweck. Sie begegnen uns in vielfältigen Formen. Sie können formalen Charakter als rechtliche Vereinbarungen oder Gesetze haben, sie können auch aus informellen Verhaltensregeln und -gewohnheiten bestehen. Allgemein gesprochen, handelt es sich bei Institutionen um Vorkehrungen, die die Spielregeln für die Interaktion zwischen Individuen setzen. Zum Begriff der Institution sind auch die Sanktionen zu rechnen, die ihrem Schutz dienen. Zu den wichtigsten ökonomischen Institutionen der Interaktion zählen der das System der relativen Preise entdeckende Wettbewerb und die Kooperation. Aber auch das Eigentumsrecht und das Geldwesen sind Institutionen zur Förderung der Interaktion. Interaktionen sollen sich institutionengeschützt spontan von selbst entfalten können. Daß es der Interaktion bedarf, liegt in der Unterschiedlichkeit der individuellen Fähigkeiten und den daraus erwachsenden Spezialisierungsvorteilen begründet, die zum Vorteil aller genutzt werden sollen. Die Interaktion zu wirtschaftlichen Zwecken erfolgt vorrangig zur Bewerkstelligung von Arbeitsteilung und Wissensteilung. Die erste betrifft die laufende Produktion, die über Transaktionen abläuft. Die zweite bezieht sich sowohl auf die laufende wie auf die künftige Produktion, je nachdem ob es sich um die interaktive Nutzung vorhandenen Wissens oder die interaktive Suche nach neuem Wissen handelt.

Die Institutionen der Arbeitsteilung werden in der institutionenökonomischen Analyse mit Hilfe der Theorie der Transaktionskosten, der Theorie der Verfügungsrechte und der Vertragstheorie abgehandelt. Eine Fülle von institutionellen Regelungen tut sich hier auf, obgleich sie unvermeidlich unvollkommen bleiben müssen. Eine grundlegende Voraussetzung für solche Regelungen besteht in der Möglichkeit, das Sondereigentum an den Gegenständen der Transaktion einzurichten. Daraus folgt deren Handelbarkeit und deren Bewertung im Preis. Mit Ludwig von Mises kann man sogar behaupten, daß die Institution des Sondereigentums an den Produktionsmitteln allen weiteren Institutionen des Liberalismus wie Markt und Wettbewerb vorangeht (Mises 1927: 17; Helmstädter 1996b: 42). In jedem Fall lassen sich die im Zentrum stehenden Institutionen der Arbeitsteilung leicht benennen. Von hier aus fragt sich, wie es sich bei der Wissensteilung verhält.

Unserer Meinung nach sollte die NIÖ den Begriff der Transaktion sachdienlich beschränken. Erweitern sollte sie hingegen das Konzept der gesellschaftlichen Interaktion. Unter wirtschaftlichem Aspekt muß der Prozeß der Wissensteilung als eigener Gegenstand einbezogen werden.

4 Die institutionellen Besonderheiten der Wissensteilung

Wir sahen bereits im Einführungsbeitrag, daß sich die gesellschaftliche Interaktion zur Wissensteilung nicht um Transaktionen, sondern um Wissensteilhabe dreht. Der Prozeß der Wissensteilung läuft zudem unter anderen institutionellen Voraussetzungen als der der Arbeitsteilung ab.

Schließlich unterscheiden sich die Institutionen beider Interaktionsbereiche in charakteristischer Weise.[11]
Die folgende Übersicht 1 vergleicht die beiden hier interessierenden Formen gesellschaftlicher Interaktion hinsichtlich der institutionenökonomisch vorrangigen Aspekte. Zur Frage der Entgeltlichkeit sei angemerkt, daß unter spezieller Entgeltlichkeit, die für Transaktionen charakteristisch ist, Leistung und Gegenleistung einander direkt entsprechen. Bei der Wissensteilhabe gilt in aller Regel die generelle Entgeltlichkeit. Dieser finanzwirtschaftliche Begriff besagt, daß die Leistungen der öffentlichen Hand aus dem Budget insgesamt bestritten werden. Die Finanzierung der öffentlichen Aufgaben erfolgt nicht über je spezifische Steuern. So vereinbaren die Verträge zur Wissensteilung keine Abrechnung nach Einzelleistungen. Es gilt generelle Entgeltlichkeit.

Sachzusammenhang	Arbeitsteilung	Wissensteilung
Gegenstand	Güter und Leistungen	Wissen und Können
Interaktionsform	Transaktion	Teilhabe
Zweck	Spezialisierung	Diffusion und Spezialisierung
Entgeltlichkeit	Speziell	Generell
Handelbarkeit	Gegeben	Selten
Interaktionsmodus	Überwiegend Wettbewerb	Überwiegend Kooperation

Übersicht 1: Arbeitsteilung und Wissensteilung im Vergleich

Lernen und Wissen der Mitglieder einer Gesellschaft hängen in hohem Maße von deren Bildungseinrichtungen ab, die gleichsam die Infrastruktur der Wissensteilung sind. In diesen formalen Institutionen geschieht

---

[11]   Kasper und Streit (1999: 51) unterscheiden nicht zwischen Arbeits- und Wissensteilung. Unter dem „Wissensproblem" (The Knowledge Problem: 44-52) verstehen sie insbesondere Hayeks Begriff der „konstitutionellen Unwissenheit". Sie unterscheiden bezeichnenderweise „two different types of knowledge, or rather, ignorance" (46): Suchstrategien (information search) und Ahnungslosigkeit. Der Hayeksche Gedanke der Nutzung verstreut vorhandenen Wissens durch interaktive Wissensteilung tritt dabei hinter seinen alternativen Gedanken der Unmöglichkeit der Konzentration des verstreuten Wissens in einer planenden Behörde zurück. „Konstitutionell" unwissend sind indessen nur wirtschaftsferne Organisationen zur Lenkung der Wirtschaft. Die individuellen Agenten der Wirtschaft haben „Kenntnis der jeweiligen Umstände von Ort und Zeit" (Hayek) zweckvollen Handelns auch ohne vollkommenes Wissen, das an dieser Stelle ja gar nichts nützen würde und deshalb auch nicht benötigt wird.

die Wissensteilhabe zunächst im Sinne der zweiten Art von Transaktionen nach Commons. Sie erfolgt mittels eines dem Vorgesetzten-Mitarbeiter-Verhältnis ähnlichen Ordnungsverhältnisses gemäß dem Lehrer-Schüler-Verhältnis. Dessen spezifische Leistung liegt in der Einführung in ein Wissensgebiet durch erfahrene Kräfte. Gleichwohl wandelt sich in fortgeschrittenen Lernphasen das Lehrer-Schüler-Verhältnis in Richtung einer Gleichstellung beider Rollen. Das Lernen wird jedoch nicht nur durch das *kooperative* Lehrer-Schüler-Verhältnis, sondern in aller Regel auch durch das *kompetitive* Verhältnis der Schüler untereinander geprägt. Beides bestimmt den Lernerfolg.

Die Bildungseinrichtungen dienen unter wirtschaftlichem Aspekt, der jedoch keineswegs Ausschließlichkeit beanspruchen darf, insgesamt der Qualifikation der Erwerbspersonen. Diese Institutionen legen den Grundstock zur Entfaltung der Produktivkraft Wissen. Ohne einen solchen Grundstock bleibt die weitere Qualifikation in der Wirtschaft selbst häufig nur Stückwerk. Die der Entwicklung in England nachlaufende Industrialisierung im Deutschland der ersten Hälfte des 19. Jahrhunderts wäre ohne die damals bereits vorhandenen hoch entwickelten technischen Bildungseinrichtungen des ausgehenden 18. Jahrhunderts nicht in wenigen Jahrzehnten und nicht mit dem sich einstellenden durchschlagenden Erfolg vorangekommen. Zur Zeit der ersten Weltausstellung in London (1851) hatte die industrielle Produktivität in Deutschland mit derjenigen in England gleichgezogen (Helmstädter 1996c). Auch in neuester Zeit wird dem deutschen Ausbildungssystem, als Teil des Bildungssystems insgesamt volle Anerkennung zuteil.

Ohne daß hier näher auf die heute anstehenden Aufgaben für die Entwicklung der Infrastruktur der Wissensteilung einzugehen ist, sei doch ein wichtiger Gesichtspunkt erwähnt. Die heutige Informations- und Kommunikationstechnik hat einen Stand erreicht, der der Infrastruktur der Wissensteilung eine neue Qualität aufprägt: „Ähnlich wie vor hundert Jahren der Ausbau des Schienen- und Straßennetzes, des Telegraphennetzes, der Bildungs- und Forschungsinfrastruktur zur Basis der Wettbewerbsfähigkeit nationaler Ökonomien u. a. wurde, so wird heute die Qualität der wissensbasierten Infrastruktur zu dem Merkmal, das entwickelte von hochentwickelten, wettbewerbsstarke von nachhinkenden Gesellschaften unterscheiden wird" (Willke 1996: 267). Das Ziel der Errichtung der „zweiten Generation der wissensbasierten Infrastruktur" besteht darin, „das verteilt vorhandene Wissen unzähliger 'centers of expertise' tatsächlich für einen Diskurs verfügbar" zu machen (268, 280).

Die Bildungseinrichtungen, ergänzt durch solche neuen Netzwerke, stellen die Infrastruktur der Wissensteilung dar. Entsprechende Institutionen speziell für die Arbeitsteilung gibt es hingegen nicht. Insofern unterscheiden sich schon einmal beide Interaktionsbereiche. Das Lernen wird in eigenen Lerninstitutionen eingeübt, damit es in den beruflichen Tätigkeiten praktiziert werden kann. Neben dem praktisch verwertbaren Wissen geht es jedoch auch um eigentliche Bildungsinhalte. Sie sind eine Voraussetzung für den kreativen Umgang mit dem Wissen und für das soziale Verhalten in den gesellschaftlichen Prozessen der Interaktion. Die Bildungseinrichtungen tragen viel zur Entfaltung von Sitte und Moral einer Gesellschaft bei.

Die Institutionen der Wissensteilung lassen sich in mannigfacher Weise untergliedern. Fürs erste erscheint es ausreichend, drei Ebenen zu unterscheiden:

- Institutionen der Wissensfindung und -sicherung,

- Institutionen der Wissensvermittlung,

- Institutionen der Wissensverwertung.

In die erste Kategorie fallen die Hochschulen und Forschungseinrichtungen. Deren Aufgabe ist es vor allem, neues Wissen zu finden und bekanntes zu sichern. Zur zweiten Stufe zählen die Schulen und die in den vergangenen Jahren errichteten Transferzentren, die den Prozeß der Umsetzung des Grundlagenwissens in wirtschaftliche Innovationen beschleunigen sollen. Wissensverwertung ist die Sache der Wirtschaft selbst. In dieser Eigenschaft stellt die Wirtschaft insgesamt zugleich eine Institution der Wissensteilung dar. Ohne die Produktivkraft Wissen kann die Wirtschaft nichts produzieren.

Nebenstehende Abbildung 1 illustriert die drei Wissensebenen im Zusammenhang. Der eingezeichnete Kegelstumpf soll andeuten, wie sich ein bestimmter Ausschnitt des im Wettbewerb erworbenen Wissens aus den darunterliegenden Wissensebenen unter Verwendung des dort vorfindlichen expliziten Wissens aufbaut. Das Grundlagenwissen ist vielfältig anwendbar, das Wissen der Institutionen für die Wissensvermittlung beschränkt sich in aller Regel schon auf bestimmte Anwendungsgebiete, und auf der Ebene der Wissensverwertung handelt es sich insbesondere um das implizite Spezialwissen der Wettbewerber. Wir bezeichnen es kurz als *Marktwissen*. Mit den zu unterscheidenden Wissensebenen verbindet sich, wie bereits angedeutet, ein durchgängiger Wandel der Wissenszusammensetzung: das Grundlagenwissen besteht vorwiegend aus explizitem Wissen und das im marktwirtschaftlichen Verwertungsprozeß erworbene Marktwissen vorwiegend aus implizitem Wissen.

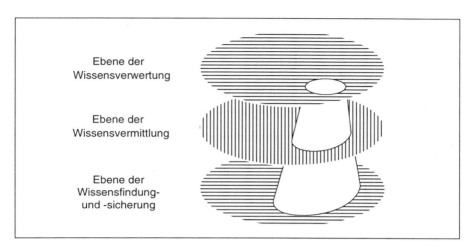

Ebene der
Wissensverwertung

Ebene der
Wissensvermittlung

Ebene der
Wissensfindung-
und -sicherung

Abbildung 1: Drei Wissensebenen

Das implizite Marktwissen der Wettbewerber steht nur diesen selbst zur Verfügung und es wird als ein strategischer Wettbewerbsparameter verwendet. Der Wettbewerbsvorsprung der Pionierwettbewerber ist der Sache nach stets ein Wissensvorsprung. Das implizite Marktwissen ist nur in Teilen über den Patentschutz handelbar zu machen. Ob freilich der Patentschutz oder „tacit knowledge" die bessere Strategie darstellt, ist nicht allgemeingültig auszumachen. Die konkreten Bedingungen des Marktes mit seinen besonderen Institutionen sind maßgebend. Am Markt für pharmazeutische Produkte beispielsweise bilden Patente die Regel, im Maschinenbau werden sie eher zurückhaltend genutzt.

Das Marktwissen wird jedoch von den Wettbewerbern nicht durchwegs im Alleingang erworben. Strategische Allianzen, insbesondere zur Entwicklung neuen technologischen Wissens, stellen kooperative Formen der Wissensteilhabe in den Vordergrund.

Insgesamt spiegelt sich in der Vielgliedrigkeit des Wissensaufbaus eine Vielfalt von institutionellen Formen der Nutzung bekannten und der Findung neuen Wissens.

5 Die privaten Institutionen der Wissensteilung

Bisher war von den formalen Institutionen der Infrastruktur der Wissensteilung die Rede, die überwiegend dem öffentlichen Sektor zugehören. Es kommen hinzu die bisher nicht erwähnten individuell verabredeten formalen Institutionen in Form privater vertraglicher Regelungen, wobei Werk- und Arbeitsverträge und Vereinbarungen über gemeinsam zu betreibende Forschungszwecke im Vordergrund stehen. Sodann gibt es die im privaten Bereich gültigen informellen Institutionen. Unter informellen Institutionen zur Gewährleistung gesellschaftlicher Interaktion versteht man eingefahrene Spielregeln, Verhaltensweisen und Gewohnheiten, die ohne festgeschriebene Bindungen und im Detail niedergelegte Sanktionen wirksam sind. Sie fußen auf erfahrener Übung, auf moralischen Haltungen und bewährter Verläßlichkeit. Diese weichen Institutionen sind für das interaktive Funktionieren genauso wichtig wie formale Institutionen. Dies gilt insbesondere für die Wissensteilung.

Der gesellschaftliche Nutzen der Wissensteilung hängt von der zureichenden Diffusion neuen Wissens durch den Prozeß des Lernens ebenso ab wie von den Vorteilen, die nun einmal auf Dauer angelegte Spezialisierung bietet. Die Wissensdiffusion läuft in der Tendenz auf eine gleichmäßigere Verteilung des Wissens hinaus, die Spezialisierung auf mehr Ungleichheit. Bisher haben wir als *Wissensteilhabe* einen Lernvorgang im Rahmen der Diffusion des Wissens verstanden. Jetzt, da wir spezifisch auf die interaktive Nutzung dauerhaft unterschiedlichen weil spezialisierten Wissens zu sprechen kommen, bedarf der Begriff der Wissensteilhabe einer Erweiterung. Zusätzlich begreifen wir darunter auch die interaktive Zusammenführung von unterschiedlichen Wissensbeständen zu deren gemeinsamer Nutzung. Damit mögen am Rande auch Lernvorgänge und somit Wissensdiffusion verbunden sein, sie bilden jedoch nicht den Kern der Interaktion. Er besteht in der Bündelung der Wissensgegenstände. Deren Träger gleichen ihr Wissen nicht einander an, sondern bringen unterschiedliche Wissensgegenstände zu gemeinsamer Wirkung. Spezialisiertes Wissen gelangt so zur Teilhabe am Ertrag des gemeinsamen Wissens.

Wir haben oben mit Blick auf die Wissensdiffusion die in der Wissensteilung geübte Aktivität *Wissensteilhabe* genannt und fassen darunter jetzt auch jene Aktivität, die disparates Wissen mittels Kooperation zu gemeinsamer Wirkung bringt. So lautet jetzt unsere Definition: *Unter Wissensteilhabe ist jene Aktivität zu verstehen, die der Ausbreitung von Wissen durch Lernen und der kooperativen Nutzung disparaten Wissens zum Vorteil der Gesellschaft dient.*

Die Unterscheidung von lernbezogener und kooperativer Wissensteilhabe macht einen institutionenökonomisch beachtlichen Unterschied deutlich. Die Institutionen des Lernens erscheinen aus jahrzehntelanger praktischer Erfahrung hinreichend ausgereift, während die Institutionen kooperativer Wissensteilhabe unter den neuen Bedingungen der Wissensgesellschaft noch in der Erprobungsphase stehen. Gerade die mit dem Wissensfortschritt verbundene Tendenz zur Ungleichverteilung des Wissens, erfordert jedoch ein hohes Vertrauen in die Verläßlichkeit der informellen Institutionen der Wissensteilung. Eine gegenseitige Überprüfung der jeweiligen Kompetenz würde ein schwieriges Einarbeiten in das Fachgebiet des Kooperationspartners erfordern. An deren Stelle treten die gemachten Erfahrungen mit Blick auf das gemeinsame Ergebnis.

Gewiß bedürfen auch die Transaktionen der Arbeitsteilung des Vertrauens in die Verläßlichkeit der Geschäftspartner. Niemand kann beispielsweise im voraus die Gebrauchsfähigkeit eines für ihn neuen Produktes in vollem Umfang und auch sicher, unter Beachtung seiner spezifischen Verwendungsansprüche, beurteilen. Deshalb spielt in jeden Kauf das Vertrauen in die Kompetenz des Anbieters hinein. In viel höherem Maße ist Verläßlichkeit bei der kooperativen Wissensteilhabe erforderlich: Vertrauen in die Kompetenz des Kooperationspartners und die Institutionen zur Sicherung der Interaktion.

Ein besonderes Interaktionsfeld der Wissensteilung stellt der wirtschaftliche Wettbewerb dar. Hier geht es darum, strategische Wettbewerbsvorteile aus Wissensvorsprüngen zu erzielen. Dieser Wettbewerb stellt für die Gesellschaft insgesamt ein Entdeckungsverfahren dar. Die Wettbewerbsteilnehmer nehmen Wissensvorsprünge anderer Wettbewerber als deren Markterfolge wahr und versuchen ihrerseits daraus Hinweise zur Verbesserung ihrer eigenen Lage zu gewinnen. Was hier geschieht, ist in einem übertragenen Sinne auch als Wissensteilhabe zu verstehen. Ferner lernen die Wettbewerber voneinander, aber eben ohne ausdrückliches Einverständnis. Man könnte sogar behaupten, daß der Wettbewerb unter ihnen im Ergebnis einen kooperativen Aspekt aufweist, da sie gemeinsam einen Markt beliefern. Auf jeden Fall muß es ein Einverständnis der Beteiligten bezüglich der Regeln des Wettbewerbs geben. So gibt es denn auch ein stillschweigendes Einverständnis darüber, daß man von seinen Mitbewerbern lernen darf.

Jetzt können wir zusammenfassend festhalten, daß die privaten Institutionen der Wissensteilung auf einvernehmlicher und aus den Wettbewerbsregeln ableitbarer Wissensteilhabe beruhen. Die einvernehmliche Wissensteilhabe kann auf Lernen und Wissensdiffusion oder auf Bündelung disparaten Wissens mittels Kooperation gerichtet sein. Der Zweck wettbewerblicher Wissensteilhabe bestimmt sich nach den im *Dynami-*

schen Wettbewerb (Helmstädter 1996a: 31 ff) angelegten Aktivitäten: der
vorstoßende Wettbewerb der Pionierunternehmer treibt die Wissensspezialisierung voran, der nachziehende Wettbewerb der Verfolger sorgt für
die Diffusion des Wissens.

Die Übersicht 2 faßt die Formen der Wissensteilhabe, wie sie hier dargestellt wurden, nach ihren verschiedenen Ausprägungen und Zweckset-
zungen zusammen.

Verabredungsform	Teilhabeform	Art der Institution	Zweck
Einvernehmlich	Lernen	Öffentlich	Diffusion
		Privat	
	Kooperation	Öffentlich / Privat	Spezialisierung
Regelgebunden	Wettbewerb	Gesellschaftlich	Diffusion beim nachziehenden, Spezialisierung beim vorstoßenden Wettbewerb

Übersicht 2: Formen der Wissensteilhabe

Alle Institutionen der Wissensteilung dienen der bestmöglichen Nutzung
des in der Gesellschaft verstreut vorhandenen Wissens. Wie bei der Arbeitsteilung der bestmögliche Erfolg dadurch zustande kommt, daß jeder
Produzent zum insgesamt erzielbaren Produkt nach Maßgabe seiner relativen Leistungsfähigkeit beiträgt, so gilt für das optimale Ergebnis der
Wissensteilung, daß jeder nach seiner relativen Wissenskompetenz das
Seine zum gesellschaftlichen Erfolg der Wissensnutzung beisteuert. Es
gilt, einem „Gesetz der komparativen Kompetenzvorteile" Rechnung zu
tragen.

6 Wissensmanagement als Wissensteilung

Das Wissensmanagement hat sich aus dem Informationsmanagement
(Albach 1994: 19-21) entwickelt und ist heute noch vielfach davon geprägt. Auf jeden Fall kommt dem Informationsaustausch eine zentrale
Bedeutung zu. Andererseits zeigt die Fülle an Literatur die Komplexität
des Interaktionsprozesses zur Nutzung des in einer Unternehmung verstreut verfügbaren Wissens auf. Zugleich wird deutlich, mit welcher
Dringlichkeit diese Frage angegangen wird. Es geht schlicht darum, „eine
brachliegende Ressource nutzbar (zu) machen" (Nonaka / Takeuchi 1997).
Die Menge an aufbereitetem Material und der praktische Anschauungs-

unterricht, den es vermittelt, informieren anschaulich darüber, wie sich Wissensteilung konkret abspielt und auch, wie sie verhindert wird. Einen guten Überblick über den Stand der Diskussion geben die Arbeiten von Willke (1996 und 1998). Beispiele aus der laufenden Praxis zeigen die Beiträge im Teil III dieser Untersuchung.

Es ist hier nicht der Ort, die Verbindung zwischen der Institutionenökonomik der Wissensteilung und dem betrieblichen Wissensmanagement herzustellen. Wir vermuten jedoch, daß beide Forschungszweige aus einer solchen Verbindung großen Nutzen ziehen würden. Im alltäglichen Geschäft muß ständig darauf geachtet werden, daß sich insbesondere die informellen Institutionen der Zusammenarbeit erhalten und neuen Erfordernissen Rechnung getragen wird. Interaktionskosten entstehen überall, sie niedrig zu halten, ist eine fortwährende Aufgabe. Sie befriedigend zu lösen, ist nicht so sehr eine Management-, als vielmehr eine Führungsaufgabe, die alle Führungsebenen betrifft. Mit Geld ist dabei kaum etwas auszurichten. Die freiwillig und spontan sich einstellende Interaktion zur Wissensteilung ist in den Unternehmen eine Frage der Unternehmenskultur. Das Instrumentarium der NIÖ empfiehlt sich als Hilfe bei der analytischen Durchdringung dieses Prozesses.

7 Die innovationspolitischen Schlußfolgerungen

Der gesellschaftlichen Interaktion auf zwei gleichermaßen wichtigen Feldern, der Arbeitsteilung und der Wissensteilung, eine institutionenökonomische Begründung zu verschaffen, war das Ziel dieses Beitrags. Er liefert damit eine taxonomische Einordnung der begrifflichen Vielfalt des Gegenstandes und ein Interpretationsmuster für den Innovationsprozeß. Für konkrete Empfehlungen reicht das noch nicht; hierzu bedarf es empirischer Untersuchungen, die die Nützlichkeit des Interpretationsmusters zu erweisen hätten.

Soviel kann jedoch gesagt werden: Der sich abzeichnende Weg führt weg von der pauschalen Betrachtung des Innovationsprozesses in großen Aggregaten. Den Innovationserfolg garantieren nicht die Humankapitalinvestitionen, die Aufwendungen für Forschung und Entwicklung oder die Zahl der Technologiezentren, sondern eine auf allen Ebenen funktionierende Wissensteilung, in der sich die kollektive Lernkultur ausdrückt. Wettbewerb und Kooperation der einzelnen Agenten im Rahmen zweckdienlicher und zuverlässiger Institutionen sichern den Erfolg. Einige Grundvoraussetzungen hierfür liegen außerhalb des ökonomischen Bereichs in den tieferen Schichten des sozialen Zusammenlebens. Außerdem: Wissen kann man nicht kaufen, eigene Lernbemühungen bleiben einem nicht erspart.

Um die Innovationspolitik erfolgreicher zu machen, erscheint es wichtig, die Wissensdiffusion von der Wissensspezialisierung zu unterscheiden. Beides gilt es zu verbessern. Die Wissensdiffusion ist im wesentlichen die Sache der Infrastruktur des Lernens, die Wissensspezialisierung erfolgt in den spontanen, durch weiche Institutionen zusammengehaltenen Prozessen mit gleichermaßen kompetitiver und kooperativer Prägung.

Man weiß, daß der Innovationsprozeß in unserem Land ein Umsetzungsdefizit aufweist. Dies ist vor allem ein Problem unzureichender Interaktion. Eine internationale Kommission hat das deutsche Forschungssystem untersucht (Flöhl 1999: N1) und im wesentlichen Mängel an Flexibilität festgestellt: durch die außeruniversitären Forschungseinrichtungen werde das Forschungssystem zu sehr segmentiert, Produktion und Verbreitung neuen Wissens werde dadurch beeinträchtigt, das öffentliche Arbeits-, Tarif- und Haushaltsrecht sei zu starr, die organisatorischen Anforderungen seitens einer modernen Wissenschaftsgesellschaft seien unzureichend erfüllt. Man sieht, daß diese Kritik am deutschen Wissenschaftssystem, das in seinem gegenwärtigen Aufbau Innovationen erschwere, wesentlich auf dessen Institutionen und die zu schwach entwickelte Wissensteilung zielt. Auch das Bildungssystem insgesamt bleibt von solcher Kritik nicht verschont (Schmoll 1998: 3).

So erscheint es vielversprechend, in empirischen Untersuchungen zur Innovationsfähigkeit der deutschen Gesellschaft und Wirtschaft insgesamt das institutionenökonomische Instrumentarium zur Verbesserung der Interaktion auf dem Feld der Wissensteilung zu benutzen.

Literatur

Albach, H. (Hg.), 1994: Culture and Technical Innovation. A Cross-Cultural Analysis and Policy Recommandations, Berlin / New York.

Boulding, K. E., 1963: The Knowledge Industry. In: Challenge, May.

Boulding, K. E., 1966: The Economics of Knowledge and the Knowledge of Economics. In: American Economic Review, Papers and Proceedings, Vol. 56, May: 1-13.

Commons, J. R., 1934: Institutional Economics, Madison, WI.

Flöhl, R., 1999: Wissenschaftssystem erschwert Innovationen, Frankfurter Allgemeine Zeitung, 9. 6. 1999, N1 f.

Flöhl, R., 1999: Gesellschaft mit beschränkter Forschung, Frankfurter Allgemeine Zeitung, 17. 6. 1999: 1.

Hayek, F. A. von, 1937: Economics and Knowledge, Economica N: 33-54.

Hayek, F. A. von, 1945: The Use of Knowledge in Society, American Economic Review, Vol. XXXV, September: 519-530.

Hayek, F. A. von, 1976: Individualismus und wirtschaftliche Ordnung, Salzburg W. Neugebauer, 2. erw. Aufl.

Helmstädter, E., 1996a: Was ist Dynamischer Wettbewerb?. In ders.: Perspektiven der Sozialen Marktwirtschaft. Ordnung und Dynamik des Wettbewerbs, Münster: 31-41.

Helmstädter, E., 1996b: Eigentum und Kapitalwirtschaft in der Ordnungspolitik. In ders.: Perspektiven der Sozialen Marktwirtschaft. Ordnung und Dynamik des Wettbewerbs, Münster: 42-63.

Helmstädter, E., 1996c: Diffusionsgeschwindigkeit von innovativen Produkten und Verfahren. Gutachten im Auftrag der Kommission für Zukunftsfragen der Freistaaten Bayern und Sachsen, Manuskript, Münster.

Helmstädter, E., 1997: Grundtypen der Diffusion. In: Helmstädter, E. / Poser, G. / Ramser, H. J. (Hg.), 1997: Beiträge zur angewandten Wirtschaftsforschung. Festschrift für Karl Heinrich Oppenländer, Berlin 1997

Helmstädter, E., 1998: Technologische Arbeitslosigkeit heute? In: Hesse, H. / Welzel, P.: Wirtschaftspolitik zwischen gesellschaftlichen Ansprüchen und ökonomischen Grenzen. Festschrift für Reinhard Blum zum 65. Geburtstag, Göttingen: Vandenhoeck & Ruprecht: 125-134.

Kasper, W. / Streit, M. E., 1999: Institutional Economics. Social Order and Public Policy, Cheltenham, UK. Northampton, MA, USA.

Kubon-Gilke, G., 1997: Verhaltensbindung und die Evolution ökonomischer Institutionen, Marburg.

List, F., 1920: Das nationale System der Politischen Ökonomie, Nachdruck der 3. Aufl. Jena, (Erstaufl. 1840).

Littek, W. / Charles, T. (Eds.), 1995: The New Division of Labor. Emerging Forms of Work Organsiation in International Perspective.

Machlup, F., 1962: The Production and Distribution of Knowledge in the United States, Princeton.

Machlup, F., 1977: Würdigung der Werke von Friedrich A. von Hayek, Tübingen.

Machlup, F., 1979: Stocks and Flows of Knowledge. In: Kyklos Vol. 32 Fsc.1 / 2: 400-411.

Miller, J. G. / Vollmann, T. E., 1985: The hidden Factory, Harvard Business Rev., 55 (5): 142-150.

Mises, L. von, 1927: Liberalismus, Jena.

Nonaka, I. / Takeuchi, H., 1997: Die Organisation des Wissens. Wie japanische Unternehmen eine brachliegende Ressource nutzbar machen, Frankfurt / New York, Campus.

North, D. C., 1994: Ökonomische Entwicklung in langfristiger Sicht. Nobel-Lesung vom 9. Dezember 1993. In: Grüske, K.-D. (Hg.), Die Nobelpreisträger der ökonomischen Wissenschaft, Band III: 1989-1993, Düsseldorf: 311-328.

Richter, R., 1998: NIÖ. Ideen und Möglichkeiten. In: Krause-Junk, G. (Hg.), Steuersysteme der Zukunft, Schr. des Vereins für Socialpolitik, Band 256, Berlin: 323-355.

Richter, R. / Furubotn, E., 1996: NIÖ. Eine Einführung und kritische Würdigung, Übersetzt von Monika Streissler, Tübingen (2. Aufl. 1999).

Schlicht, E., 1998: On Custom in the Economy, Oxford.

Schmoll, H., 1998: Auf dem Weg in die Wissensgesellschaft. Fachleute fordern tiefgreifende Reform des deutschen Bildungswesens, Frankfurter Allgemeine Zeitung, 8.07.1998: 3.

Smith, A., 1974: Der Wohlstand der Nationen. Eine Untersuchung seiner Natur und seiner Ursachen. Neu aus dem Englischen übertragen von Horst Claus Recktenwald, München (Englische Erstauflage 1776).

Williamson, O. E., 1979: Transaction-Cost Economics: The Governance of Contractual Relations, Journal of Law and Economics, 22: 233-261.

Williamson, O. E., 1985/90: The Economic Institutions of Capitalism, New York (deutsch: Die ökonomischen Institutionen des Kapitalismus, Tübingen 1990).

Willke, H., 1996: Dimensionen des Wissensmanagements – Zum Zusammenhang von gesellschaftlicher und organisationaler Wissensbasierung, Managementforschung 6: 263-304.

Willke, H., 1998: Organisierte Wissensarbeit, Zeitschrift für Soziologie, Heft 3, Juni: 161-177.

Zingler, E. K., 1974: Veblen vs. Commons: A Comparative Evaluation, Kyklos, Vol. XXVII, Fasc. 2: 322-344.

B

Institutionelle **Voraussetzungen** für den Innovationsprozess

Brödner, P. / Helmstädter, E. / Widmaier, B. (Hg.):
Wissensteilung. Zur Dynamik von Innovation und kollektivem Lernen,
München und Mering: Hampp 1999

Dieter Rehfeld

Innovative Räume – Überlegungen zu den Schwierigkeiten von Grenzüberschreitungen

1 Ausgangspunkt: Routinen als Grenzen

Wenn es um Innovationen geht, dann ist ungeachtet der verschiedenen Definitionen immer etwas „Neues" gemeint. Dieses Neue beinhaltet, daß in einem Unternehmen etwas anders oder Anderes gemacht wird als bisher. Dabei ist dieses „Andere" oder „Anders machen" auf keinen Fall als Selbstzweck zu verstehen, sondern es hat zum Ziel, auf dem Markt überlegene Produkte anzubieten. Dies kann durch niedrigere Produktionskosten als bei den Konkurrenten erfolgen, durch neue Produkte oder auch durch eine überlegene Nutzungsqualität, die Kunden veranlaßt, für dieses Produkt bzw. die damit enthaltene Leistung mehr als für andere Produkte zu bezahlen.

Die Vorstellung, etwas „Anders" oder „Anderes" zu machen, setzt einen Zustand der Normalität, des Üblichen voraus. Dieser Zustand kann in den alltäglichen Routinen des Betriebes bestehen, er kann in einem marktgängigen Produkt bestehen. In der Innovationsdiskussion finden sich beide Bezugspunkte. Das bewußte Verlassen dieses Zustands der Normalität, der alltäglichen Routinen, kann allerdings in beiden Fällen keineswegs als selbstverständlich vorausgesetzt werden. Gerade weil die Grenzen von Unternehmen immer offener und fließender werden (vgl. z. B. Picot/Reichwald 1994), sind rechtliche oder funktionale Formen der Abgrenzung bzw. Identitätsbildung von Unternehmen immer weniger angemessen. Betriebe definieren sich über Regeln und Routinen (Ortmann/ Sydow 1998), die Infragestellung der Routinen eines Betriebes wird damit immer häufiger auch zur Frage nach dessen Grenzen, und damit nach dessen Identität.

Von daher überrascht es nicht, daß Innovationen häufig dann erfolgen, wenn es nicht mehr anders geht, wenn das Überleben des Unternehmens selbst auf dem Spiel steht. Beckert etwa sieht (1997: 30) den Ursprung von Innovationen „in den kreativen Reaktionen von Akteuren auf situative Veränderungen". Allerdings spricht die vorhandene Empirie nicht unbedingt für die produktive bzw. kreative Kraft von Krisen.

So wissen wir aus verschiedenen Forschungssträngen von der Sozialpsychologie bis zur Revolutionstheorie, daß Krisensituationen keineswegs eine hohe Wahrscheinlichkeit für kreative Lösungen bieten. Im Gegenteil: Offenbar besteht eine weit verbreitete Strategie darin, das, was bisher gemacht wurde, nur noch konsequenter, um nicht zu sagen rigider zu machen. Die Einpassung des Konzepts der Lean production in das deutsche Produktionsmodell (vgl. z. B. Braczyk/Schienstock 1996) kann als eine solche Variante wenig kreativen Lernens verstanden werden, ebenso die trotz wiederholt negativer Erfahrung immer wieder vorzufindende Strategie des Aufbaus von Technologiekonzernen (vgl. statt vieler den Kommentar in der Süddeutsche Zeitung vom 12./13.4.1996).

Schwierig ist offenbar weiterhin, den Zeitpunkt der nicht mehr aufschiebbaren Neuorientierung festzumachen. Viele Beispiele zeigen, insbesondere auch in Zusammenhang mit Studien über die deutlich verzögerte strukturelle Anpassung alter Industrieregionen wie dem Ruhrgebiet (vgl. Prisching 1985, Lehner/Schmidt-Bleek/Kilper 1995, Kilper u. a. 1994), daß eine Tendenz besteht, die einmal eingetretenen Pfade so lange wie möglich weiterzuverfolgen. Und das größte Hindernis für eine rechtzeitige und erfolgreiche Neuorientierung scheint auch in dem vorhandenen Umfang von Macht zu liegen. Je größer und bedeutender ein Unternehmen ist, je mehr es droht, in Folge seines Untergangs andere mitzureißen, desto eher ist es möglich, Ressourcen zur Unterstützung des „business as usual" zu mobilisieren (vgl. Väth 1980). Macht wird somit zur Fähigkeit, nicht lernen zu müssen (vgl. bereits Deutsch 1966).

Wenn schließlich etwas Anderes oder anders gemacht wird als bisher, dann wird sich oft so wenig wie möglich vom Bisherigen entfernt. Im wörtlichen Sinne zeigen dies Untersuchungen über Standortverlagerungen. Standortverlagerungen finden aller verbandspolitischen Rhetorik zum Trotz in der Regel dann statt, wenn keine andere Alternative mehr gesehen wird, und auch dann erfolgt die Verlagerung bevorzugt in einem Umkreis von rund 50 km, also im Umland, um das in der Regel langfristig aufgebaute soziale Umfeld des Unternehmens nicht zu verlieren bzw. vollkommen neu aufbauen zu müssen (vgl. Bade 1981, Romo/Schwartz 1995).

Dieses soziale Umfeld läßt sich mit der Pfadabhängigkeit von Innovationen vergleichen (vgl. Nelson 1997: 109 ff). Derartige Pfade legen technische, organisatorische oder produktbezogene Orientierungen fest, nicht als rechtlich wirksame Normen, sondern eher als Einstellungen innerhalb der Produktionskette. Sie vermitteln sich über Ausbildung oder soziale berufsbezogene Netzwerke (vgl. May 1990) und verdichten sich in Form von Konventionen (vgl. Salais/Storper 1992, Wagner 1993, Wilkinson 1997).

Ein großer Teil der Innovationsstrategien von Unternehmen bewegt sich in diesen Pfaden der Produktionsketten und der mit ihnen verbundenen sozialen Netzwerke und Konventionen. Allerdings können derartige Kontexte ähnlich einschränkend und lernverhindernd wirken wie unternehmensinterne Rigiditäten (vgl. Granovetter 1992, Grabher 1994). Wirtschaftshistorische Untersuchungen zeigen, daß „radikale" Innovationen überwiegend von außerhalb der ursprünglichen Branche erfolgen (vgl. Utterback/Suárez 1993: 4).

Genau auf diese Frage nach Innovationen, die über den bestehenden Kompetenzrahmen des Unternehmens oder der Produktionskette hinausgehen, zielen die folgenden Überlegungen ab, auch wenn dabei festzuhalten ist, daß die Kompetenz zur kontinuierlichen Innovation innerhalb der Produktionskette weiterhin eine notwendige, aber eben noch lange keine hinreichende Voraussetzung darstellt. Dieser Fokus geht von dem Befund aus, daß angesichts der tiefgreifenden Veränderungen von Märkten und Unternehmensbeziehungen pfadabhängige Innovationen zunehmend an ihre Grenzen geraten und sich die Frage nach der Möglichkeit weitergehender Innovationen stellt.

Dabei ist davon auszugehen, daß das deutsche Produktionsmodell von „hochwertigen, inkrementellen Innovationsstrategien" geprägt ist (Soskice 1997: 319), die sich für die Entwicklung der Kernbranchen Automobilherstellung, Maschinenbau, Elektrotechnik und Chemische Industrie lange Zeit als erfolgreich erwiesen haben. Vor dem Hintergrund einer wachsenden Globalisierung wirtschaftlicher Beziehungen in den 1980er und 1990er Jahren erweist sich das Festhalten an dieser Stärke als „'industrieller Konservatismus' mit 'defensiven Investitionen'" (Naschold 1997: 46). Die Folge ist eine Parallellität von selektiver industrieller Modernisierung und anhaltender Massenarbeitslosigkeit, die sich als „Stagnovation" mit immer intensiverer Weiterentwicklung innerhalb bestehender Strukturen erweist, die jedoch Ressourcen bindet, die nötig wären, um echte Innovationen zu entwickeln (Jürgens/Lippert 1997: 91).

Wichtig ist hierbei auch der Befund, daß diese Verengung nicht allein die drei Kernbranchen betrifft, sondern das nationale Innovationssystem in Deutschland insgesamt. Naschold (1997: 34 f) sieht die Schwächen des bundesrepublikanischen Produktionsmodells in der strategischen Relevanz der drei Führungsbranchen (Chemie, Maschinenbau, Fahrzeugindustrie), ein Befund, der übrigens bereits in den 1970er Jahren formuliert wurde (vgl. Esser u. a. 1979). Diese strategische Dominanz der Kernbranchen geht auf Kosten der sektoralen Umstrukturierung in Richtung

„Hochtechnologieökonomie" und Dienstleistungssektoren, vor allem auch im öffentlichen Bereich, und die mit dieser Verengung verbundenen Folgen werden durch die Dominanz der Kosten- gegenüber der Innovations- und Produktionsdynamik noch verstärkt.

Parallel hierzu sieht Kern (1996: 206) die Schwäche der dominierenden Produktionscluster in Deutschland: „Nur insoweit, als die Innovation, um die es geht, durch Kombination von Wissensbeständen gelingen kann, die innerhalb des vertrauensstiftenden Milieus lokalisiert sind, kann das Milieu seine innovationsfördernde Wirkung entfalten." Die Grenzen werden dadurch festgelegt, „daß Basisinnovationen meistens nur dann zustande kommen, wenn es gelingt, Wissen zu kombinieren, welches gegenwärtig an verschiedenen Plätzen lokalisiert ist" (Kern 1996: 206).

Gefragt ist also nach den Möglichkeiten von Innovationen, die den Rahmen der bisherigen Innovationspfade überschreiten und damit letztlich zur Entstehung neuer Produkte und Produktionsketten beitragen. Gesucht wird damit nach innovativen Räumen als sozialen Räumen, in denen sich unterschiedliche, von jeweils eigenen Regeln oder Kulturen geprägte Funktionszusammenhänge (Betriebe, Produktionsketten, soziale Netze, Innovationspfade usw.) überlappen, und zwar in einer Form, daß eine gute Chance für die Entstehung von Neuem, eben Innovation, besteht.

Auf die hiermit zusammenhängenden Fragen wird weiter unten zurückzukommen sein. Hier soll zunächst der Ausgangspunkt festgehalten werden, daß Innovationen von Unternehmen keineswegs selbstverständlich sind. Betriebswirtschaftlich formuliert verdichtet sich dieser Ausgangspunkt in der These, „daß der ungewisse Charakter innovativer Tätigkeit sowie die Spezifika von Innovationen als ökonomischem Gut mit starken Externalitäten Optimierungsentscheidungen im Sinne der Wohlfahrtsökonomie nicht zulassen und daher rational handelnde Akteure zu einer suboptimalen Allokation von Ressourcen für innovative Zwecke gelangen" (Beckert 1997: 23). Oder anders formuliert: „Der riskante Charakter innovativer Tätigkeit führt zu Unterinvestition in innovative Tätigkeiten" (ebd.: 24).

Diese Konsequenz wird durchaus nicht immer als problematisch angesehen: „Bei aller Euphorie über Innovationsförderung sollten die Gefahren allzu wilden Innovierens für den Bestand des Unternehmens nicht aus dem Blick verloren werden. Diese bestehen vor allem im fehlenden Aufbau von Routinen. Qualitätsprobleme in der Serienfertigung, ungeklärte Verantwortungsbereiche und damit einhergehender Streß der Mitarbeiter sind offensichtliche Folgen einer solchen Synchronisierung von Routine und Innovation" (de Vries 1997: 55).

Angesichts der Dominanz, auch der unbestrittenen Notwendigkeit der Routine kann es offenbar nicht anders sein: Die Innovation ist der Sonderfall, der sich – wie Erfahrungen mit betrieblicher Reorganisation zeigen – nur mit sehr großer Mühe gegen die herrschenden Regeln durchzusetzen vermag und immer wieder droht, von diesen herrschenden Regeln „eingefangen" zu werden.

Nun ist aber mittlerweile anerkannt, daß die Bedeutung und die Kurzlebigkeit von Innovationen in den letzten Jahren zugenommen hat. Der Ausnahmezustand als Zyklus Routine/Aufbrechen der Routine durch Innovation/Schaffung neuer Routinen wird zumindest in den Konzepten der Managementberatung zur Regel. Ein rein reaktives Innovationsverständnis droht in dieser Situation das organisatorische Chaos hervorzubringen, so daß nur noch eine Möglichkeit besteht: es „bleibt nur noch die Routine als Mittel zur Innovation, die routinisierte Suche nach Verbesserungsvorschlägen" (de Vries 1997: 47).

So ist es kein Zufall, daß mit organisationalem Lernen, Wissensmanagement oder partizipativem Innovationsmanagement (vgl. den Überblick in Brödner u. a. 1998) mittlerweile Konzepte entwickelt und auch in der Praxis erprobt wurden, die die Entstehung von Innovationen routinisieren sollen. Kann mit derartigen Konzepten der Spagat zwischen notwendiger Beharrung und unausweichlicher Unsicherheit gelingen? Inwieweit bzw. mit welchen Freiräumen wird Innovation routinisierbar und wo lauert die Gefahr, erneut eingefangen zu werden?

Um die Problematik des Spagats zwischen Routine und Unsicherheit, die Möglichkeit der Gestaltung und Nutzung von innovativen Räumen vernünftig beantworten zu können, soll zunächst der eine oder andere Umweg in Kauf genommen werden. Mit der Interdisziplinarität, der Urbanität und der interkulturellen Kommunikation werden Diskurse außerhalb des Ökonomischen betrachtet, die dieses Spannungsverhältnis zum Gegenstand haben. Hierbei geht es nicht um eine vergleichende Analyse der unterschiedlichen Diskurse, sondern eher um Streifzüge – oder um ein weiter unten skizziertes Bild vorwegzunehmen – ums Flanieren in anderen Diskursen, mit dem Ziel, Anregungen für die Präzisierung des Spannungsverhältnisses zwischen Routine und Innovation zu erhalten.[1]

---

[1] In gewisser Weise dreht sich unsere Betrachtung, auch wenn darauf nicht ausdrücklich Bezug genommen wird, um die Überwindung von regionalen und organisationalen Grenzen, die der Wissensteilung (s. die Beiträge von Brödner et al. und Helmstädter in diesem Band) im Wege stehen. Auch auf das institutionenökonomische Instrumentarium könnte zurückgegriffen werden. Aus Gründen einer übersichtlichen Darstellung verzichten wir jedoch darauf, diese beiden Gesichtspunkte explizit in unsere Analyse einzubeziehen.

2   Streifzüge über fachliche Grenzen hinaus

2.1 Die Schwierigkeit mit der Praxis von Interdisziplinarität

Gefragt wird also zunächst nach Konstellationen, in denen durch das Zusammenspiel unterschiedlicher sozialer Zusammenhänge Neues entsteht,
nach Möglichkeiten der Gestaltung und Strategien der Nutzung von innovativen Räumen
    In der wissenschaftstheoretischen bzw. -soziologischen Diskussion ist
die Hoffnung auf etwas grundlegend Neues mit dem Konzept der Interdisziplinarität bzw. Transdisziplinarität verbunden. Mit dem Begriff „Interdisziplinarität wird generell die Lockerung der Grenzbeziehungen zwischen den verschiedenen wissenschaftlichen Disziplinen angesprochen,
häufig auch eine engere Beziehung zwischen Universität und Praxis"
(Müller 1998: 95). Transdisziplinarität geht noch einen Schritt weiter.
Diese bezieht sich auf eine disziplinübergreifende Sprache, Theorie oder
Methode, „die zu neuer Problemwahrnehmung und schließlich zu innovativen Lösungen führen soll. Solche Zielsetzungen sind vor allem für die
Forschung relevant. Sie scheitern jedoch häufig an zu hochgespannten
Erwartungen" (Müller 1998: 96).
    Bereits in dieser Formulierung ist ein hohes Maß an Skepsis darüber
vorhanden, inwieweit es möglich ist, die fachspezifischen Grenzen zu
überschreiten. Mittelstraß (1998: 239) hält dem entgegen, daß „diese
Grenzen ... in der Regel überstiegen werden (müssen), um große Leistungen zu ermöglichen. Das gilt insbesondere für moderne Entwicklungen.
Neue Einsichten bilden sich meist an den Rändern der Fächer und Disziplinen, im Übergang zu Nebenfächern und Nachbardisziplinen, nicht in
den Kernen, wo das Lehrbuchwissen sitzt".
    Die Parallele zur Diskussion um Unternehmensstrategien drängt sich
auf. Beklagt wird der Rückzug auf die Disziplinen bzw. zunehmend auf
deren Teilgebiete, von Mittelstraß (1998: 9) als Partikularisierung und
Atomisierung bezeichnet. Dies findet sein ökonomisches Pendant in der
Suche nach Nischenstrategien, der Konzentration auf Kernkompetenzen
und der „fraktalen" Fabrik. Für derartige Strategien lassen sich durchaus
gute Gründe anführen: Die Anerkennung in der scientific community erfolgt zunehmend durch inkrementale Weiterentwicklungen im Rahmen
spezialisierter internationaler Netzwerke auf Kosten der Bereitschaft zur
Integration in bestehende Zusammenhänge vor Ort bzw. in der „Heimat-
organisation" (vgl. Gläser 1998: 203 ff).

Nun wird keineswegs bestritten, daß Interdisziplinarität ein festes Verankertsein in einer Disziplin voraussetzt, soll diese doch gerade dazu beitragen, in der Auseinandersetzung mit anderen Disziplin die eigenen Beschränkungen zu erkennen (Müller 1998: 103). Ist dies nicht der Fall, wenn nur unverbundene Elemente addiert werden, es sei an den oben erwähnten Technologiekonzern erinnert, dann droht die Gefahr eines „munteren Aufweichens auf fachliche und disziplinäre Beliebigkeiten" (Mittelstraß 1998: 31).

Angesichts der bestehenden Reputationsspielregeln und der Gefahr „Multidisziplinärer Inkompetenz" (Müller 1998: 98) verwundert es aber auch nicht, daß Interdisziplinarität „im traditionellen Wissenschaftsbetrieb vielfach weniger als Chance, denn als Bedrohung empfunden wird" (Dierkes 1996). Es scheint als verhalte es sich bei der Interdisziplinarität wie bei der Innovation: in beiden Fällen ist es eher die Ausnahme als die Regel.

Allerdings sieht sich heute niemand mehr in der Lage, sich der Forderung nach Interdisziplinarität zu entziehen, zumal eine strukturelle Diskrepanz zwischen der disziplinären Einengung und der Komplexität von Problemen gesehen wird: „Es gibt eine Asymmetrie von Problementwicklungen und disziplinären (oder Fach-)Entwicklungen," so Mittelstraß (1998: 42).

Und Höll (1998: 233) geht davon aus, daß ein „der Komplexität der Außenwelt auch nur halbwegs adäquates Problemverständnis ... – heute mehr denn je – der Überschreitung herkömmlicher Fachgrenzen" bedarf.

Wenig wird in der Debatte konkret darüber ausgesagt, wie Interdisziplinarität denn hergestellt oder gar organisiert werden kann. „Wie das zu machen sei, darüber blieben sie (die Forderungen nach Interdisziplinarität, D.R.) die Anwort aber in der Regel schuldig" (Lenk 1994: 35). Dennoch lassen sich in groben Zügen drei strategische Bündel zur Umsetzung von Interdisziplinarität herausarbeiten.

Erstens wird Interdisziplinarität als eine Aufgabe angesehen, die sich jedem Forscher als Individuum stellt. Um dies zu ermöglichen, bedarf es eines differenzierten Umfeldes, das als wesentliche Voraussetzung für die Entstehung von neuen Ideen angesehen wird. Es bleibt allerdings Sache der Individuen das entsprechende Angebot zu nutzen – oder eben nicht. In gewisser Weise handelt es sich aber auch um eine eher resignative Strategie, wenn Müller (1998: 96) etwa den Anspruch an Interdisziplinarität als zu hoch ansieht: „Die Lehrenden werden einen problemorientierten, integrierten Unterricht höchstens in Teilbereichen oder als Kollektiv leisten können. Damit verlagert sich die Aufgabe, die verschiedenen disziplinären Sichtweisen zu integrieren, auf die Studierenden".

Zweitens wird die themen- oder problembezogene Bündelung von Fachleuten unterschiedlicher Disziplinen und deren organisatorische Ausdifferenzierung vorgeschlagen. Als Beispiel können die Sonderforschungsbereiche der DFG dienen, die sich mit strategischen Allianzen von Unternehmen vergleichen lassen. Nur selten wird auf organisatorische Fragen eingegangen, von daher ist von Interesse, daß sich die organisatorischen Überlegungen eher auf das Zusammenspiel von Grundlagenforschung und Anwendungsforschung konzentrieren.

Drittens wird das institutionalisierte Zusammenwirken von grundlagen- und anwendungsorientierter Forschung im Rahmen neuer Organsiationen vorgeschlagen (vgl. Bourdieu 1998, Dierkes 1996). Der Vorteil einer derartigen „gleichzeitigen Stärkung der institutionellen Differenzierung und Integration" (Bourdieu 1998: 54) läßt sich darin sehen, daß auf diese Weise ein gemeinsamer Problembezug herstellbar ist, der im Rahmen einer Zusammenarbeit einen Diskurs ermöglicht und einen gemeinsamen Erfahrungshintergrund herstellt, der auch im Rahmen der Diskussion um Wissensmanagement als wesentlich für die Herausbildung gemeinsamen Lernens angesehen wird (vgl. Willke 1998: 17, 35).

Offen bleibt weiterhin die Frage, inwieweit sich derartige Organisationen den neu auftretenden Spannungen zwischen Grundlagenforschung einerseits und Anwendungsforschung andererseits entziehen können. Einige Untersuchungen bzw. Überlegungen (vgl. Dierkes 1996, Gläser 1998, Bourdieu 1998) lassen vermuten, daß es sich wiederum eher um ein – wenn auch vielversprechendes - Potential als um eine bereits auffindbare Realität handelt (vgl. Rehfeld 1999b). Offen bleibt selbst im Falle des Gelingens die Frage, inwieweit sich die Erfahrungen derartig ausdifferenzierter Institutionen in andere Einrichtungen transferieren lassen, wie Schoenberger (1995) in ihrer Untersuchung von solchen Unternehmen zeigt, die durch Externalisierung Freiräume für organisatorische Innovationen schaffen, dann aber genau an dem Transfer der dort gewonnenen Erfahrungen zu scheitern drohen.

Festzuhalten ist an dieser Stelle, daß alle Vorschläge davon ausgehen, die Grenzen der bestehenden Disziplinen nicht aufzulösen, sondern diese flexibler zu gestalten. Zentral erscheint das Umfeld, der Raum, der von Individuen oder durch organisatorische Ausdifferenzierung genutzt werden kann, um interdisziplinäre Forschung zu betreiben. Daß ein solches Umfeld nicht einfach zu gestalten ist, zeigen die Erfahrungen der Stadtplanung.

2.2 Urbanität und die Grenzen von Planbarkeit

Wenn eine Disziplin Erfahrungen mit der Frage nach den Möglichkeiten
der Gestaltung von Räumen, in denen sich Leben entfalten kann, gewonnen hat, dann ist dies sicher die Stadtplanung (vgl. Brech Hg. 1993) oder
neuerdings die Urbanistik (Koolhaas 1999).
Urbanisierung bezieht sich als Begriff auf das schnelle Wachstum der
Städte im 19. und 20. Jahrhundert. Gemeint ist aber nicht allein die
quantitative Ausweitung der Städte, sondern auch die Herausbildung eines Lebensstils. „Historische Urbanisierungsforschung fragt nach den innovativen Elementen der Großstadtkultur, aber auch nach dem Nebeneinander ganz unterschiedlicher Lebensweisen in der kulturell und räumlich differenzierten Stadt" (Zimmermann 1996: 12).
Urbanität und Öffentlichkeit, die „brodelnde" Metropole als Gegensatz
zum beharrenden Land bzw. zur Provinz, sind eng mit der Blütezeit des
Bürgertums und des Kapitalismus verbunden. Im 19. Jahrhundert galten
Manchester, Detroit oder Glasgow als neue Orte industrieller und technischer Innovation, im 20. Jahrhundert London, Paris, New York, Berlin
und später Tokio als Orte wissenschaftlichen Fortschritts, militärischer
Macht und kultureller Blüte (Castells / Hall 1994: 144 ff).
Die Vorstellungen der mit Urbanität, Metropole oder Öffentlichkeit
verbundenen Dynnamik vermitteln sich eher über Bilder als über theoretische Fundierungen, sind in ihrer Symbolkraft damit aber um so ein-
prägsamer. Die „Belle Epoque" in Paris seit Ende des 17. Jh. mit ihren
Salons und Galerien (Claval 1995) oder das literarische Paris der 1930er
Jahre prägen diese Vorstellung ebenso wie die Salons, Cafés und Clubs
der bürgerlichen Metropolen (vgl. Habermas 1974) oder die großen Plätze
vor den Rathäusern in Florenz, Siena und Gubbio (vgl. Herczog 1996).
Personifiziert wird diese Vorstellung in dem Bild des Flaneurs: „the
stroller is constantly invaded by new streams of experience and develops
new perspectives as he moves through the urban landscape and crowds"
(Featherstone 1998: 910). Entscheidend ist auch hier wieder die Umgebung, das durch seine Differenzierung anregende Milieu: „Eine Straße
kann die Funktion als 'Pfad' vor allem dann erfüllen, wenn sie aus verschiedenen, nach Design und Aktivitätenmustern mehr oder weniger differenzierten Erlebnisräumen zusammensetzt" (Steinbach 1994: 215).
Derartig strukturiert, gelten die urbanen Räume großer Städte als
„Stätten exemplarischer sozialer Erfahrung" (Zimmermann 1996: 33) bzw.
als „Experimentierfeld und Maßstab für Neues" (Alter, zitiert nach Zimmermann 1996: 33). Allerdings bilden diese Impulse immer nur die eine
Seite von Urbanität: Das Leben in der Metropole ist immer als Gleichzei-

tigkeit von gesellschaftlichen Bindungen und „Zustand sozialer Unsicherheit" (Zimmermann 1996: 36) zu verstehen, das Bewegen in der Öffentlichkeit beinhaltet immer auch die Möglichkeit des Rückzugs in das Private (Habermas 1974).

Dieses Widersprüchlichkeit des „produktiven Chaos" (Fuchs / Moltmann 1995: 16), zieht sich durch die gesamte Debatte um Urbanität. Die Analysen der negativen Folgen beginnen nicht erst mit dem Heidelberger Mediziner Wilhelm Erb, der um die letzte Jahrhundertwende die „wachsende Nervosität unserer Zeit" auf das „raffinierte" und „unruhige" Großstadtleben zurückgeführt hat (Zimmermann 1996: 35) und enden ohne Zweifel nicht bei Sennets (1998) Diagnose der Belastungen des „flexiblen Menschen", wobei in der deutschen Debatte noch eine romantisch verklärte Großstadtkritik hinzukam, die auch in den ersten Studien der Stadtsoziologie nach dem Zweiten Weltkrieg zur Geltung kam.

Die Kritik an der Hektik der Großstadt geht Hand in Hand mit dem von vielen Autoren geäußerten Bedauern über den Verlust von Urbanität. Auch dieses Bedauern über den Verlust manifestiert sich in einprägsamen Bildern. „Der Sprawl – die Auflösung der Stadt in die Region", „Tokyo – Megapolis des organisierten Deliriums" oder schlicht und einfach „ChaosStadt" , so einige Themenhefte der Zeitschrift Arch+ (1990, 1991, 1994) aus den vergangenen Jahren. Diese Bilder beziehen sich nicht nur auf einen Verlust, sondern sie implizieren auch, daß eine anregende und vielfältige Umgebung offenbar auch erkennbare Strukturen, Konturen oder Fixpunkte benötigt, um nicht zum Wegweiser in die Orientierungslosigkeit zu verkommen.

Die Stadtplanung hat immer wieder versucht, Räume zu schaffen oder anzubieten, die Urbanität hervorbringen, ist aber stets – so ihre Kritiker – gescheitert. Erst die Zonierung der Städte (Charta von Athen) und die monofunktionalen Ansprüche der Archtiketen haben bewußt gemacht, daß die „urbane, multifunktionaleVielfalt" verlorenging, konstatiert Exner (1995: 58). Zohlen (1995: 32) schließlich kommt zu dem Fazit, daß sich „kaum etwas weniger zum Planungsziel als Urbanität" eignet.

Es ist mittlerweile anerkannt, daß Urbanität und Öffentlichkeit nicht geplant werden können, daß es bestenfalls möglich ist, Angebote zu machen, Spielräume zu lassen, die von den Nutzern mit Leben gefüllt werden und – dieser Aspekt wird in der Diskussion oft vernachlässigt – Fixpunkte und Konturen in einer sich ansonsten unstrukturiert entwickelnden Stadt zu setzen. Öffentlichkeit und Urbanität kann nicht geplant, organisiert oder vorgegeben werden, sie kann nur durch die Nutzung der Menschen geschaffen werden, und dies impliziert auch, daß „Öffentlichkeit ... sich oft in Räumen oder Orten ein(stellt), wo sie nicht erwartet wurde, wo der planerische Eingriff etwas 'anderes' vorsah". Umgekehrt stirbt nicht selten dort Öffentlichkeit ab, wo sie geplant und 'gestaltet' wurde" (Herczog 1996: 362)

Angesichts dieser Problematik kamen Beobachter wie Häußermann / Siebel (1987: 10) Ende der 1980er Jahre zu dem Schluß, daß „Urbanität als die besondere städtische Lebensform und Wachstum als das einheitliche Muster städtischer Entwicklung" „ihre objektive Basis verloren" haben.

Heute, gut zehn Jahre später, berichten andere Beobachter von überraschend neuen Eindrücken. Urbanität entwickelt sich erneut, und offenbar dort, wo es die Kritiker heutiger Stadtplanung am wenigsten erwartet haben: In den großen, als künstlich angesehenen Einkaufszentren wie dem CentrO in Oberhausen (vgl. Smoltczyk 1999), durch Aktivitäten des Straßensports vom Stadtmarathon bis zum In-line-skaten (Bette 1999), möglicherweise doch durch die zunehmenden Großereignisse wie Olympiaden, Gartenschauen, Weltausstellungen usw. (vgl. hierzu kritisch Häußermann / Siebel Hg. 1993), oder vielleicht auch durch völlig neue Formen der Verbindung von neuen Informations- und Kommuniaktionstechnologien und Urbanität (vgl. z. B. Ito 1999 oder die Beiträge in Maar / Rötzer Hg. 1997). „Wir müssen aber für die Zukunft lernen", so das Fazit von Brock (1999: 12 f7), daß Urbanität nicht durch Architektur oder Stadtplanung hervorgerufen werden kann, sondern daß Urbanität in einer entsprechenden Nutzung von Architekturen besteht, wie immer die aussehen mögen."

2.3 Potentiale interkultureller Kommunikation

So konstatiert auch Soja (1995: 148) als einer der schärfsten Kritikern der zeitgenössischen amerikanischen Stadtentwicklung und -politik die „umfassende Lebendigkeit" von Los Angeles, der Stadt, in der die Widersprüchlichkeiten von Urbanität und Metropole heute am deutlichsten sichtbar werden, und wo nicht zufällig am Flughafen-Informationsschalter Auskünfte in 115 Sprachen erhältlich sind (vgl. Breidenbach / Zukrigl 1998: 227). „In Los Angeles verschmelzen traditionelle Kulturen der Dritten Welt zum ersten Mal mit modernsten Geisteshaltungen und Technologien", so (Kapuscinski 1997: 10), und verweist auf den dritten hier anzusprechenden Themenbereich, in dem eine Wurzel für grundlegend Neues gesehen wird, die interkulturelle Kommunikation. Ähnlich wie Interdisziplinarität und Urbanität wird in der interkulturellen Kommunikation ein bisher nur selten realisiertes innovatives Potential gesehen, das Breidenbach / Zukrigl (1998) unter dem Begriff Globalkultur diskutieren.

Die Autorinnen führen vielfältige Beispiele gegen die weit verbreitete Annahme an, daß die Globalisierung von Unternehmen und Märkten zu einer Vereinheitlichung, in diesem Fall Verwestlichung, kultureller Unterschiede führt. Statt dessen beobachten sie, daß „immer mehr Menschen sich heute auf eine wachsende Anzahl universeller Kategorien, Konzepte und Standards sowie überall verfügbarer Waren und Geschichten" beziehen (206). Hierbei handelt es sich keineswegs um eine harmonische Entwicklung, sondern „Widerstand, Aneignung, unterschiedliche Interpretationen und miteinander konkurrierende Modelle verhindern, daß der wachsende Fundus an Universalien in eine Kulturschmelze mündet" (207).

Nicht Gleichheit sehen sie als Konsequenz, sondern „durch die Nutzung eines gemeinsamen Referenzsystems ... präsentieren (wir) unsere Unterschiede zunehmend auf eine einander ähnliche Weise" (209). Und: „Durch den vermehrten Kontakt verändert sich nicht nur Altes, es entsteht auch Neues. Elemente aus verschiedenen Kulturen gehen ungewohnte Kombinationen miteinander ein; neue Lebensformen entstehen" (Breidenbach/Zukrigl 1998: 81 ff).

In der Praxis internationaler Unternehmenskooperation stellt sich dieses Potential eher als Problem dar. Die Schwierigkeiten etwa bei strategischen Allianzen oder Übernahmen mit der Integration unterschiedlicher Unternehmenskulturen (vgl. Drüke 1994) sind ebenso bekannt wie immer wieder zu findende Beispiele für tiefgreifende Mißverständnisse, die auf das Unverständnis der spezifischen kulturellen Hintergründe der Unternehmen zurückzuführen sind (vgl. Ortmann/Sydow 1998: 33).

Dennoch finden sich auch im wirtschaftlichen Bereich Beispiele für eine Kreolisierung als einem Prozeß, „in dessen Verlauf Elemente der einheimischen kulturellen Umwelt des Tochterunternehmens mit kulturellen Orientierungen des Stammhauses zu etwas Drittem, etwas Neuem und für das Tochterunternehmen ganz Eigenem verschmelzen" (Buhr 1998: 449).

„Kreolisierte Kulturen entstehen aus der Begegnung, den wechselseitigen Abhängigkeitsbeziehungen zwischen Gesellschaften. Kultur wird diesem Verständnis zufolge als ein Fluß von Bedeutungen angesehen, die in ständiger Bewegung sind, alte Beziehungen auflösen, neue Verbindungen eingehen" (ebd. 85). „Aber das 'Neue' läßt sich nicht auf die Addition von Traditionen unterschiedlicher Provenienz reduzieren" (ebd. 88).

Die Unternehmenspraxis wird allerdings weitgehend von Skepsis gegenüber fremden Kulturen bestimmt, wie insbesondere die Diskussion um Expatriates, also ins Ausland versetzte Manager, erkennen läßt. Der Umgang mit fremden Kulturen wird in erster Linie als ein individuelles Problem angesehen, das in einzelnen Fällen von erfolgreichen Grenzgängern gelegentlich äußerst interessante Lösungen hervorbringt, in der Regel aber eher als Gefahrenquelle für die Unternehmenskultur angesehen wird.

Zwar werden Expatriates durch mittlerweile systematische Schulung und Vorbereitung auf den Auslandseinsatz vorbereitet (Berthoin-Antal / Böhling 1998: 220 ff), diese Vorbereitung dient allerdings in erster Linie der Fehlervermeidung bzw. der Anpassung an die Gastkultur, nicht der kreativen Nutzung möglicher Potentiale aus dem Zusammentreffen unterschiedlicher Kulturen (vgl. Wolf 1996) und entsprechende Projekte werden in der Regel äußerst aufwendig vorbereitet (vgl. z. B. Handelsblatt vom 3.5.1999: 55 f).

Entsprechend wird dann auch der Rückkehrer aus dem Auslandseinsatz bzw. der aus einer anderen Kultur stammende Mitarbeiter gedrängt, sich möglichst schnell der bestehenden Unternehmenskultur anzupassen. „Slow learning" wird in Organisationen oft als Problem gesehen, genau damit werden aber Chancen für neue Impulse vergeben, so das Ergebnis der Untersuchungen von Berthoin-Antal / Böhling (1998: 219). Die produktive Auseindersetzung um unterschiedliche Unternehmensphilosophien bleibt aus bzw. bestenfalls Außenseitern überlassen (vgl. z. B. die Beiträge im Heft 2 / 1998 der in Chinmaya Managment Review).

3   Eine kurze Zwischenbilanz

Alle drei hier angesprochenen Diskurse thematisieren Zusammenhänge, die sich als innovative Räume verstehen lassen, alle sind von dem Grundgedanken geprägt, daß in diesen Räumen durch das Zusammentreffen von unterschiedlichen Kulturen, Disziplinen oder Anregungen etwas Neues, Kreatives entsteht, und allen ist gemeinsam, daß wesentlich mehr über Probleme oder über ein Scheitern zu erfahren ist als über gelungene Modelle bzw. sich hierauf gründende Konzepte.

Diese Schwierigkeit hat offenbar einen doppelten Hintergrund. Zum einen ist es nicht nur Bequemlichkeit, sondern vor allem auch der informelle Druck von Reputationssystemen, sozialen Netzen usw. die das Überschreiten dieser Grenzen für die Individuen zu einem großen Schritt werden lassen. Zum anderen läßt sich der Erfolg dieses Schrittes nicht vorhersehen und planen. Dieses Risiko betrifft sowohl die Individuen, die einen eingetretenen Pfad verlassen, wie auch die Organisationen, die derartige Grenzüberschreitungen zulassen oder möglicherweise sogar einfordern.

Die Organisation des Neuen, des Kreativen bleibt, das zeigen alle drei hier angesprochenen Diskurse, ein Widerspruch in sich. Unsicherheit läßt sich nun einmal nicht einplanen, allenfalls lassen sich Freiräume schaffen und Fixpunkte und Konturen einbauen, deren Wirksamkeit aber von den Nutzungsstrategien der Individuen abhängt. Auch wenn der Erfolg immer fraglich bleibt, über den notwendigen Kontext kommen alle drei Diskurse zu ähnlichen Schlüssen.

Zunächst bedarf es eines differenzierten Kontexts, der Anregungen, Impulse liefert, der aber nicht derartig breit und vielfältig sein darf, daß keine Orientierung mehr möglich ist, daß sich die Konturen in einem beliebigen Nebeneinander verlieren. Weiterhin setzt eine erfolgreiche Orientierung in einem derartigen Kontext voraus, daß eine (mit den Kernkompetenzen von Unternehmen vergleichbare) solide Basis (in der eigenen Disziplin, im Privaten, in einer eigenen, selbstbewußten kulturellen Identität) für die Auseinandersetzung mit dem „Anderen" vorhanden ist. Dies vorausgesetzt, kann die Auseinandersetzung, auf keinen Fall die Verschmelzung, mit anderen Kulturen, Disziplinen oder Meinungen schließlich dazu dienen, sich der eigenen Grenzen bewußt zu werden, und damit eine Ausgangsbasis für über die tradierten Pfade hinausgehenden Neuerungen zu legen. Wichtig ist hierbei, daß es sich immer auch um einen konflikthaften Prozeß handelt, in dessen Verlauf etwas Gemeinsames entstehen kann.

Voraussetzung für eine derartige Auseinandersetzung ist ein gemeinsamer Bezugspunkt. Der Bezug auf etwas Gemeinsames stellt sich als grundlegend für das Verständnis von unterschiedlichen Ausgangspunkten dar. Um noch einmal ein Beispiel aus der Diskussion um interkulturelle Kommunikation aufzugreifen. Dallas oder Madonna als Symbolfiguren heutiger westlicher Kultur werden ebenso wie weltweit wahrgenommene Großereignisse wie Olympische Spiele oder Weltausstellungen zwar global präsentiert und zur Kenntnis genommen, sie werden aber keineswegs weltweit gleich interpretiert. Die Interpretation erfolgt im Rahmen eines jeweils spezifischen kulturellen Kontexts, und dieser Kontext ist mit deutlich unterschiedlichen Blickwinkeln der betrachtenden Individuen verbunden. Dieses Symbolfiguren oder Großereignisse eignen sich aber hervorragend, um die unterschiedlichen Wahrnehmungen und kulturellen Kontexte deutlich werden zu lassen, und damit erst einen Bezugspunkt für eine Verständigung zu schaffen.

Das Neue, das Gemeinsame, entsteht dann immer nur punktuell. Irgendwann wird es möglicherweise etabliert und vertraut, bildet dann eine eigene Kultur oder Disziplin, ohne daß die bestehenden Kulturen und Disziplinen, deren Spielregeln und Grenzen in Frage gestellt werden. Dieser Aspekt wird in wirtschaftlichen Zusammenhängen noch zentraler als bei den drei hier betrachteten Feldern: Konkurrenz und Verschiedenheit sind unmittelbarer, auf keinen Fall aufzulösender Bestandteil innovativen Geschehens. Von daher unterscheidet sich die Möglichkeit der, vorsichtig formuliert, Gestaltung von innovativen Räumen innerhalb eines Unternehmens (hier dominiert ein notfalls einzuforderndes übergeordnetes Interesse eindeutig die kompetitiven Faktoren) auch grundlegend von Innovationen innerhalb einer Produktionskette bzw. des dazugehörigen Pfades (hier finden sich gemeinsame Referenzsysteme als Konventionen oder im Rahmen sozialer Netzwerke) und diese wiederum von Innovationen als Resultat des Überlappens unterschiedlicher Produktionsketten, die immer erst auf die Herstellung von gemeinsamen Bezugspunkten angewiesen sind. Sicherheit und Ausmaß der Organisierbarkeit nehmen von Fall zu Fall ab, umgekehrt steigt der Aufwand für Verständigung (Transaktionskosten) und das damit verbundene Risiko.

4 Innovation als Grenzüberschreitung

Als Ausgangspunkt für die Frage der Konsequenzen der bisherigen Überlegungen für die Organisation von Innovationen bietet es sich an, sich noch einmal das Innovationsverhalten von Unternehmen vor Augen zu halten (vgl. Rehfeld 1999a). Überdurchschnittlich häufig werden solche Informationsquellen als Ausgangspunkt für Innovationen genutzt, die eng mit der Produktionskette verbunden sind. In der Regel handelt es sich um Kunden oder Lieferanten, also um andere Akteure innerhalb der Produktionskette, oder um Quellen, die sich direkt mit den sozialen Netzen im Umfeld der Produktionskette in Verbindung bringen lassen: Fachmessen, Fachtagungen, Fachliteratur sowie Mitteilungen der Fachverbände.

Vor dem Hintergrund dieser Ergebnisse überrascht es, daß sich momentan ein großer Teil der Diskussion um die Organisation von Innovationen auf die innerbetriebliche Ebene bezieht. Betrachtet man die vielfältigen innerbetrieblichen mikropolitischen Konflikte zwischen Facharbeitern, Meistern und Ingenieuren, zwischen den Stäben und Linien, zwischen unterschiedlichen Vorstellungen von Produktions-, Technik- und Marketingabteilung – die Beiträge dieses Bandes liefern eine Vielzahl von Hinweisen auf derartige Konflikte und deren Bedeutung für die Schwierigkeit bei der Umsetzung von Innovationen – so läßt sich der Betrieb ohne Zweifel auch als Ort verstehen, an dem unterschiedliche Funktionszusammenhänge mit ihren Kulturen und Innovationen aufeinandertreffen. Aber macht es wirklich Sinn, zu versuchen, den Betrieb als Fokus für die Organisation innovativer Räume zu nehmen, wenn erstens Innovationen immer stärker zwischen- bzw. überbetrieblich erfolgen und zweitens – gerade auch für kontinuierliche Innovationen – die Schnittstelle zu den Kunden von anhaltend großer Bedeutung bleibt?

Bei dieser Frage geht es nicht um die Sinnhaftigkeit von Strategien betrieblichen Lernens, um die Nutzung der produktiven Potentiale der in der Produktion Beschäftigten, um die Explikation des bei vielen Beschäftigten vorhandenen impliziten Wissens oder um eine kontinuierliche Reflexion der Markt-, Produktions- und Innovationsstrategie. Derartige Formen betrieblichen Lernens oder Wissensmanagements werden künftig noch an Bedeutung gewinnen, sie allein stellen aber keine hinreichende Strategie betrieblichen Innovationsmanagements dar.

Auch wenn innerhalb des Betriebes unterschiedliche Professionen mit ihren Kulturen vorhanden sind, so bleibt doch das Produkt, oder die Kernfunktion, der gemeinsame und damit einengende Bezugspunkt. Den Gegenpol setzt Soskice (1997: 324) wenn er definiert: „Eine Innovation ist für ein Unternehmen radikal, wenn es Mitarbeiter mit neuen Fertigkeiten, neuem Know-how u. ä. einstellen muß, um eine Innovation herbeizuführen."

Ohne Zweifel übersieht Soskice hierbei die Möglichkeiten und Strategien zwischenbetrieblichen Innovationsmanagements, aber dieser Hinweis ist deshalb wichtig, weil sich in anderen Feldern – etwa in der Regionalökonomie – gezeigt hat, daß eine zu starke Fixierung auf die intern vorhandenen Faktoren Innovationsfähigkeit langfristig behindert, nicht fördert (vgl. Grabher 1994, Rehfeld 1999a). Und die Praxis der Fixierung auf die innerbetriebliche Reorganisation auf Kosten der Entwicklung einer Fähigkeit zur flexiblen zwischenbetrieblichen Zusammenarbeit in den vergangenen Jahren verweist darauf, daß der innerbetriebliche Fokus derartig umfangreich Ressourcen bindet, daß für die Reorgansiation der zwischenbetrieblichen Beziehungen keine angemessene Kapazität mehr bleibt.

Generell besteht ein selten thematisierter Widerspruch in der momentanen Innovationsdebatte darin, daß die wachsende Bedeutung zwischen- und überbetrieblicher Zusammenarbeit bei Innovationen hervorgehoben wird, Strategien des organisationalen Lernens usw. aber in erster Linie auf den Betrieb fokussiert bleiben.

Vor dem Hintergrund der Überlegungen zur interkulturellen Kommunikation läßt sich dagegen argumentieren, daß das betriebszentrierte organisationale Lernen oder Wissensmanagement ohne Zweifel dazu beitragen können, die vorhandenen Kompetenzen zu explizieren und zu bündeln, damit die Kompetenzen bzw. die Identität stärken können, daß dies aber keinesfalls mit einem Innovationsmanagement verwechselt werden darf.

Betriebsfokussierte Strategien des Lernens oder des Wissensmanagements müssen aus dieser Perspektive immer in Verbindung mit der Gestaltung der Schnittstellen nach außen, zunächst vor allem der Schnittstellen innerhalb der Produktionskette gesehen werden. Die für Innovationen innerhalb der Produktionskette als zentral anzusehende Schnittstelle zu den Kunden wird mittlerweile in vielen Betrieben systematisch genutzt und weiterentwickelt. Hierbei geht es nicht nur um die systematische Nutzung von Informationen aus Kundenkontakten, etwa im Rahmen von Reparatur und Wartung, sondern es finden sich zunehmend auch Kundenbeiräte bei der Entwicklung neuer Produkte und, ausgehend von der Suche nach neuen Konzepten der Dienstleistungsqualität, die aktive Einbeziehung des Kunden in die Produkt- und Vermarktungsstrategie (vgl. Zeithaml u. a.1992, Bancel-Charensol/Jougleux 1997).

Auch die Gestaltung der Schnittstellen zwischen den unterschiedlichen an der Entwicklung und Herstellung eines Produktes beteiligten Unternehmen findet seit einiger Zeit erhöhte Aufmerksamkeit (vgl. Endres/Wehner 1996) und dürfte in den kommenden Jahren weiterentwickelt werden. Weiterhin finden sich informelle soziale Netzwerke auf beruflicher bzw. fachlicher Basis entlang der Produktionskette und dienen als Quelle für Informationen, die zur Reduzierung von Unsicherheit beitragen können (vgl. May 1990).

Das Innovationsmanagement entlang der Produktionskette ist mittlerweile ausführlich untersucht und entsprechende Strategien zur kontinuierlichen Weiterentwicklung lassen sich wohl am besten dadurch fortentwickeln, daß Konzepte innerbetrieblichen Lernens oder Wissensmanagements systematisch mit den Schnittstellen zur Produktionskette verknüpft werden – und eben auch Freiräume für Innovationen bilden, eine Anforderung, die im übrigen nur dann realisierbar ist, wenn die Reorganisation nicht im Rahmen eines rigiden Kostenmanagements erfolgt.

Es spricht – wie eingangs ausgeführt – vieles dafür, daß die Exportstärke der deutschen Kernbranchen in den vergangen Jahren auf einer kontinuierlichen Innovationsstrategie beruhte, die auch deshalb so ausgeprägt ist, weil sie charakteristisch für das nationale Innovationssystem insgesamt ist. Die Abgrenzung dessen, was zum nationalen Innovationssystem gehört, ist nicht immer einheitlich. Charakteristisch für das deutsche Innovationssystem sind Elemente wie eine ausgeprägte Ingenieur- und damit Technikdominanz, das duale Ausbildungssystem und darauf beruhende starke Facharbeitertraditionen mit entsprechenden Orientierungen der Arbeitsbeziehungen bzw. der Tarifpolitik (vgl. die Beiträge in Naschold u. a.1997). In gewisser Perspektive macht es aber auch Sinn, diese Elemente in ihren weiteren gesellschaftlichen Zusammenhängen wie etwa im Konzept des „rheinischen Kapitalismus" (vgl. Albert 1992: 128 ff) zu bündeln.

Die konkrete Bedeutung nationaler Innovationssysteme für Unternehmensstrategien ist umstritten (vgl. Cooke 1998), läßt sich aber zumindest plausibel machen. Deutlich ist auf jeden Fall eine enge Orientierung an eher technisch definierten Kernkompetenzen und damit verbundenen Entwicklungspfaden. Die von Naschold (1997) vermutete Schwäche gerade bei der Entstehung neuer Branchen lassen sich auch in unseren Projekten über Produktionscluster finden (vgl. Nordhause-Janz / Rehfeld 1995, 1999, Rehfeld / Wompel 1997, 1999):

- Die anhaltenden Schwierigkeiten der Umweltwirtschaft, Funktionen wie Beratung, technische Lösung und Entsorgungskonzepte oder das Entwickeln, Finanzieren und Betreiben von technischen Umweltschutzanlagen zu integrieren in Verbindung mit der anhaltenden Orientierung an ursprünglichen Sparten wie Anlagenbau, Entsorgungswirtschaft oder Unternehmensberatung,

- der Rückzug des Ende der 1980er Jahre begonnenen Einstiegs von Automobilherstellern aus der Entwicklung und Umsetzung integrierter Verkehrskonzepte und die damit verbundene Rückbesinnung auf die Kernkompetenzen der Automobilherstellung,

- die schnelle Bindung von Unternehmen der Bio- und Gentechnologie oder auch der Mikrotechnik an ihre ersten Kunden und die damit verbundene enge Anbindung in Produktionsketten wie Pharmazie oder Medizintechnik oder

- die ausbleibende Umsetzung des Anspruchs zur Entwicklung integrierter Informations- und Kommunikationskonzepte, wie er von vielen in den 1990er Jahren gegründeten IuK-Unternehmen formuliert wurde, und statt dessen die Konzentration auf eine konsequente Preiskonkurrenz,

sind Beispiele dafür, wie Potentiale für neue Branchen, die in anderen Ländern zumindest partiell in der Entwicklung zu erkennen sind, nicht realisiert wurden, weil eben die Grenzen der tradierten Branchen oder Sparten nicht überschritten wurden.

Offenbar fällt es schwer, aus den Bezügen des nationalen Innovationssystems auszubrechen und über die sektoralen Entwicklungspfade hinausgehende innovative Räume zu gestalten und zu nutzen. Dies gilt nicht zuletzt auch für die Industriesoziologie, die durch Förderprogramme wie „Humanisierung der Arbeit" und „Fertigungstechnik" auf die Konzepte und Fragestellungen der Weiterentwicklung des nationalen Innovationssystems ausgerichtet bleibt und es bis heute nicht geschafft hat, in einen auch nur einigermaßen kontinuierlichen Dialog mit anderen Disziplinen wie Organisations- oder Betriebswissenschaft oder den Konzepten der Unternehmensberatung zu treten.

Angesichts der weiter oben skizzierten Diskussionen über Urbanität und Öffentlichkeit, Inter- und Transdisziplanarität sowie interkulturelle Kommunikation dürfte dieses Fazit nicht unbedingt überraschen. Um es noch einmal zu betonen: Schwächen und Stärken dieser Konzepte wie auch der nationalen Innovationssysteme lassen sich nicht trennen, und das Überwinden der Grenzen dieser Systeme sind immer auch mit – nicht zuletzt sozialpolitischen – Risiken verbunden, wie die Debatte um die „630 DM-Jobs" zeigt.

Diese Schwierigkeiten, die Grenzen etablierter Pfade und des nationalen Innovationssystems zu überschreiten, lassen einen erneuten Blick auf die Diskussion um Produktionscluster und regionale Innovationssysteme sinnvoll erscheinen. Der Gedanke, auf dezentraler Ebene Freiräume als Experimentierfeld für Neues zu schaffen hat durchaus Tradition. Politisch werden mit diesem Gedanken Konzepte wie Föderalismus und Dezentralisierung, in jüngster Zeit auch Deregulierung verbunden. Ökonomisch lassen sich die seit Mitte der 1970er Jahre weltweit zu findenden „freien Wirtschaftszonen" nennen, also fest abgegrenzte Orte, an denen wesentliche Regelungen (Steuern, Arbeitsrecht, Umweltschutzauflagen) außer Kraft gesetzt werden bzw. nur noch eingeschränkt gelten. Die sozialen und ökologischen Implikationen einer derartigen Wachstumsstrategie liegen auf der Hand.

Interessanter erscheint es denn auch, nach der Möglichkeit von Regionen als Freiräumen für Innovationen zu fragen. Während die Diskussion um wirtschaftliche Regionalisierungsstrategien in der Anfangsphase eher um stofflich-materielle Produktionsverflechtungen, etwa in Zusammenhang mit der Entstehung von „Just-in-Time-Standorten" drehte, gewinnt die Bedeutung einer Region als innovativer Raum seit einigen Jahren zunehmende Aufmerksamkeit. Auch hier ist zunächst die Region als innovativer Knoten innerhalb einer Produktionskette von Interesse, auf die damit verbundenen Grenzen wurde eingangs hingewiesen.

Interessanter für die hier im Mittelpunkt stehende Frage nach der Möglichkeit der Gestaltung von innovativen Räumen zwischen Routine und Unsicherheit sind dann auch die vorliegenden Erfahrungen mit regionaler Umstrukturierung. Aus dieser Perspektive besteht das innovative Potential etwa von Silicon Valley nicht in erster Linie in der führenden Stellung bei der Mikroelektronik, sondern in der Fähigkeit, aus der Verbindung der Mikroelektronikkompetenz mit der Medienkompetenz im benachbarten Los Angeles eine mittlerweile stark expandierende Multimediaindustrie entstehen zu lassen (vgl. Scott 1998). Oder die innovativen

Potentiale des Ruhrgebietes liegen dann in der Möglichkeit, aus der Verbindung zwischen den tradionellen montanindustriellen Kompetenzen mit im Umfeld der neugegründeten Universitäten entstandenen Technologien und Unternehmen neue Innovationsschwerpunkte expandieren zu lassen (vgl. Rehfeld/Wompel 1999).

Möglicherweise ist es in der Tat so, daß das regionale Verankertsein, nicht unbedingt als regionales Bewußtsein im Sinne von Heimatbewußtsein, sondern als Möglichkeit, sich bei Bedarf kontinuierlich vor Ort zu treffen und damit gemeinsame Bezüge zu entwickeln, eine Sicherheit oder Vertrautheit zu ermöglichen, die den Schritt über die Grenzen der bestehenden Pfade hinaus erleichtert. Oder auch nur, daß die direkte Kenntnis der Konkurrenten vor Ort es ermöglicht, neue Strategien zu beobachten und eventuell auch zu imitieren.

Dieser Aspekt des unbedingt notwendigen Zusammenspiels von Routine bzw. Vertrautheit einerseits, Unsicherheit und Konkurrenz andererseits, wird in der Diskussion um regionalpolitische Strategien oft übersehen. Ursächlich hierfür ist ein verkürztes Verständnis von Vertrauen, das in Rahmen der Debatte um die Bedeutung sozialer Netzwerke auf Kosten der kompetitiven Aspekte von Innovationen in den Vordergrund getreten ist. Vertrauen als Basis innovativer Zusammenarbeit darf auf keinen Fall mit Freundschaft einerseits oder mit Expertenkompetenz andererseits verwechselt werden, sondern bezieht sich – vergleichbar den Prozessen der Entwicklung interkultureller Kommunikation – auf einen kontinuierlichen Kommunikationszusammenhang, in dessen Verlauf gemeinsame Bezugspunkte, oft nur projektbezogen, entwickelt werden und das Vertrauen in die gegenseitige Kompetenz erst hergestellt wird, und genau hierfür ist die Möglichkeit von face-to-face-Kontakten eine zentrale, nur mit erheblichen Kosten zu ersetzende Voraussetzung (vgl. Rehfeld 1999a).

Strategien der regionalen Strukturpolitik setzen dagegen vor allem auf kontinuierliche Zusammenarbeit bzw. Kooperation, auf den gemeinsamen regionalen Aspekt, etwa ein „regionales Produkt". Dies ist durchaus plausibel, da Kooperation wesentlich einfacher anzuregen oder zu gestalten ist als Konkurrenz oder gar Unsicherheit, greift aber auf jeden Fall zu kurz, weil eine solche Strategie, sollte sie erfolgreich sein, die Einengungen von Entwicklungspfaden oder betrieblichen Traditionen lediglich durch regionale Einengungen ersetzt würde.

Die Problematik läßt sich an dem Versuch illustrieren, Konzepte des Wissensmanagements, die für den Betrieb entwickelt wurden, auf die zwischenbetrieblichen bzw. regionalen Konzepte zu übertragen (so z.B. Nonaka/Reinmöller 1998). Derartige Konzepte sind heute bereits innerhalb von Organisationen keineswegs selbstverständlich (Willke 1998: 81) und nur schwer umzusetzen, wie dies auf der regionalen Ebene insgesamt gelingen könnte, ohne die Möglichkeit einer verbindlichen Koordination und vor dem Hintergrund immer auch vorhandener Konkurrenz, wird nicht thematisiert.

Die Gestaltung von innovativen Räumen in einer Region, oder auch in einer Kommune, sollte auf jeden Fall die Erfahrungen der drei oben skizzierten Diskurse aufgreifen. Festzuhalten wäre zunächst, daß Kontexte organisiert werden sollten, die die Chance für Innovationen erhöhen, nicht die einzelnen Innoavtionen selbst. Derartige Kontexte sollten in ökonomischer Persepktive differenziert und anregend sein, allerdings nicht beliebig und unstrukturiert, sondern dem Muster entsprechen, das sich als sektorale Spezialisierung und funktionale Diffenrenzierung bezeichnen läßt (vgl. Rehfeld 1999a).

Weiterhin sollten derartige Kontexte auf keinen Fall technisch-ökonomisch verkürzt gedacht werden. Weit über das Ökonomische hinausgehende Freiräume in Form eines kulturellen urbanen Umfeldes sind von zentraler Bedeutung, wie nicht zuletzt die erfolgreiche Umstrukturierung von New York oder Köln zeigt.

Schließlich sollte, nicht zuletzt um von den Einengungen sektoraler Pfade und nationaler Innovationssysteme nicht immer wieder eingefangen zu werden, stets eine Öffnung für Impulse von Außen vorhanden sein, auch dieser Bezug zur (Außen)Welt war immer ein wesentlicher Aspekt urbaner Impulse. Hier bietet es sich an, die Debatte um die Globalisierung noch einmal zu reflektieren. Wenn die Annahmen des Diskurses um interkulturelle Kommunikation zutreffen, dann bietet sich in der Öffnung für Impulse von Außen ein Hebel, der bisher in den wenigsten Regionen oder Städten genutzt wird. In dieser Hinsicht bestünde dann die Problematik nicht darin, daß eine zu weit getriebene Globalisierung die bestehenden Wirtschaftsstandorte bedroht, sondern daß ein zu enger Blickwinkel auf die Region oder Kommune die Nutzung produktiver Potentiale auch von Globalisierung als interkultureller Kommunikation und damit die Herausbildung von innovativen Räumen als Knoten in einem weltweiten Netz (vgl. Castells 1999) verhindert.

Literatur

Albach, H., 1998: Kreatives Organisationslernen. In: Albach, H. u. a. (Hg.): Organisationslernen – institutionelle und kulturelle Dimensionen. WZB-Jahrbuch 1998. Berlin, edition sigma: 55-77.

Albert, M., 1992: Kapitalimus contra Kapitalismus. Frankfurt / M. / New York, Campus.

Arch+ 1990, 1991, 1994, Hefte Nr. 105 / 106, 109 / 110 und 123.

Bade, F.-J., 1981: Survey on Industrial Choice of Location in the Federal Republic of Germany, WZB IIM / IP 84-27, Berlin.

Baitsch, C., 1997: Innovation und Kompetenz - Zur Verknüpfung zweier Chimären. In: Heidelhoff, F. / Radel, T. (Hg.): Organisation von Innovation. Strukturen, Prozesse, Interventionen. München und Mering, Hampp: 59-74.

Bancel-Charensol, L. / Jougleux, M., 1997: Un modéle d'analyse des systèmes de production dans les services. In: Revue Francaise de Gestion 113: 71-81.

Beckert, J., 1997: Handlungstheoretische Aspekte der Organisation von Innovationen. In: Heidelhoff, F. / Radel, T. (Hg.): Organisation von Innovation. Strukturen, Prozesse, Interventionen. München und Mering, Hampp: 19-44.

Berthoin-Antal, A. / Böhling, K., 1998: Expatriation as an Underused Resource for Organizational Learning. In: Albach, H. u. a. (Hg.): Organisationslernen - institutionelle und kulturelle Dimensionen. WZB-Jahrbuch 1998. Berlin, edition sigma: 215-236.

Bette, K.-H., 1999: Die Rückeroberung des städtischen Raums. In: Kursbuch Stadt. Stadtleben und Stadtkultur an der Jahrtausendwende. München, DVA: 101-113.

Bourdieu, P., 1998: Vom Gebrauch der Wissenschaft. Für eine klinische Soziologie des wissenschaftlichen Feldes. Konstanz, Universitätsverlag.

Braczyk, H.-J. / Schienstock, G. (Hg.), 1996: Kurswechsel in der Industrie. Lean Production in Baden Württemberg. Stuttgart u. a., Kohlhummer.

Brech, J. (Hg.), 1993: Neue Wege der Planungskultur. Orientierungen in der Zeit des Umbruchs. Darmstadt, Verlag für wissenschaftliche Publikationen.

Breidenbach, J. / Zukrigl, I., 1998: Tanz der Kulturen. Kulturelle Identität in einer globalisierten Welt. München, Kunstmann.

Brock, B., 1999: Urbanität als Postulat. In: Kursbuch Stadt. Stadtleben und Stadtkultur an der Jahrtausendwende. München, DVA: 123-129.

Brödner, P. u. a., 1998: Work Organisation and Employment. The Crucial Role of Innovation Strategies. Projektberichte des Instituts Arbeit und Technik 1998-05, Gelsenkirchen.

Buhr, R., 1998: Organsiationslernen als Realisierungsprozeß. In: Albach, H. u. a. (Hg.): Organisationslernen - institutionelle und kulturelle Dimensionen. WZB-Jahrbuch 1998. Berlin, edition sigma: 447-469.

Castells, M., 1999: Space of flow – der Raum der Ströme. In: Kursbuch Stadt. Stadtleben und Stadtkultur an der Jahrtausendwende. München, DVA: 39-81.

Castells, M. / Hall, P., 1994: Technopoles of the World. The making of the 21st Century Industrial Complexes. London / New York, Routledge.

Cooke, P., 1998: Introduction: Origins of the concept. In: Braczyk, H.-J. / Cooke, P. / Heidenreich, M. (Hg.): Regional Innovation Systems. London, UCL: 2-25.

Chinmaya Management Review Jg. 2, Heft 2 / 1998.

Claval, P., 1995: Space and creativity. „Belle Epoque" Paris: genesis of a World class artistic centre. In: Benko, G. B. / Stromeyer, U. (Hg.): Geography, History and Social Sciences. Dordrecht u. a., Kluwer: 133-142.

Deutsch, K. W., 1966: The nerves of Government. Models of political communication and control. New York.

Dierkes, M., 1996: Zukunftsforschung gilt bis heute als akademisch wenig reputierlich. In: Frankfurter Rundschau vom 23.12. 1996: 14.

Drüke, H., 1994: Den Graben zwischen den Kulturen überwinden. In: Blick durch die Wirtschaft vom 11.10.1994: 7.

Dürr, S., 1998: Zur Wechselwirkung zwischen Wissenschaft und Gesellschaft. In: Hermann, M. / Leuthold, H. / Sablonier, P. (Hg.): Elfenbeinturm oder Denkfabrik. Ideen für eine Universität der Zukunft. Zürich, Chronos: 15-26.

Endres, E. / Wehner, T. / Jordine, T., 1996: Grenzgänger zwischen Praxisgemeinschaften. In: Endres, E. / Wehner, T. (Hg.): Zwischenbetriebliche Kooperation. Die Gestaltung von Lieferbeziehungen. Weinheim, Beltz: 105-120.

Endres, E. / Wehner, T. (Hg.), 1996: Zwischenbetriebliche Kooperation. Die Gestaltung von Lieferbeziehungen. Weinheim, Beltz.

Esser, J. u. a., 1979: Das „Modell Deutschland" und seine Konstruktionsschwächen. In: Leviathan Jg. 7: 1-11.

Exner, U., 1995: Heterarchie. Zur Befreiung der Metropolen-Architektur. In: Fuchs, G. / Moltmann, B. / Prigge, W. (Hg.): Mythos Metropole. Frankfurt / M., edition suhrkamp: 46-62.

Featherstone, M., 1998: The Flaneur, the City and Virtual Public Life. In: Urban Studies vol. 35: 909-925.

Fuchs, G. / Moltmann, B., 1995: Mythen der Stadt. In: Fuchs, G. / Moltmann, B. / Prigge, W. (Hg.): Mythos Metropole. Frankfurt / M., edition suhrkamp: 9-19.

Gläser, J., 1998: Lernen Forschungsinstitute anders? Handlungsbedingungen und Organisationslernen in vier neugegründeten ostdeutschen Forschungsinstituten. In: Albach, H. u. a. (Hg.): Organisationslernen – institutionelle und kulturelle Dimensionen. WZB-Jahrbuch 1998. Berlin, edition sigma: 193-213.

Grabher, G., 1994: Lob der Verschwendung. Berlin, edition sigma.

Granovetter, M., 1992: Problems of Explanation in Economic Sociology. In: Nohria, N. / Eccles, R. G. (Hg.): Networks and Organizations. Structure, Form, and Action. Boston, Harvard Business School Press: 25-56.

Habermas, J., 1974: Strukturwandel der Öffentlichkeit. Neuwied / Berlin, Luchterhand.

Handelsblatt vom 3.5.1999.

Herczog, A., 1996: Öffentlicher Raum und Erlebniswelt. Zur Planbarkeit falscher Urbanitätsversprechen. In: Informationen zur Raumentwicklung Heft 6 / 1996: 359-363.

Häußermann, H. / Siebel, W., 1987: Neue Urbanität. Frankfurt / M. (edition suhrkamp).

Häußermann, H. / Siebel, W. (Hg.), 1993: Festivalisierung der Stadtpolitik. Leviathan Sonderheft 13. Opladen, Westdeutscher Verlag.

Höll, O., 1998: Sozialwissenschaften und selbstreflexive Verfahren: der vernachlässigte „subjektive Faktor". In: Österreichische Zeitschrift für Politikwissenschaft Jg. 27: 227-239.

Ito, T., 1999: Ein Garten der Mikrochips. In: Kursbuch Stadt. Stadtleben und Stadtkultur an der Jahrtausendwende. München, DVA: 131-139.

Jürgens, U. / Lippert I., 1997: Schnittstellen des deutschen Produktionsregimes. Innovationshemmnisse im Produktentstehungsprozeß. In: Naschold, F. u. a. (Hg:): Ökonomische Leistungsfähigkeit und institutionelle Innovation - Das deutsche Produktions- und Politikregime im globalen Wettbewerb. WZB-Jahrbuch 1997. Berlin, edition sigma: 65-94.

Kapuscinski, R., 1997: Die kosmische Rasse. Schmelztiegel Los Angeles: Impressionen aus dem Jahr 1987. In: Lettre international, Frühjahr 1997.

Kern, H., 1996: Das vertrackte Problem der Sicherheit - Innovation im Spannungsfeld zwischen Ressourcenmobilisierung und Risikoaversion. In: Zukunft der Industriegesellschaft. Jahrbuch Arbeit und Technik 1996. Bonn, Dietz: 196-208.

Kilper, H. u. a., 1994: Das Ruhrgebiet im Umbruch. Opladen, Leske und Buderich.

Koolhaas, R., 1999: Stadtkultur an der Jahrtausendwende. In: Kursbuch Stadt. Stadtleben und Stadtkultur an der Jahrtausendwende. München, DVA: 7-13.

Lehner, F. / Schmidt-Bleek, F. / Kilper, H. (Hg.), 1995: Regiovision. Neue Strategien für alte Industrieregionen. München und Mering, Hampp.

Lenk, K., 1994: Programmforschung und Regierungspraxis – Rahmenbedingungen, Ertrag und Zukunftsperspektiven. In: Murswieck, A. (Hg.): Regieren und Politikberatung. Opladen, Leske und Budrich: 31-46.

Maar, C. / Rötzer, F. (Hg.), 1997: Virtual Cities. Die Neuerfindung der Stadt im Zeitalter der globalen Vernetzung. Basel u. a., Birkhäuser.

May, N., 1990: Socialisation Productive et Reseaux Sociaux. GIP „Mutations Industriels". CNRS. Paris.

Mittelstraß, J., 1998: Die Häuser des Wissens. Wissenschaftstheoretische Studien. Frankfurt / M., Suhrkamp.

Müller, M., 1998: Interdisziplinäres Studieren. In: Hermann, M. / Leuthold, H. / Sablonier, P. (Hg.): Elfenbeinturm oder Denkfabrik. Ideen für eine Universität der Zukunft. Zürich, Chronos: 95-106.

Naschold, F., 1997: Ökonomische Leistungsfähigkeit und institutionelle Innovation - Das deutsche Produktions- und Politikregime im globalen Wettbewerb. In: Naschold, F. u. a. (Hg:): Ökonomische Leistungsfähigkeit und institutionelle Innovation - Das deutsche Produktions- und Politikregime im globalen Wettbewerb. WZB Jahrbuch 1997. Berlin, edition sigma: 19-62.

Naschold, F. u. a. (Hg:), 1997: Ökonomische Leistungsfähigkeit und institutionelle Innovation - Das deutsche Produktions- und Politikregime im globalen Wettbewerb. WZB-Jahrbuch 1997. Berlin, edition sigma.

Nelson, R. R., 1997: Recent Evolutionary Theorizing About Economic Change. In: Ortmann, G. / Sydow, J. / Türk, K. (Hg.): Theorie der Organisation. Die Rückkehr der Gesellschaft. Opladen, Westdeutscher Verlag: 81-123.

Nonaka, I. / Reinmöller, P., 1998: Towards Endogenous Knowledge Creation for Asian Economic Development. In: Albach, H. u. a. (Hg.): Organisationslernen - institutionelle und kulturelle Dimensionen. WZB-Jahrbuch 1998. Berlin, edition sigma: 401-432.

Nordhause-Janz, J. / Rehfeld, D., 1995: Umweltschutz „Made in NRW". München und Mering, Hampp.

Nordhause-Janz, J. / Rehfeld, D., 1999: Informations- und Kommunikationswirtschaft Nordrhein-Westfalen. Graue Reihe des IAT. Projektberichte. Gelsenkirchen.

Ortmann, G. / Sydow, J., 1998: Reflexion über Grenzen: Neue Konturen der Unternehmungslandschaft. In: Kohler-Koch, B. (Hg.): Regieren in entgrenzten Räumen. (PVS Sonderheft 29). Opladen, Westdeutscher Verlag: 29-47.

Picot, A. / Reichwald, R., 1994: Auflösung der Unternehmung? Vom Einfluß der IuK-Technik auf Organisationsstrukturen und Kooperationsformen. In: Zeitschrift für Betriebswirtschaft Bd. 64: 547-570).

Prisching, M., 1985: Die Stagnation von Regionen und Branchen. Eine Theorie sozioökonomischer Anpassungsprozesse. In: Wirtschaft und Gesellschaft Jg. 11: 175-194.

Rehfeld, D., 1999a: Produktionscluster. Konzeption, Analysen und Strategien für eine Neuorientierung der regionalen Strukturpolitik. I.E.

Rehfeld, D., 1999b: Zwischen Wissenschaft und Praxis: Grenzgänger, Schnittstellen-manager oder Vorreiter einer Wissensgesellschaft? Erscheint in: IAT-Jahrbuch 1999. Gelsenkirchen.

Rehfeld, D. / Wompel, M., 1997: Künftige Produktionscluster im Raum Köln. Gutach-ten im Auftrag der Stadtsparkasse Köln. Graue Reihe des IAT. Projektberichte. Gelsenkirchen.

Rehfeld, D. / Wompel, M., 1999: Standort mit Zukunftsprofil. Innovationschwerpunkte in Dortmund. Gutachten im Auftrag der Wirtschafts- und Beschäftigungsförde-rung Dortmund. Graue Reihe des IAT. Projektberichte. Gelsenkirchen.

Romo, F. / Schwartz, M., 1995: The structural embeddedness of business decisions. The migration of manufacturing plants in New York State, 1960 to 1985. In: American Sociological Review vol. 60: 874-907.

Salais, R. / Storper, M., 1992: The four „worlds" of contemporary industry. In: Cam-bridge Journal of Economics vol 16: 169-193.

Schoenberger, E., 1995: Learning or Leaving? In: Lehner, F. / Schmidt-Bleek, F. / Kilper, H. (Hg.): Regiovision. Neue Strategien für alte Industrieregionen. München und Mering, Hampp: 146-153.

Scott, A. J., 1998: From Silicon Valley to Hollywood: growth and development of the multimedia industry in California. In: Braczyk, H.-J. / Cooke, P. / Heidenreich, M. (Hg.): Regional Innovation Systems. London, UCL: 136-162.

Sennet, R., 1998: Der flexible Mensch. Die Kultur des neuen Kapitalismus. Darm-stadt, WBG.

Smoltczyk, Al., 1999: Oberhausen. In: Kursbuch Stadt. Stadtleben und Stadtkultur an der Jahrtausendwende. München, DVA: 175-185.

Soja, E. W., 1995: Postmoderne Urbanisierung. In: Fuchs, G. / Moltmann, B. / Prigge, W. (Hg.): Mythos Metropole. Frankfurt / M., edition suhrkamp: 143-164.

Soskice, D., 1997: Technologiepolitik, Innovation und nationale Institutionengefüge in Deutschland. In: Naschold, F. u. a. (Hg.): Ökonomische Leistungsfähigkeit und in-stitutionelle Innovation - Das deutsche Produktions- und Politikregime im globa-len Wettbewerb. WZB Jahrbuch 1997. Berlin, edition sigma: 319-348.

Steinbach, J., 1994: Urbanität - Beiträge zu einem verhaltenstheoretischen und pla-nungsbezogenen Konzept. In: Raumforschung und Raumordnung Jg. 52: 212-221 Süddeutsche Zeitung vom 12. / 13.4.1996.

Utterback, J. M. / Suárez, F. F., 1993: Innovation, Competition, and Industry Structu-re. In: Research Policy Jg. 22: 1-21.

Väth, W., 1980: Ökonomische Stagnation und Raumordnungspolitik. In: Bruder, W. / Ellwein, T. (Hg.): Raumordnung und staatliche Steuerungsfähigkeit. Opladen, Westdeutscher Verlag: 58-75.

Vries, M. de, 1997: Die Paradoxie der Innovation. In: Heidelhoff, F. / Radel, T. (Hg.): Organisation von Innovation. Strukturen, Prozesse, Interventionen. München und Mering, Hampp: 45-58.

Wagner, P., 1993: Die Soziologie der Genese sozialer Institutionen. In: Zeitschrift für Soziologie Jg. 22: 464-476.

Weibler, J. / Deek, J., 1998: Virtuelle Unternehmen – Eine kritische Analyse aus stra-tegischer, struktureller und kultureller Perspektive. In: Zeitschrift für Planung Jg. 9: 107-124.

Wilkinson, J., 1997: A new paradigm for economic analysis? In: Economy and Society vol. 26: 305-339.

Willke, H., 1998: Systemisches Wissensmanagement. Stuttgart, Lucius und Lucius

Wolf, J., 1996: Sicherstellung erfolgreicher interkultureller Kommunikation als Herausforderung für die Personalentwicklung. Dipl. Arbeit Konstanz.

Zeithaml, V. A., u. a. 1992: Qualitätsservice. Was Ihre Kunden erwarten – was Sie leisten müssen. Frankfurt/M./New York, Campus.

Zimmermann, C., 1996: Die Zeit der Metropolen. Urbanisierung und Großstadtentwicklung. Ffm, Fischer TB.

Zohlen, G., 1995: Metropole als Metapher. In: Fuchs, G./Moltmann, B./Prigge, W. (Hg.): Mythos Metropole. Frankfurt/M., edition suhrkamp: 23-34.

Brödner, P. / Helmstädter, E. / Widmaier, B. (Hg.): 83
Wissensteilung. Zur Dynamik von Innovation und kollektivem Lernen,
München und Mering: Hampp 1999

Jürgen Nordhause-Janz / Brigitta Widmaier

Wissen, Innovation und Region:
Eine kritische Bestandsaufnahme

1 Einleitung

Die Bedeutung von Innovationen für die Wettbewerbsfähigkeit von Unternehmen, die Sicherung von Arbeitsplätzen und regionale Wachstumsprozesse sind in den letzten Jahren in zunehmendem Maße in das Zentrum wissenschaftlicher und politischer Diskussionen gerückt. Stichworte wie *Wissensgesellschaft* (ein Begriff, der im vorliegenden Buch aufgegriffen wird), *Informationsgesellschaft* (in der Programmatik der Europäischen Union) oder auch *wissensbasierte Industrieentwicklung* (seit einigen Jahren Gegenstand von Analysen in der OECD) belegen dies in vielfältiger Weise. Im Vordergrund der Analysen und Debatten steht dabei die Frage nach den Institutionen und Mechanismen, die zur Generierung, Verbreitung, Aneignung und Verarbeitung von wirtschaftlich verwertbarem Wissen führen sowie nach deren gesellschaftlichen Rahmenbedingungen. Diese sind durch die nationen- und regionenspezifischen Besonderheiten organisatorischer und institutioneller Art abgesteckt.

Die Problematik ist nicht neu. Bereits bei Friedrich List wird deutlich, daß die Frage nach der Rolle von Wissen und Innovationen in der Ökonomie auch in der Industrialisierungsphase thematisiert wurde, und nicht erst im Zeitalter der Informations- und Kommunikationstechnologien. Während jedoch damals Aspekte der Arbeitsteilung im Mittelpunkt standen, diskutieren wir heute die „Wissensteilung" als wesentlichen Bestandteil wirtschaftlichen Handelns (s. dazu den Beitrag von Helmstädter in diesem Band).

Eine Reihe von Gründen spricht dafür, daß Wissen und seine Umsetzung in Innovationen heute mehr denn je die Wettbewerbsfähigkeit nachhaltig beeinflussen. Dazu gehört unter anderem, daß sich durch die Liberalisierung des Handels die Wettbewerbssituation verschärft hat.

Innovationen im Produkt-, Prozeß- und Organisationsbereich sowie die damit verbundenen Produktivitätsvorsprünge sind dringlicher geworden. Die Spezialisierung der Wissensbereiche und ihre fachliche und räumliche Ausdifferenzierung haben eine Ausweitung erfahren. Diese fortschreitende Wissensteilung wird zwar einerseits durch die erweiterten Möglichkeiten der Diffusion durch Informations- und Kommunikationstechnologien aufgefangen, andererseits ist jedoch immer mehr Koordinationswissen (siehe dazu den Beitrag von Klatt/Maucher/Schmidt-Dilcher in diesem Band) erforderlich, wenn Unternehmen auf kürzer werdende Produktzyklen adäquat reagieren wollen, die durch die globalen Markt- und Entwicklungsmöglichkeiten entstehen (Soete/Arundel 1993; Foray/ Lundvall 1996).

Vor diesem Hintergrund ist die Frage, wie neues Wissen in unterschiedlichen Kontexten gefunden, organisiert und bereitgestellt werden kann und wie es durch Lernprozesse in Innovationen umgesetzt werden kann, immer zentraler geworden. Dieser Tatsache ist in der Innovationsforschung, in neuerer Zeit insbesondere in den Ansätzen zu Innovationssystemen (Freeman 1987; Nelson 1993; Lundvall 1992; Edquist 1997) Rechnung getragen worden. Sie haben sich teilweise von der rein ökonomischen Sichtweise, die Wissen zwar als Produktionsfaktor einbezieht, aber die Dynamik der Innovationsprozesse damit noch nicht ausreichend fassen kann, abgewandt und entwickeln interdisziplinäre Ansätze. Die Erkenntnis hat sich durchgesetzt, daß institutionelle und kulturelle Faktoren für die Innovationsfähigkeit mindestens genauso wichtig sind wie ökonomische Faktoren. So wurden Ansätze entwickelt, die ökonomische, soziologische sowie politik- und regionalwissenschaftliche Fragestellungen integrieren, aber auch, abhängig von der Forschungsfragestellung, auf unterschiedlichen Ebenen ansetzen:

- Auf nationaler Ebene werden die länderspezifischen Rahmenbedingungen für die internationale Wettbewerbsfähigkeit von Unternehmen untersucht;

- die regionale Ebene stellt die Bedeutung der Region und ihrer institutionellen und sozialen Gegebenheiten für die Innovationsfähigkeit von Unternehmen in den Mittelpunkt und

- die Branchenebene hat die Innovationsfähigkeit von Unternehmen vor allem unter dem Gesichtspunkt der technologischen Entwicklungspfade der Branche im Blickpunkt.

Der vorliegende Beitrag geht nach einer Darstellung des Systemansatzes und seiner wichtigsten Komponenten näher auf die regionale Ebene ein. Es wird gefragt, wie sich Erklärungsmuster aus der Regionalforschung vor dem ständig wechselnden Hintergrund des regionalen und globalen

Kontextes bewähren. Die Variablen „räumliche Nähe" und „Netzwerke"
werden als zentrale Kategorien diskutiert und auf ihren Stellenwert hin
untersucht. Im internationalen Kontext hat die Region in den letzten Jahren einen
Bedeutungswandel erfahren. Durch die Globalisierung der Wirtschafts-
prozesse ziehen Unternehmen weltweit bei der Suche nach neuen Märkten und Investitionsmöglichkeiten mehr und mehr regionale oder sogar
lokale – und nicht nur mehr nationale – Faktoren ins Kalkül. Es wird vor
allem argumentiert, daß die Ausweitung der Wissensbereiche in einem
nationalen Kontext nicht mehr voll abgedeckt werden kann und sich immer mehr Schwerpunkte und Netzwerke international, aber geographisch
konzentriert entwickeln[1] (Patel/Pavitt 1998). In diesen Überlegungen
wird eher eine Internationalisierung der innovationsrelevanten Aktivitäten auf regionaler Ebene unterstellt. Die Regionalforschung untersucht
die Region als einen zentralen Ort sozialer Austauschprozesse und weist
regionalen Netzwerken eine bedeutende Rolle beim Innovationsprozeß zu.
Eine häufige Schlußfolgerung ist, daß sich eine Region, um in wettbewerblicher Hinsicht erfolgreich zu sein, als einheitliches Innovationssystem
begreifen muß. Räumliche Nähe und die Möglichkeiten zur Netzwerkbildung werden als zentrale Voraussetzungen für Regionen gesehen, innovative Produktionscluster zu bilden bzw. als Ansiedlungsort für multinatio-
nale Unternehmen attraktiv zu werden. Wie im folgenden weiter ausgeführt werden wird, sind „innovative Milieus" und „regionale Netzwerke"
zweifellos eine wichtige Bedingung für die Innovationsfähigkeit von Unternehmen in einer Region. Wir wollen jedoch hier die Frage stellen und
anhand empirischer Ergebnisse prüfen, ob andere Variablen im Zusammenhang mit einer fortschreitenden Wissensteilung auf globaler Ebene
nicht ebenfalls eine bedeutende Rolle spielen und ob die Konzeptionen
von regionalen Innovationssystemen und regionalen Netzwerken nicht
eine Differenzierung erfahren müssen. Zumindest, so vermuten wir, ist
eine Menge weiterer Forschung nötig, um die Beschaffenheit und Funktionsweise von Innovationszusammenhängen in der Region hinreichend genau zu kennen und sinnvolle politische Strategien abzuleiten.

---

[1] Entscheidungskriterium ist häufig die Qualität der an einem Standort vorfindbaren FuE Potentiale: Gerybadze/Meyer-Kramer/Reger 1997.

2 Analytische Zugänge

So verschieden nach wie vor die Diskussionsstränge und Zugänge aufgrund der unterschiedlichen Ansätze in der Innovationsforschung sind, so zeigen sich doch auch eine Reihe von Gemeinsamkeiten und Schnittstellen (Cooke, P. / Uranga, M.G. / Etxebarria, G. 1998). Zentral sind in diesem Kontext:

Systemansatz und der *Netzwerkgedanke:* Weitgehender Konsens herrscht darüber, daß der Innovationsprozeß kein lineares Geschehen darstellt, das sich nacheinander in den Grenzen einzelner Organisationen vollzieht, sondern vielmehr ein sozialer Prozeß, der nur durch vielfältige Austausch- und Rückkopplungsprozesse zustandekommt. Individuelle und kollektive Akteure und ihre Interaktionen sowie die institutionellen Rahmenbedingungen bilden grundlegende Elemente von Innovationssystemen. Die sozialen Austauschprozesse (Wissenstransfer, Wissensteilhabe), das Lernen von Individuen und Organisationen werden, vor allem auf der regionalen Ebene, wo die räumliche Nähe als wichtige Einflußgröße unterstellt wird, im Kontext von Netzwerken gesehen. Sie beruhen entweder auf traditionellen Kontakten oder werden im Suchprozeß nach neuem Wissen und seiner Verarbeitung aufgebaut (Camgagni 1991; Cooke 1998; Dosi 1982; Gordon 1990; Håkansson / Johanson 1988; Håkansson / Snehota 1990; Hippel v. 1986; Jarillo / Ricart 1987; Johanson / Mattsson 1987; Lundvall 1985, 1990, 1997; Maillat 1991, 1998).

Für Lundvall findet die Wissensproduktion zunehmend innerhalb von Netzwerken statt: „The growing complexitiy of the knowledge base and the more rapid rate of change makes it attractive to establish long term and selective relationships in the production and distribution of knowledge" (Lundvall 1996:10). Gleichzeitig warnt er in diesem Zusammenhang aber auch vor einem „Intellectual Tribalism", der zum Ausschluß nicht nur von Personen, sondern auch von neuen Ideen führen und somit wiederum innovationsbehindernd wirken kann.

Der Aspekt *Wissen und Lernen:* Wissen wird als wichtiger Produktionsfaktor betrachtet, es wird danach gefragt, wie neues Wissen generiert wird, welche Mechanismen die Diffusion bestimmen und welche Arten von Wissen zur Innovation beitragen können. Innovationen, so eine grundlegende Annahme, entstehen im Rahmen lernorientierter sozialer Austauschprozesse auf allen Ebenen. Lundvall spricht in diesem Zusammenhang von der „learning economy", die entwickelt werden muß, damit Wissensvorsprünge genutzt werden können (Lundvall 1996; Cooke 1998; Edquist 1998).

3 Die Systemperspektive in der neueren Innovationsforschung

Die Forschung unter dem gemeinsamen Nenner der Innovationssysteme war zunächst eine Reaktion auf die unbefriedigende Situation, die durch die Probleme bei der Einbeziehung des Faktors „Wissen" in ökonomische Erklärungsansätze entstanden ist. Der Innovationsprozeß galt lange Zeit als ein linearer Prozeß, der gleichsam auf einer „Einbahnstraße" von der Erfindung zum neuen Produkt oder Verfahren führt. Die Sichtweise war vorwiegend technikzentriert und hat auch die Technologiepolitik früherer Jahre stark geprägt. Vereinfachend gesagt, ging man davon aus, daß Innovationen und deren wirtschaftlicher Erfolg auf dem Markt sich schon einstellen werden, wenn man die „richtigen" (Zukunfts)Technologien (siehe Technologieförderprogramme) fördert und somit genügend „Inputwissen" für Innovationen zur Verfügung stellt, es verbreitet, damit es schließlich von Unternehmen in innovative Produkte / Dienstleistungen umgesetzt wird. Daß dieses simple Input-Output-(oder Technology-push-market-pull)-Modell nur bedingt zum gewünschten Erfolg führt, wird an einer Reihe von obsolet gewordenen forschungsbezogenen Institutionen auf nationaler und regionaler Ebene sichtbar. Dieser Ansatz läßt vor allem auch die Tatsache außer acht, daß Unternehmen für ihre Innovationsfähigkeit auf unterschiedliche Arten von Wissen (technologisch, organisatorisch) angewiesen sind und daß Wissen und Lernen einen sozialen, und damit komplexen Charakter haben.

Die neuen Ansätze zur Innovationsforschung distanzieren sich von dieser statischen und eindimensionalen Sichtweise und unterstellen statt dessen, daß der Innovationsprozeß von einer Vielzahl organisatorischer und institutioneller Faktoren beeinflußt wird und nur durch vielfältige Rückkopplungen und Interaktionen zustande kommen kann. Es wird von „Innovationssystemen" (z. B. Freeman 1987; Lundvall 1992) und von „integrierten Ansätzen" (Soete / Arundel 1993) gesprochen.

Ein erster größerer Forschungsstrang entstand im Bereich der nationalen Innovationssysteme (Freeman, Nelson, Lundvall). Damit sollte vor allem die Frage beantwortet werden, wie unterschiedliche Wachstums- und Wettbewerbserfolge von Volkswirtschaften durch nationenspezifische Einflußfaktoren zustande kommen und wie man, bei deren Kenntnis, Rahmenbedingungen schaffen kann (oder politisch darauf Einfluß nehmen kann), um die jeweils optimalen Bedingungen für Innovationen zu schaffen. Hier sei nur auf drei der wichtigsten Vertreter und deren Ansätze verwiesen[2]:

---

[2] Die folgende Zusammenfassung beruht auf Lundvall 1992.

Das Konzept von Freeman (Freeman 1987): Er bezieht sich in seinem ersten Buch über Japan auf die nationenspezifische Organisation der Subsysteme und deren Beziehung untereinander. Er untersucht die Organisation von F&E und Produktion in Unternehmen, die Beziehungen zwischen Firmen und die Rolle der Regierung und des MITI werden unter historischen und theoretischen Gesichtspunkten darstellt.

Nelson (Nelson 1993) analysierte das US-amerikanische System. Er konzentriert sich auf den öffentlichen und privaten Charakter von Technologie, die Rolle von Unternehmen, Regierung und Universitäten bei der Produktion neuer Technologien. Er hat auch gezeigt, daß unterschiedliche Industrien verschiedene Methoden nutzen, um Innovationen umzusetzen. Nelson entwickelt dabei ein engeres Verständnis von Innovation. Er bezieht sich auf die Auswirkungen, die die Art der Wissensproduktion und Innovation auf Innovationssysteme haben, während Freemans Ansatz mehr vom Produktionssystem und dessen Beziehungen zum Innovationsprozeß ausgeht (Lundvall 1992).

Lundvall: Für Lundvall ist die wichtigste Ressource moderner Ökonomien Wissen, infolgedessen ist der wichtigste Prozeß das Lernen. Da Lernen ein interaktiver Prozeß ist, der sozial verankert sein muß, kann er nicht ohne institutionelle und kulturelle Zusammenhänge gesehen werden. Um solche Prozesse steuern zu können, braucht man Informationen über die Beschaffenheit von nationalen Innovationssystemen.

Aus den frühen Arbeiten zu Innovationssystemen, haben sich in der Zwischenzeit Forschungsprogramme entwickelt, die nach neuen Möglichkeiten suchen, die Innovationsfähigkeit von Unternehmen, Branchen, Regionen und Nationen mit quantitativen und qualitativen Methoden und neuen theoretischen Ansätzen zu erforschen und die Prozesse, die zu erfolgreichen Innovationen führen, zu beschreiben und zu analysieren. Die Modelle der traditionellen Ökonomie haben sich in dieser Hinsicht als zu beschränkt erwiesen. „The historical specificity and the institutional nature of (national) systems of innovation cannot be predicted or explained by traditional economic theories" (Edquist 1997: 180). So wurde vorwiegend in der evolutorischen Ökonomik und in interdisziplinären Ansätzen die Idee der Innovationssysteme weiterentwickelt. Sie beschäftigen sich sowohl mit dem Systemaspekt, als auch mit einzelnen Komponenten von Innovationssystemen. Durch diese Öffnung der Sicht und der Forschungsperspektive auf Innovationen wird es erst möglich, sowohl den Einfluß einer Vielzahl von (sozio-ökonomischen) Variablen mit einzubeziehen, als auch den Prozeßcharakter des Innovationsgeschehens und die unterschiedlichen Ebenen, die die Innovationsprozesse beeinflussen, zu berücksichtigen.

Ohne hier näher auf den Systembegriff eingehen zu wollen (der in den meisten Ansätzen auch sehr vage definiert ist), ist festzuhalten, daß, wie Lundvall betont, Innovationssysteme „offene und heterogene Systeme" sind, deren Elemente und Prozesse einem stetigen Wandel unterliegen. Innovationssysteme werden also nicht als Konstrukte mit einem definierten idealen Endzustand gesehen, vielmehr wird versucht, durch den Systemansatz zu einer möglichst vollständigen Kenntnis der verschiedenen Elemente und ihrer Austauschbeziehungen zu gelangen, nicht zuletzt auch um Ansatzpunkte für politische Maßnahmen zu erhalten.

Innovationssysteme sind also ein konzeptioneller Bezugsrahmen der als Forschungswerkzeug dazu dient, die Einflußgrößen für den Innovationsprozeß zu identifizieren und ihre Zusammenhänge zu untersuchen. Gleichzeitig können sie auch ein konzeptioneller Rahmen für eine Innovationspolitik sein und als Basis für die Ausarbeitung von Innovationsstrategien in Firmen dienen. Edquist führt aus, daß der Vergleich zwischen Systemen wichtig ist, um zu wissen, was „oben und unten", „gut und schlecht" ist (Edquist 1997) und bestimmte Systemzustände lassen sich als „benchmarks" verwenden. Auch Lundvall sieht in der Kenntnis von Komponenten und Prozessen in Innovationssystemen Ansatzpunkte für politische Strategien. Seiner Ansicht nach können vor allem radikale Veränderungen in den technisch-ökonomischen Grundlagen besser bewältigt werden, wenn man die (nationalen) Innovationssysteme gut kennt. Hier sind jedoch nicht nur die strukturellen Aspekte von Bedeutung, sondern auch die Kenntnis über die Ressource „Wissen" und ihren Charakter auf die wir im folgenden näher eingehen wollen. Im übrigen sind Innovationssysteme als Inbegriff aller Institutionen (s. Beitrag von Helmstädter) zu verstehen, die dem Innovationsprozeß dienen.

4 Die Komplexität von Wissen und Lernen im Innovationsprozeß

Wissen als eine zentrale Voraussetzung für Innovationen wurde lange Zeit in der traditionellen Ökonomie als eine Ressource verstanden, die 1. universell und kostenlos verfügbar und 2. prinzipiell transferierbar ist. Es wird von den Unternehmen – so die Annahme-, da sie über vollständige Informationen verfügen, auch stets im Wirtschaftsprozeß in entsprechender Weise genutzt und umgesetzt (Lipsey / Fraser 1998; Smith 1995).

Beide Annahmen unterliegen allerdings in der Praxis erheblichen Einschränkungen. Zum einen verhalten sich Unternehmen in der Regel nicht so, daß sie ohne Anpassungsprobleme neues Wissen aufnehmen, verarbeiten und in Innovationen umsetzen. Zum anderen ist zu berücksichtigen, daß in den Innovationsprozeß unterschiedliche Arten von Wissen eingehen, die bezüglich ihrer Verfügbarkeit Einschränkungen unterliegen. Empirische Untersuchungen weisen deutlich darauf hin, daß die Wissensbasen von Unternehmen extrem spezifisch und spezialisiert sind. Neues Wissen wird daher sehr selektiv wahrgenommen und verarbeitet. Lernen im Rahmen von Innovationsprozessen erfolgt in der Regel additiv auf der Basis historischer Erfahrungen und folgt somit spezifischen Entwicklungspfaden. Diese Pfadabhängigkeit beinhaltet einerseits einen beträchtlichen Fundus an Erfahrungswissen, und bildet somit eine wichtige Voraussetzung für weitere Wissensakkumulation und Innovationsfähigkeit; andererseits ist sie jedoch häufig Ursache einer mangelnden Anpassungsfähigkeit von Unternehmen an geänderte Markt- und Technikbedingungen (Dosi 1982; Combs/Hull 1998; Nordhause-Janz 1991; North 1990; Weber 1992). Recht plastisch lassen sich diese Zusammenhänge an folgender Äußerung eines Entwicklungsingenieurs verdeutlichen[3]:

„ ... we construct and operate... systems based on prior experiences, and we innovate in them by open loop feedback. That is, we look at the system and ask ourselves 'How can we do it better?' We then make some change, and see if our expectation of 'better' is fulfilled. ... This cyclic, open loop feedback process has also been called 'learning-by-doing', 'learning by using', 'trial and error', and even 'muddling through'. Development processes can be quite rational or largely intuitive, but by whatever name, and however rational or intuitive, it is an important research process ... providing means of improving systems which lie beyond our ability to operate or innovate via analysis or computation."

Erkenntnisse aus der Unternehmensforschung zeigen auch, daß gerade bei kleinen und mittleren Unternehmen die Aufnahme- und Verarbeitungskapazitäten von Forschungs- und Entwicklungsergebnissen häufig nur begrenzt vorhanden sind. Das bedeutet nicht notwendigerweise, daß dieser Unternehmenstyp in geringerem Maße Innovationen durchführt. Seine Wissensbasis ist nur häufig mehr marktorientiert. An die Stelle forschungsorientierter Wissensdiffusionsprozesse treten in stärkerem Maße Austauschprozesse zwischen Anbietern und Kunden. Das im Betrieb vorhandene technologische Wissen wird inkremental weiterentwickelt, teilweise auch vom Kunden eingebracht.

---

[3] Zitiert nach Pavitt 1997: 7-8.

Aber nicht nur auf Unternehmensebene sind die modellhaften Annahmen über die Verfügbarkeit und Transferierbarkeit von Wissen aus der Ökonomie einzuschränken. So hat sich z. B. die Annahme, daß sich die Technologielücke der Entwicklungsländer oder in neuerer Zeit in Osteuropa (Widmaier 1999), ohne weiteres schließen läßt, weil ja das Wissen in den entwickelten Industrienationen vorhanden und grundsätzlich transferierbar ist, als falsch erwiesen. Erfahrungen haben deutlich gemacht, daß viele Technologietransferaktionen so lange ins Leere laufen, als nicht auch die Kontextbedingungen für den Wissenstransfer berücksichtigt werden oder mit anderen Worten: Innovationssysteme entstehen, die kollektives Lernen und Innovation ermöglichen.

Auch Beispiele aus Regionen, die aufgrund ihrer Industriestruktur einem starken Strukturwandel unterworfen sind, und aus Branchen, deren Produktion aufgrund der technologischen Entwicklung veraltet ist, unterstützen diese Zweifel. Gerade in sogenannten „alten Branchen" ist es entscheidend, daß sich Unternehmen durch die Absorption neuen Wissens von ihren traditionellen Entwicklungspfaden lösen und innovativ neue Produkte und neue Märkte entwickeln. Unter Bedingungen eines raschen technologischen Wandels gilt dies um so mehr. Die Fähigkeit zu lernen, also sich neues Wissen anzueignen, wird zu einer entscheidenden Voraussetzung für den Erfolg von Unternehmen und die wirtschaftliche Entwicklung von Regionen. Aber vielfältige Hemmnisse in derartigen Prozessen machen deutlich, daß dies keine trivialen Abläufe sind und für ihr Gelingen zahlreiche Vorbedingungen nötig sind (siehe Becker/Vitols 1997; Foray/Lundvall 1996; Lundvall 1996). Grundsätzlich ist es nicht nur nötig, daß Wissen in einer kodifizierten Form vorliegt, sondern auch, daß die Fähigkeiten oder das „Können" vorhanden sind, das Wissen im jeweiligen Kontext anzuwenden (s. Brödner/Helmstädter/Widmaier in diesem Band).

Beschränkte Kapazitäten für die Aufnahme neuen Wissens wie auch Pfadabhängigkeit sind als ein Grund dafür anzusehen, daß die Wissensdiffusion zwischen mehr und weniger entwickelten Ländern, Regionen, aber auch zwischen Universitäten, FuE-Einrichtungen und den Unternehmen mit erheblichen Problemen und Restriktionen verbunden ist. Ein anderer Grund liegt darin, daß im Innovationsprozeß unterschiedliche *Arten von Wissen* eine Rolle spielen, die unter anderem verschiedene Eigenschaften in Bezug auf ihre Transferierbarkeit haben. Damit ist ein weiterer Aspekt angesprochen, der die Gültigkeit der neo-klassischen Annahmen der Wissensproduktion in Frage stellt. Die Annahme einer universellen Verfügbarkeit und prinzipiellen Transferierbarkeit von Wissen ist nämlich auch von daher eingeschränkt, daß Wissen häufig nicht in einer

kodifizierten Form vorliegt, sondern an Personen und soziale Austauschbeziehungen gebunden ist.

Mit anderen Worten, ob und in welcher Form Wissen von Unternehmen aufgenommen und verarbeitet werden kann, hängt auch von der Art
des jeweiligen Wissens ab. Neben der grundsätzlichen Unterscheidung
zwischen kodifiziertem und nicht-kodifiziertem Wissen – oder anders
ausgedrückt – „Wissen" und „Können", gibt es in der Literatur weitere
Ausdifferenzierungen, die sich auf prinzipielle Zugänglichkeit und die Dif-
fusionsmöglichkeit sowie Eigentumsregelungen beziehen.[4] Wir wollen hier
näher auf die Klassifikation von Foray/Lundvall eingehen, die in diesem
Kontext unterschiedliche Wissensformen und deren Bedeutung im Rahmen von Lern- und Diffusionsprozessen zur Innovation unterscheiden
(Foray/Lundvall 1996; Lundvall 1996, 1997)[5]:

Wissenstyp 1: Know what:
Mit Know-what wird eine Wissensform beschrieben, die im wesentlichen
einem kodifizierten Wissen entspricht. Seine mediale Verfügbarkeit, etwa
in schriftlicher oder elektronischer Form begünstigt eine universelle Verfügbarkeit und Aneignungsmöglichkeit. Moderne I&K Technologien begünstigen die Diffusion dieses Wissens. Es wird sogar argumentiert, daß
die rasche Entwicklung solcher Technologien durch die Notwendigkeit,
immer mehr kodifiziertes Wissen zu verarbeiten, befördert wurde.

Wissenstyp 2: Know-why:
Diesen Wissenstyp könnte man auch als „Grundlagenwissen" bezeichnen.
Verstanden als das Wissen über Prinzipien und Gesetze, etwa im natur-
wissenschaftlichen Bereich, gelten für diesen Wissenstyp die oben beschriebenen Merkmale nur in eingeschränktem Maße. Er ist grundsätzlich kodifizierbar und, sofern die Wissensgenerierung im öffentlichen Bereich stattfindet, auch allgemein zugänglich, da Ergebnisse aus öffentlichen Forschungseinrichtungen in der Regel publiziert werden. Bei indu-
strieeigener Forschung und Entwicklung ist die Zugänglichkeit stark eingeschränkt und der Erwerb dieses Wissens möglicherweise mit zusätzlichen Kosten verbunden.

---

[4]   David/Foray (1995) beschreiben einen dreidimensionalen Raum mit den Dimensi-
      onen: Completely tacit-Fully codifiable; Privately owned-Public; Restricted access-
      Fully disclosed.

[5]   Die Unterteilung von Wissen in verschiedene Arten oder Typen ist in der Literatur
      unbestritten, wobei sich die jeweiligen Definitionen nicht selten in Nuancen unter-
      scheiden. Wir haben uns hier den Definitionen von Foray und Lundval ange-
      schlossen, da sie unseres Erachtens die zentralen Elemente differenzieren und
      gleichzeitig dem Gebot der Sparsamkeit bei der Typenbildung genügen.

Kodifizierbarkeit wird begünstigt, solange Wissenszuwächse inkremental oder langsam erfolgen. Bei raschem Wandel oder sich ändernden grundlegenden Prinzipien dagegen treten soziale Interaktionsnotwendigkeiten, etwa im Rahmen von Expertendiskussionen, in den Vordergrund. Der Zugang zu derartigem Wissen ist für Unternehmen wichtig, um Technologievorsprünge zu erzielen. Typische Diffusionsmuster sind z. B. Forschungskooperationen zwischen Unternehmen und Universitäten, oder aber auch die Personalrekrutierung. Vor allen Dingen in Hochtechnologiebranchen wie der Pharmazie, Gen- und Biotechnik oder der Elektronik lassen sich solche Interaktions- und Verhaltensmuster feststellen (De-Bresson/Amesse 1991; Edquist 1998).

Wissenstyp 3: Know-how:
Explizites oder kodifiziertes Wissen wird nur dann im Wirtschaftsprozeß nutzbar, wenn es im jeweiligen Kontext eine Anwendung findet. Hier kommt das „Know-how" zum Tragen; darunter wird eine Wissensform verstanden, die üblicherweise auch mit den Begriffen des impliziten Wissens (*tacit knowledge*) oder auch „Können" beschrieben wird. Dieses Wissen ist nur schwer kodifizierbar, da es personengebunden ist und seine Weitergabe auf Lernen, Training und Erfahrung beruht (z. B. die klassische Meister-Lehrling Beziehung). Für viele Unternehmen, vor allem wie oben schon erwähnt, kleine und mittelgroße Betriebe stellt das Know-how eine zentrale innerbetriebliche Ressource für die Erlangung und Erhaltung von Wettbewerbsvorsprüngen dar. (Vgl. hierzu auch die Beiträge von Brödner und Jäger in diesem Band). Es läßt sich schwer durch Eigentumsvorbehalte (z. B. Patente) sichern. Gerade unter den Bedingungen einer steigenden Komplexität technischer Innovationen steigt die Bedeutung dieses Wissenstyps (siehe Brödner/Helmstädter/Widmaier in diesem Band). Zudem gewinnt der Austausch zwischen unterschiedlichen Know-how Trägern, auch und gerade über die Unternehmensgrenzen hinweg, eine zunehmende Bedeutung für die Innovationsfähigkeit.

Wissenstyp 4: Know-who:
Die zunehmende Wissensaufteilung in disziplinärer aber auch räumlicher Hinsicht ist ein wichtiger Grund dafür, warum das Wissen darüber *wer etwas weiß* bzw. *wer* das fehlende Know-how besitzt zu einer zentralen Wissenskategorie geworden ist. In der Regel handelt es sich auch hierbei um sozial- bzw. personengebundenes Wissen. Zwar ist ein Teil dieses Wissens auch als Information, und damit etwa über den Markt austauschbar, aber erst die Möglichkeit zu intensiveren sozialen Austauschprozessen (soziale Netzwerke, Beziehungen zu Kunden, Lieferanten) eröffnen Zugang zu handlungsleitenden Bewertungen. Pavitt etwa sieht hierin einen

zentralen Motivationsaspekt für das Engagement von Großunternehmen in der Grundlagenforschung. Über das Wissen (Know-who) der in der Grundlagenforschung tätigen Firmenmitglieder erhalten die Unternehmen nicht nur den Zugang zu weiteren externen Forschernetzwerken, sondern auch eine Einschätzung ihrer Relevanz und Bedeutung für das eigene Unternehmen (Pavitt 1997).

Angesichts der mit den Wissentypen angedeuteten Aufteilung des Wissens wird die Frage, wie die fachliche und räumliche Aufteilung des Wissens überwunden werden kann zu einem zentralen Anliegen. Es geht darum, auf betrieblicher Ebene ein effizientes Wissensmanagement zu betreiben bzw. auf regionaler oder nationaler Ebene entsprechende Bedingungen zu schaffen, die Unternehmen in die Lage versetzen, ihre Innovationsfähigkeit optimal für die Entwicklung Produkte und neuer Märkte einzusetzen. Für beides ist Koordinierungswissen notwendig, d. h. eine möglichst genaue Kenntnis der Elemente und Austauschbeziehungen, die den Innovationsprozeß bestimmen.

Aus diesen Ausführungen über die unterschiedlichen Arten von Wissen wird auch deutlich, daß Innovation nicht als ein determinierter Prozeß mit festen Bestandteilen und Regeln betrachtet werden kann. Vielmehr lenkt die Unterscheidung die Aufmerksamkeit auf die Bedeutung *sozialer Interaktionen* im Rahmen von Innovations- und Lernprozessen[6], auf die wir uns im folgenden konzentrieren. Als zentrale Kategorie wird die soziale Interaktion in den neueren Ansätzen der Innovationsforschung aufgegriffen. So nehmen im Konzept der Innovationssystemforschung die Austauschbeziehungen von Unternehmen mit ihrem Umfeld (Kunden, Zulieferern, Wettbewerbern, Forschungseinrichtungen, Finanzeinrichtungen, Infrastruktur, usw.) bei Innovationsprozessen einen wichtigen Platz ein. Das grundlegende Argument dieser Ansätze ist, daß die unterschiedlichen sozialen Umfeldbedingungen, unter denen Unternehmen innovieren, maßgeblich das Ausmaß und die Richtung der Innovationen von Unternehmen beeinflussen (Edquist 1998; Smith 1996). Diese Sichtweise spielt auch in der regionalen Perspektive in neueren Ansätzen der Regionalforschung eine zentrale Rolle. Im Vordergrund der Betrachtung stehen dabei die Interaktionen regionaler Akteure im Rahmen von Innovationsprozessen und deren Bedeutung für regionalwirtschaftliche Entwicklungen.

---

[6]   Vgl. hierzu auch schon: Håkansson / Snehota 1990; Håkansson 1992; Lundvall 1985.

5 Die regionale Perspektive

In regionalwissenschaftlichen Analysen hat die Bedeutung von Innovationen bei der Erklärung unterschiedlicher ökonomischer Entwicklungen seit Anfang der achtziger Jahre eine wichtige Stellung eingenommen. Standen zu Beginn dieser Arbeiten im wesentlichen Fragen innovationsorientierter endogener Potentiale im Sinne der Ausstattung einer Region mit innovativen Unternehmen im Vordergrund der Betrachtung (Ewers 1980; Pfirrmann 1984; Tödtling 1990), so hat sich in jüngster Zeit die Diskussion hin zu den regionalen Umfeldbedingungen innovierender Unternehmen verschoben. In diesen Ansätzen werden spezifische Interaktionsmuster regionaler Akteure und regionale institutionelle Bedingungen, unter denen Unternehmen innovieren, als wesentliche Ursache für die zu beobachtenden regionalen Entwicklungsdisparitäten und den Erfolg einzelner Regionen verantwortlich gemacht.

Für Cooke etwa entscheidet erst das Zusammenspiel dieser unterschiedlichen regionalen Faktoren über die Entwicklungschancen und -perspektiven einer Region. Ausgehend von der Kritik am Ansatz nationaler Innovationssysteme, dessen empirische Ergebnisse seiner Ansicht nach bislang wenig zur Erklärung der zu beobachtenden regionalen Innovations- und Entwicklungsdisparitäten innerhalb der einzelnen Volkswirtschaften beitragen konnten, entwickelt er einen Ansatz, der die Region als zentralen Fokus für die Entstehung und Diffusion von Innovationen in den Vordergrund der Betrachtung stellt. Dabei unterscheidet er zwei verschiedene Ebenen, die bei der Analyse regionaler Innovationssysteme und deren Potentiale für die wirtschaftliche Entwicklung einer Region zu berücksichtigen sind. Auf der einen Seite sind dies die regionalen institutionellen Bedingungen und politischen Faktoren, wie etwa die Ausstattung einer Region mit FuE-Einrichtungen, Technologie- und Wissenstransfereinrichtungen sowie die Möglichkeiten einer autonomen innovationsbezogenen Infrastrukturentwicklung oder der Grad der Finanzhoheit.

In diesem Verständnis orientiert sich das Konzept der regionalen Innovationssysteme an seinem nationalen Pendant, etwa wie er im Ansatz von Nelson oder Freeman verfolgt wird. Diese regionalen Voraussetzungen sind in Cooke's Sicht zwar wichtige, aber keineswegs hinreichende Voraussetzungen für die Entwicklung und den Erfolg regionaler Entwicklungen. Sie liefern im wesentlichen Informationen darüber, welche institutionellen Arrangements das Innovationsgeschehen in einer Region beeinflussen. Von zentraler Bedeutung ist jedoch darüber hinaus die Einbeziehung der innovationsrelevanten Austauschbeziehungen der regionalen Akteure im Rahmen formeller und informeller Kooperationsbeziehungen. Die Intensität und Beschaffenheit derartiger sozialer Interaktionen im Rahmen von regionalen Innovations- und Lernprozessen sieht Cooke als eine zentrale Ressource für innovationsorientierte Regionalentwicklungen an. Dabei kommt der räumlichen Nähe eine wichtige Bedeutung zu, da sie den Austausch von tacit-knowledge (Wissenstyp 3 und 4), als zentrale Bedingung für organisationales und institutionelles Lernen, begünstigt. Wichtige Voraussetzung hierfür ist nach Cooke eine ausgeprägte Kooperationskultur der regionalen Akteure (Cooke / Uranga / Etxebarria 1998).

Eine ähnliche Sichtweise wird auch in den Arbeiten der GREMI Forschergruppe und ihrem Ansatz des „innovativen regionalen Milieus" deutlich. Auch in deren Perspektive kommt der räumlichen Nähe von Unternehmen eine zentrale Bedeutung zu. Diese Nähe begünstigt die Bildung formeller und informeller Netzwerke und hierüber den Austausch von innovationsrelevantem Wissen. Derartige Netzwerke bilden die Grundlage für ein dynamisches, innovationsgetriebenes Klima in der Region. In den diesen Prozeß konstituierenden Interaktionen sind sowohl regional ansässige Unternehmen, aber auch weitere regionale Akteure und Institutionen eingebunden. Hierzu zählen neben politischen Akteuren vor allen Dingen auch regionale Forschungseinrichtungen wie die Universitäten. Neben Formen direkter Kooperation und interorganisatorischer Netzwerkbildung wird der regionale Wissenstransfer durch eine hohe Fluktuations- und Mobilitätsrate des regionalen Arbeitskräftepotentials verstärkt. Gerade dieser Aspekt wird als ein wesentliches Instrument für die regionale Wissens- und Innovationsentfaltung angesehen. In jüngeren Arbeiten wird darüber hinaus die wichtige Rolle der Einbindung regionaler Unternehmen in überregionale Kooperationszusammenhänge betont. Die Stabilität der beobachtbaren Netzwerke ist eine wichtige Voraussetzung für die Schaffung vertrauensbasierter Beziehungen. Erst hierdurch wird der gegenseitige Wissenstransfer, insbesondere der Austausch von Know-how (Wissenstyp 3 und 4 oben) ermöglicht (Camagni 1991, 1996; Cooke 1998; Maillat, 1991, 1998).

Diese in innovativen regionalen Milieus vorhandene dichte Interaktion und Lerndynamik unterstützt die Lernfähigkeit der regionalen Akteure sowie deren Fähigkeit zur Entwicklung und Kommerzialisierung neuer Produkte und fördert hierdurch positive ökonomische Regionalentwicklungen. In ähnlicher Weise argumentiert auch Cooke in seiner Übertragung des Innovationssystemsgedanken auf die Region. Ausgehend von einem Kontinuum unterschiedlich entwickelter und strukturierter regionaler Innovationssysteme, sieht er im Falle der regionalen innovativen

Milieus das weitestgehende und effektivste Entwicklungsmodell regionaler Innovationssysteme.

Vor allem der Ansatz der regionalen Innovationsmilieus bildete in jüngster Zeit für eine ganze Reihe von empirischen Untersuchungen die theoretische Grundlage[7]. Dabei sind die Ergebnisse, die im wesentlichen zu einer Bestätigung der theoretischen Annahmen und Hypothesen geführt haben, nicht unwidersprochen geblieben. Im Vordergrund der Kritik standen eine Reihe von Punkten, die sich zum einen auf methodische Aspekte bezogen, die zum anderen die Frage der Übertragbarkeit auf andere Regionen thematisierten.

So wurde kritisiert, daß bei der empirischen Überprüfung von regionalen Netzwerken der Netzwerkbegriff häufig im metaphorischen Sinne benutzt wurde, ohne daß überprüft wurde, ob sich Netzwerke und die damit verbunden Beziehungen auch empirisch finden lassen (Fromhold-Eisbith 1995; Johannison 1998).

Ein weiterer Kritikpunkt bezog sich auf die Auswahl der Untersuchungsregionen. Die überwiegende Zahl der empirischen Studien basieren auf regionalen Fallstudien. Allgemeine Aussagen lassen sich auf dieser Basis nicht treffen, zumal die ausgewählten Regionen keinen typischen Charakter aufweisen. Häufig handelt es sich um high-tech Regionen mit spezifischen sektoralen Bedingungen, überwiegend in den USA und Frankreich. Innerhalb des regionalwirtschaftlichen Profils eines Landes bilden derartige Regionen jedoch eher eine Ausnahme als die Regel.

Auch der positive Zusammenhang zwischen räumlicher Nähe und innerregionaler Kooperation und Verflechtung ist äußerst umstritten. In Abhängigkeit von Branche und Region finden sich höchst unterschiedliche Ergebnisse. Die Wahrscheinlichkeit, daß die Zusammenhänge einen allgemeingültigen Charakter haben, ist eher gering (Beise/Stahl; Breschi/Malerba 1997; DeBresson/Amesse 1991; Edqusit 1998; von Einem/Helmstädter 1997; Hassink/Wood 1998).

So lassen sich auch in Abhängigkeit von Sektoren durchaus unterschiedliche Kooperationsformen und -reichweiten, aber auch unterschiedliche Ausprägungen des Verhältnisses von Kooperation und Wettbewerb feststellen. In den Augen von Breschi/Malerba (1997) etwa sind die im Silicon Valley beobachteten intensiven Kooperationen zwischen den ansässigen Unternehmen weniger eine regionale, als eine sektorale Besonderheit. Im Vordergrund derartiger formeller und informeller Austauschbeziehungen steht demnach die Lösung gemeinsamer sektorweiter Probleme. Dies begünstigt, soweit regionale Konzentrationen von Sektoren

---

[7] Vgl. z. B. das EU TSER-Projekt Regional Innovation Systems: Designing for the future – REGIS, Coordinator Philip Cooke sowie Fritsch u. a. 1998.

vorhanden sind, den Austausch von spezifischem Wissen in engen regionalen Grenzen. Gleichzeitig heißt dies aber auch, daß überregional orientierte Kooperationsmuster und intensiver Wettbewerb zwischen den regionalen Unternehmen damit nicht ausgeschlossen sind. Gordon etwa spricht in diesem Zusammenhang von unterschiedlichen Typen von hightech Regionen, in denen lokale oder regionale Orientierungen der Unternehmen eher die Ausnahme, als die Regel darstellen (Gordon 1990, 1991).

Auch Untersuchungen in anderen technologieintensiven Branchen, etwa im Bereich der Bio- und Gentechnologie, führen zu einer Relativierung der Bedeutung räumlicher Nähe für innovationsorientierte Kooperationsbeziehungen. Im Bereich Biotechnologie ist der Aufbau und die Nutzung von Kooperationsbeziehungen eine wichtige Voraussetzung für die erfolgreiche Durchführung von Innovationen und deren erfolgreiche Markteinführung. Ohne intensive Beziehungen der Unternehmen zu Universitäten, Forschungsinstituten, Krankenhäusern und anderen potentiellen Abnehmern ist der Erfolg derartiger Projekte häufig nicht möglich (DeBresson/Amesse 1991). In einer Studie im Bereich Immunsystemkrankheiten kommt Edquist (1998) etwa zu dem Ergebnis, daß Forschungskooperationen für die untersuchten Unternehmen eine zentrale Rolle spielen. Allerdings spielte der regionale Aspekt bei der Wahl der Kooperationspartner eine außerordentlich geringe Rolle. Mehr als 90 % der Kooperationen erfolgte mit Partnern, die aus dem Ausland stammten oder aber im nationalen Umfeld angesiedelt waren. Das für die Durchführung der Projekte benötigte spezifische Wissen sowie vor diesem Hintergrund vorhandene persönliche Beziehungen von Mitarbeitern spielten die zentrale Rolle bei der Wahl der Kooperationspartner[8]. Inwieweit hieraus dann regionale Kooperationen zustande kommen, ist eher zufallsbedingt oder aber es spielt in den Fällen eine größerer Rolle, in denen die Unternehmensgründer aus dem universitären Umfeld kamen und das Unternehmen selbst noch sehr jung war.

Derartige Unternehmensnetzwerke verändern sich jedoch im Zeitablauf. Während zu Beginn, in der jungen Phase eines Unternehmens regionale Beziehungen eine wichtige Bedeutung haben, verlieren diese ihre Bedeutung mit der regionalen Ausweitung der Absatzmärkte (Johannison 1998). Auch aus der Forschung über kleine und mittlere Unternehmen lassen sich Hinweise entnehmen, daß die Einbindung junger Unternehmen in die Region weniger ihre Ursache in Regionsspezifika hat, als vielmehr im Entwicklungsstadium der Unternehmen zu suchen ist. Die starke regionale Bindung junger Unternehmen ist häufig absatzmarktbedingt (lokaler Markt), und liegt in Ursachen, die mit der Person des Gründers

---

[8]   Vgl. weiter oben den Wissenstyp 4.

verbunden sind (persönliche Gründe für Standortwahl, Nutzung der bisherigen persönlichen Netzwerke, etc.). In high-tech Regionen spielen in diesem Kontext bisherige forschungsorientierte und persönliche Bindungen des Unternehmensgründers an die regionale Universität eine wesentliche Rolle. Mit zunehmendem Unternehmensalter und der Ausweitung der Absatzmärkte gewinnen jedoch überregionale Verflechtungen an Bedeutung. In diesem Prozeß ist es nicht in jedem Fall eindeutig, daß sich gleichzeitig die regionalen Bezüge lockern oder sogar ganz an Bedeutung verlieren, aber klar ist, daß überregionale Verflechtungszusammenhänge eine wesentlich größere Bedeutung erlangen (Albach/Bock/Warnke 1985; Fröhlich/Pichler 1988; Hundsdiek 1987; Hundsdiek/May-Strobl 1986).

Auch wenn bislang systematisch angelegte Untersuchungen in der Bundesrepublik Deutschland weitestgehend fehlen, so lassen sich aus vorhandenen quantitativ angelegten Untersuchungen Anhaltspunkte dafür finden, daß der postulierte Zusammenhang zwischen räumlicher Nähe, innerregionaler Verflechtung und Innovationsaktivität von Unternehmen nicht so eindeutig ist, wie er dem theoretischen Konzept nach zu vermuten wäre. So zeigt etwa die seit Anfang der 90er Jahre durchgeführte Innovationserhebung des ZEW deutlich auf, daß die räumliche Nähe bei der Durchführung von FuE-Kooperationen für die befragten Unternehmen eine außerordentlich geringe Rolle spielt (Tabelle 1). Allenfalls hat die Region als ein Standort neben nationalen und internationalen Kooperationspartnern eine gewisse Bedeutung. Ähnliche Ergebnisse zeigen sich auch in einer aktuellen quantitativen Untersuchung in 3 bundesdeutschen Teilregionen (Backhaus/Seidel 1998; Sternberg 1998).

Tabelle 1: Standort von FuE-Kooperationspartnern in der bundesdeutschen Wirtschaft 1993

	in % von:	
	allen Unternehmen	Unternehmen mit FuE Kooperation
Kooperationspartner		
regional	6,8	34,3
nur regional	0,1	0,4
nur national	6,2	31,4
nur international	0,5	2,5
regional und national	4,0	20,3
national und international	6,3	31,8
regional, national und international	2,7	13,6

Quelle: ZEW Innovationserhebung; eigene Berechnungen.

*Tabelle 2: Standorte von Partnern formeller FuE-Kooperationen in der
nordrhein-westfälischen Umweltschutzwirtschaft 1993*

	in % der Unternehmen	
	allen Unternehmen	*Unternehmen mit FuE Kooperation*
Standort der Partner		
vor Ort	3,8	9,2
im übrigen Nordrhein-Westfalen	16,0	38,5
übrige BRD	12,4	29,7
Ausland	6,0	14,4

Quelle: Nordhause-Janz / Rehfeld, 1995.

*Tabelle 3: Partner für informellen Erfahrungsaustausch und Gespräche in der
nordrhein-westfälischen Umweltschutzwirtschaft 1993*

	in % der Unternehmen
Partner für informelle Kontakte / Gespräche	
Kunden	49
regional	42
Zulieferer	26
regional	20
eigene Firmengruppe	14
regional	12
andere Unternehmen	0,14
regional	0,08

Quelle: Nordhause-Janz / Rehfeld, 1995.

Auch aus einer Untersuchung in der nordrhein-westfälischen Umweltschutzwirtschaft lassen sich vergleichbare z. T. aber auch durchaus ge-
genläufige Anhaltspunkte finden. So ist dieser regionale Wirtschaftsbe-
reich durch einen außerordentlich hohen Grad an marktorientierter regionaler Verflechtung gekennzeichnet. Gleichzeitig zeigt sich jedoch auch,
daß die innovationsbezogenen Verflechtungen und Kooperationsbezüge
sich nicht eindeutig an der Dimension „Region" festmachen lassen (Ta-
bellen 2 und 3). Sie sind in mindestens gleichem Maße in den Fällen informeller Austauschbeziehungen eng an marktbedingte Gegebenheiten
geknüpft.

6 Fazit: Regionale Innovationssysteme und Innovationssysteme in der Region

Faßt man die dargestellten empirischen Untersuchungsergebnisse zusammen, so erscheint die Rolle der Region für den Innovationsprozeß von Unternehmen nicht so eindeutig, wie dies in den erörterten regionaltheoretischen Ansätzen zu vermuten gewesen wäre. Die häufig angenommene positive Rolle der räumlichen Nähe für den Austausch von Wissen und die Existenz intensiver regionaler Kooperationen läßt sich empirisch nicht zweifelsfrei nachweisen. Vielmehr deutet einiges darauf hin, daß die Pluralität regionaler ökonomischer Strukturen ihren Niederschlag auch in den in einer Region vorfindbaren Innovationssystemen findet. Eine ausschließliche Konzentration, etwa bei regionalen innovationspolitischen Maßnahmen, auf das regionale Innovationssystem würde dieser Pluralität und Heterogenität nicht gerecht (Storper 1996).

Die Konzentration in den bisherigen Arbeiten auf high-tech Regionen mit innovations- und forschungsintensiven Unternehmen verstellt zudem den Blick dafür, daß Innovationen nicht allein an Forschungs- und Entwicklungsaktivitäten gebunden sind und derartige Regionen nicht den Normalfall regionaler Wirtschaftsstrukturen darstellen. Zwar lassen sich innerhalb eines Landes durchaus regionale Konzentrationen der FuE-Aktivitäten feststellen, Innovation in einem breiteren Verständnis, die nicht ausschließlich FuE-bezogen ist, spielt für wirtschaftliche Entwicklung von Regionen aber eine wichtige, wenn nicht sogar größere Rolle sowohl in quantitativer, wie auch in qualitativer Hinsicht.

Gerade bei kleinen und mittelständischen Unternehmen, die im Rahmen des Milieuansatzes als treibende Kraft der innovationsgestützten Regionalentwicklung angesehen werden, spielt diese Art der Innovation eine zentrale Rolle. Dies bedeutet aber auch gleichzeitig, daß der „Normfall" der Regionen weniger dem Bild einer high-tech Region entspricht, sondern in der Regel eine Mischung aus unterschiedlichsten wirtschaftsstrukturellen Teilbereichen besitzt. Derartige regionale Sektoralstrukturen, und dies ist wichtig zu unterscheiden, liegen häufig nicht als bloßes „Flickenmuster" vor, sondern es lassen sich durchaus regionale sektorale Schwerpunkte bis hin zu räumlichen Konzentrationen von ganzen Produktionsketten und -clustern feststellen. Die Umweltschutzwirtschaft in Nordrhein-Westfalen etwa ist ein derartiges Beispiel. Gleichwohl sind die zwischenbetrieblichen Innovationsbeziehungen, in Abhängigkeit der Marktbezüge der Unternehmen, nicht eindeutig auf die Region konzentriert. In einem solchen Normalfall einer Region sind aber in der Regel überwiegend Unternehmen angesiedelt, die schon länger am Markt aktiv sind und somit auch andere, über die Regionsgrenzen hinausreichende Innovations- und Informationsnetzwerke aufgebaut haben und nutzen. Dies, so ist zu vermuten, dürfte eine Ursache dafür sein, daß in derartigen Regionen regional orientierte Innovationsbeziehungen eher seltener zu beobachten sind.

Ein weiterer Aspekt betrifft die bislang empirisch nicht eindeutig geklärte Frage nach dem Charakter der im Milieuansatz postulierten positiven Effekte regionaler Nähe. Unklar bleibt, ob diese Milieueffekte das Ergebnis formeller und informeller Kooperationsbeziehungen zwischen Unternehmen darstellen, oder ob hierbei nicht Effekte spezialisierter regionaler Arbeitsmärkte eine mindestens genauso große Rolle spielen, Wissenstransfer folglich nicht allein über Kooperationsbeziehungen und informelle Unternehmensbeziehungen sondern über Personalfluktuation stattfindet (Beise/Stahl 1998). Vergleichende Untersuchungen in unterschiedlichen high-tech und „Normal"-Regionen legen diesen Schluß zumindest nahe (Edquist /Texier/Widmark 1998; Sternberg 1995). Wenn, wie auch Vertreter des Milieuansatzes betonen, ein nicht unwesentlicher Bestandteil des Milieus und der in ihm vermuteten oder beobachteten Wissenstransferprozesse sich über den Mechanismus der Personalfluktuation vollzieht, so deutet dies daraufhin, daß regionale Arbeits- und Ausbildungsmärkte eine wichtige Funktion besitzen. In der Tat spricht einiges dafür, daß etwa die Rolle der Universitäten einer Region und damit auch die Attraktivität einer Region für innovations- und forschungsintensive Unternehmen sich weniger aus der Transferfunktion konkreter Technologien ableitet, als vielmehr aus der Rolle des Personalrekrutierungspotentials für regionale Unternehmen.

Wenn es richtig ist, daß Personalfluktuation eine wichtige Ressource für Wissenstransfer ist, dann ist dieser Aspekt unseres Erachtens bislang in regionalpolitischen Maßnahmen, die der Stimmulierung innerregionaler Vernetzungen dienen, bislang zu wenig beachtet worden. Vor diesem Hintergrund erscheint uns, aus vorläufiger Perspektive, ein erster Ansatzpunkt in einer, bislang zwar häufig geforderten, aber ebenso häufig noch unzureichend umgesetzten engeren Verzahnung von regionaler Struktur-, Bildungs- und Qualifizierungspolitik zu liegen, da dies einer der zentralen Knoten im regionalen Innovationsnetz zu sein scheint.

Vieles, so unser Eindruck, ist jedoch auf der Forschungsebene bislang noch keineswegs eindeutig geklärt. Insbesondere für eine regionalorientierte Innovationspolitik, die sich am Konzept oder Leitbild einer „learning economy" orientiert, erscheinen uns folgende Fragen einer näheren Betrachtung im Rahmen zukünftiger Forschungsarbeiten zentral:

- Wie und zwischen welchen Akteuren verlaufen reale Innovationsbeziehungen in einer Region?

- In welchem Verhältnis stehen hierbei regionale und überregionale Orientierungen?

- In welchem Zusammenhang stehen Unternehmensalter, Absatzmärkte und regionale bzw. überregionale Ausrichtung der Innovationsbeziehungen?

- Welche unterschiedlichen Innovationssysteme lassen sich in einer Region entdecken?

- Welche Beziehungen bestehen zwischen diesen, und welche regionalen Knoten, im Verständnis der Netzwerkanalyse, lassen sich ausmachen?

Für die Politikebene ist unseres Erachtens die Kenntnis der verschiedenen Innovationssysteme in einer Region und die hier bestehenden realen Beziehungen und Verflechtungen von zentraler Bedeutung, sollen politische Initiativen, die Kooperationen in der Region stimulieren wollen, nicht ins Leere laufen.

Literatur

Albach, H. / Bock, K. / Warnke, T., 1985: Kritische Wachstumsschwellen in der Unternehmensentwicklung. Schriften zur Mittelstandsforschung, Stuttgart.

Backhaus, A. / Seidel, O., 1998: Die Bedeutung der Region für den Innovationsprozeß. Eine Analyse aus der Sicht verschiedener Akteure. In: Informationen zur Raumentwicklung, 4.98: 264-276.

Becker, C. / Vitols, S., 1997: Innovationskrise in der deutschen Wirtschaft? Das deutsche Innovationssystem der neunziger Jahre. In: Naschold, F. / Soskice, D. / Hancké, B. / Jürgens, U. (Hg.), 1997: Ökonomische Leistungsfähigkeit und institutionelle Innovation. WZB-Jahrbuch 1997. Edition Sigma, Berlin.

Beise, M. / Stahl, H., 1998: Public Research and Industrial Innovations in Germany, ZEW Discussion Papers No. 98-37.

Breschi, S. / Malerba, F., 1997: Sectoral Innovation Systems: Technological regimes, Schumpeterian Dynamics, and Spatial Boundaries. In: Edquist, C. (ed.), Systems of Innovation. Technologies, Institutions and Organizations, London: 130-155.

Camagni, R. C. (ed.), 1991: Innovation networks: Spatial perspectives, London.

Camagni, R. C., 1996: Regional strategies for an innovative economy: The relevance of the innovative milieu concept.

Combs, R. / Hull, R., 1998: Knowledge Management practices and path-dependency in Innovation. In: Research Policy 27: 237-253.

Cooke, P. / Uranga, M. G. / Etxebarria, G., 1998: Regional Systems of innovation: an evolutionary perspective. In: Environment and Planning A, Vol. 30: 1563-1584.

Cooke, P., 1998: Introduction. Origins of the Concept. In: Braczyk, H.-J. / Cooke, P. / Heidenreich, M. (eds.), Regional Innovation Systems, London: 2-25.

David, P. A. / Foray, D., 1995: Accessing and Expanding the Science and Technology Knowledge Base. In: STI Review, No. 16: 13-68.

DeBresson, C. / Amesse, F., 1991: Networks of innovators: A review and introduction to the issue. In: Research Policy, Vol. 20: 363-379.

Dosi, G., 1982: Technological paradigms and technological trajectories. A suggested interpretation of the determinants of technical change. In: Research Policy, Vol. 11: 147-162.

Dosi, G., 1988:

Edquist, C. (ed.), 1997: Systems of Innovation. Technologies, Institutions and Organizations. Pinter, London and Washington.

Edquist, C., 1998: The ISE Final Report: Scientific Findings and Policy Implications of the „Innovation Systems and European Integration". (ISE) Research Project, Linköping.

Edquist, C. / Texier, F. / Widmark, N., 1998: The east Gothia Regional system of Innovation: A Descriptive Pre-Study, Department of Technology and Social Change, University of Linköping.

Einem, E. von / Helmstädter H.-G., 1997: Neue Produkte durch Kooperation. Acht Fallstudien aus der Unternehmenspraxis, Berlin.

Ewers, H.-J., 1980: Innovationsorientierte Regionalpolitik. Schriftenreihe „Raumordnung" des Bundesministers für Raumordnung, Bauwesen und Städtebau 06.042, Bonn.

Foray, D. / Lundvall, B.-Å., 1996: The Knowledge-Based Economy: From the Economics of Knowledge to the Learning Economy. In: OECD (ed.): Employment and Growth in the Knowledge-based Economy, Paris: 11-34.

Freeman, C., 1987: Technology Policy and Economic Performance. Lessons from Japan. London.

Fritsch, M. / Koschatzky, K. / Schätzl, L. / Sternberg, R., 1998: Regionale Innovationspotentiale und innovative Netzwerke. In: Raumforschung und Raumordnung, Vol. 56, Heft 4: 243-252.

Fröhlich, E. / Pichler, J. H., 1988: Werte und Typen mittelständischer Unternehmer, Berlin.

Fromhold-Eisbith, M., 1995: Das „kreative Milieu" als Motor regionalwirtschaftlicher Entwicklung. Forschungstrends und Erfassungsmöglichkeiten. In: Geographische Zeitschrift, 83. Jg.: 30-47.

Gerybadze, A. / Meyer-Krahmer, F. / Reger, G., 1997: Globales Managment von Forschung und Innovation. Stuttgart.

Gordon, R., 1990: New technologies, Industrial Restructuring and European Integration: Competitive Limits to Market Completion, Paper for the International Conference on Industrial Modernization, Structural Change and European Integration, IAT, Gelsenkirchen, September 20-21.

Gordon, R., 1991: Innovation, industrial networks and high-technology regions. In: Camagni, R. (ed.): Innovation Networks. Spatial Perspectives, London / New York, pp. 174-195.

Håkansson, H. / Johanson, J., 1988: Formal and Informal Corporation Strategies in International Industriel Networks. In: Contractor, F. J. / Lorange, P. (Hg.): Cooperative Strategies in International Business, Massachusetts / Toronto: 369-380.

Håkansson, H./Snehota, I., 1990: No business is an island: the network concept of business strategy. In: Scandinavian Journal of Management, Vol. 4: 187-200.

Håkansson, H., 1992: International Marketing and Purchasing of Industrial Goods. An Interaction Approach. Chichester.

Hassink, R./Wood, M., 1998: Geographic „clustering" in the german opto-electronics industry: its impact on R&D collaboration and innovation. In: Entrepreneurship & Regional Development, Vol. 10: 277-296.

Hippel, E. von, 1986: Lead users. A Source of Novel Product Concepts. In: Management Science, Vol. 7: 791-805.

Hundsdiek, D., 1987: Unternehmensgründung als Folgeinnovation - Struktur, Hemmnisse und Erfolgsbedingungen der Gründung industrieller innovativer Unternehmen. Schriften zur Mittelstandsforschung, Stuttgart.

Hunsdiek, D./May-Strobl, E., 1986: Entwicklungslinien und Entwicklungsrisiken neugegründeter Unternehmen. Schriften zur Mittelstandsforschung, Stuttgart.

Jarillo, C.J./Ricart, J.E., 1987: Sustaining Networks. In: Interfaces, Vol. 17: 82-91.

Johannison, B., 1998: Personal Networks in emerging knowledge-based firms: spatial and functional patterns. In: Entrepreneurship & Regional Development, Vol. 10: 297-312.

Johanson, J./Mattsson, L.-G., 1987: Interorganizational relations in Industrial systems. A Network Approach Compared with the Transaction Cost Approach. In: International Studies of Management&Organization, Vol. 1: 34-48.

Lipsey, R.G./Fraser, S., 1998: Technology Policies in Neo-Classical and Structural-Evolutionary Models. In: STI review No. 22: 31-73.

Lundvall, B.-Å., 1985:Product Innovation and User-Producer Interaction, Aalborg.

Lundvall, B.-Å., 1990: Explaining Inter-Firm Cooperation and Innovation. Limits of The Transaction Cost Approach. Paper presented at the workshop „Networks – On the Socio-Economics of Inter-Firm Cooperation" Wissenschaftszentrum Berlin 11.-13. Juni.

Lundvall, B.-Å. (ed.), 1992: National Systems of Innovation. Towards a Theory of Innovation and Interactive Learning.

Lundvall, B.-Å., 1996: The Social Dimension of the Learning Economy. DRUID Working Papers No. 96-1, Aalborg.

Lundvall, B.-Å., 1997: National Systems and National Styles of Innovation, Paper presented at the Fourth International ASEAT Conference „Differences in styles of technological Innovation", Manchster, September 2-4 1997.

Maillat, D., 1991: The Innovation Process and the Role of the Milieu. In: Bergmann, E.M./Maier, G./Tödtling, F. (eds.): Regions Reconsidered, London/New York: 103-117.

Maillat, D., 1998: Vom „Industrial District" zum innovativen Millieu: Ein Beitrag zur Analyse der lokalisierten Produktionssysteme. In: Geographische Zeitung, 86. Jg. Heft 1: 1-15.

Nelson, R.R. (ed.), 1993: National Systems of Innovation: A comparative Study. Oxford.

North, D.C., 1990: Institutions, Institutional Change and Economic Performance, Cambridge.

Nordhause-Janz, J., 1991: Der Bergwerksmaschinenbau im Netz des Steinkohlenbergbaus. In: Hilbert, J./Kleinaltenkamp, M./Nordhause-Janz, J./Widmaier, B. (Hg.): Neue Kooperationsformen in der Wirtschaft, Opladen: 109-126.

Nordhause-Janz, J. / Rehfeld, D., 1995: Umweltschutz „Made in NRW". München und Mering.

Patel, P. / Pavitt, K., 1998: National Systems of Innovation Under Strain: The Internationalisation of Corparate R&D, SPRU Electronic Working Paper Series, Paper No 22.

Pavitt, K., 1997: The Social Shaping of National Science Base, SPRU Electronic Working Paper Series, Paper No 5.

Pfirrmann, O., 1984: Innovation und regionale Entwicklung : eine empirische Analyse der Forschungs- Entwicklungs- und Innovationstätigkeit kleiner und mittlerer Unternehmen in den Regionen der Bundesrepublik Deutschland, München.

Smith, K., 1995: Interactions in Knowledge systems: Foundations, Policy Implications and Empirical Methods. In: STI Review No. 16: 69-102.

Smith, K., 1996: Systems Approaches to Innovation: Some Policy Issues, STEP Group Oslo, Paper for the EC.

Soete, L. / Arundel, A. (eds.), 1993: An integrated approach to European Innovation and Technology Diffusion Policy. A Maastricht Memorandum. Brussels-Luxembourg.

Sternberg, R., 1995: Wie entstehen High-Tech Regionen? – Theoretische Erklärungen und empirische Befunde aus fünf Industriestaaten. In: Geographische Zeitschrift, Jg. 83, H.1: 48-63.

Sternberg, R., 1998: Innovierende Industrieunternehmen und ihre Einbindung in intraregionale versus interregionale Netzwerke. In: Informationen zur Raumentwicklung, 4.98: 288-298.

Storper, M., 1996: Institutions of the Knowledge-Based Economy. In: OECD (ed.): Employment and Growth in the Knowledge-based Economy, Paris: 255-283.

Tödtling, F., 1990: Räumliche Differenzierung betrieblicher Innovation. Erklärungsansätze und empirische Befunde für österreichische Regionen, Berlin.

Weber, B., 1992: Strukturwandel des Bergwerksmaschinenbaus und innovative Beschäftigungs- und Qualifizierungspolitik: Endbericht, Gelsenkirchen.

Widmaier, B., 1999: Knowledge and Innovation in Industry in Central and Eastern Europe. In: Lorenzen, A. / Widmaier, B. / Laki, M.: Institutiomal Change and Industrial Development in Central and Eastern Europe. Ashgate, Aldershot.

Brödner, P. / Helmstädter, E. / Widmaier, B. (Hg.):
Wissensteilung. Zur Dynamik von Innovation und kollektivem Lernen,
München und Mering: Hampp 1999

Matthias Knuth

Senkung der Arbeitslosigkeit durch Ausstieg aus dem Vorruhestand

Gesellschaftliche und betriebliche Innovationserfordernisse im Umgang mit dem strukturellen und demographischen Wandel

1 Kündigungsschutz und Altersarbeitslosigkeit – ein deutsches Paradox

Der Beitrag untersucht die bestehende Regulierung und die vorherrschende Praxis von Altersarbeit und Übergängen in den Ruhestand im Hinblick auf ihre – zum Teil paradoxen – Wirkungen. Sie erweisen sich nicht nur als Treibsatz der Kosten der Sozialversicherung, sondern werden auch der angemessenen Nutzung von Können und Wissen älterer Arbeitnehmer nicht gerecht. Daher wird am Ende nach notwendigen Änderungen der Regulierung von Altersarbeit gefragt.

Der Kündigungsschutz in Deutschland gilt als streng. Die bei betriebsbedingten Kündigungen zu beachtenden Regeln der sozialen Auswahl schützen in besonderer Weise die älteren Beschäftigten mit längeren Betriebszugehörigkeiten. Dennoch ist die Altersarbeitslosigkeit in einem dramatischen und in der öffentlichen Diskussion noch unzureichend beachteten Ausmaß angestiegen (Abschnitt 2). Arbeitslosigkeit ist mittlerweile die häufigste Form des Übergangs von sozialversicherungspflichtiger Beschäftigung in eine Altersrente. Ein hoher, wenn auch nicht genau bezifferbarer Anteil dieser Übergänge geht auf betriebliche „Vorruhestands"-Programme zurück, deren Rechtfertigung durch die angebliche Erhöhung der Chancen für Jüngere („Generationenaustausch") einer empirischen Prüfung nicht standhält (Abschnitt 3).

Angesichts der Ungleichmäßigkeit der demographischen Struktur kommt die weitere Gewöhnung an eine Beendigung der Erwerbstätigkeit im Alter zwischen 55 und 60 einer Zeitbombe gleich, die ab 2015 die sozialen Sicherungssysteme noch weit stärker belasten würde als wir es

Mitte der 90er Jahre erlebt haben. Wegen der Trägheit der Orientierungen und Verhaltensweisen von Betrieben und Beschäftigten und wegen der Pfadabhängigkeit von Lebensentwürfen müssen Ausstieg aus dem Vorruhestand und Entwicklung einer Kultur der Altersarbeit jetzt beginnen (Abschnitt 4). Dafür werden Rahmenbedingungen vorgeschlagen, die die Nutzung von Arbeitslosigkeit als Vorruhestandspassage unterbinden, die Sozialversicherungssysteme von den Kosten eines ggf. weiterhin gewünschten vorzeitigen Altersübergangs befreien und die sozialverträgliche Bewältigung von Strukturwandel und Personalanpassung durch geförderte Mobilität der Beschäftigten aller Altersstufen begünstigen (Abschnitt 5).

2   Die Entwicklung von Erwerbstätigkeit und Arbeitslosigkeit im letzten Drittel des Erwerbsalters

2.1 *Altersgruppenspezifische Betrachtung der Arbeitslosigkeit*

Die Bekämpfung der Jugendarbeitslosigkeit ist zurecht ein wichtiges Thema auf der politischen Agenda, auf das sich Regierung und Sozialpartner bei ihren Versuchen, ein „Bündnis für Arbeit" zu schmieden, immer wieder am leichtesten einigen können. Bisher waren wir auf diesem Gebiet in Westdeutschland relativ erfolgreich: Die Arbeitslosenquote der Jüngeren unter 25 Jahre ist im früheren Bundesgebiet[1] trotz des Beschäftigungseinbruchs in den neunziger Jahren leicht unter der allgemeinen Arbeitslosenquote geblieben. In keinem EU-Land stellt sich das Verhältnis von Jugendarbeitslosenquote zur allgemeinen Arbeitslosenquote so günstig dar. Der Anteil der Jüngeren an den Arbeitslosen ist stark gesunken (vgl. Abbildung 1), was allerdings zum großen Teil demographisch bedingt ist.

Spiegelbildlich zum sinkenden Anteil jüngerer Arbeitsloser ist der Anteil der Älteren ab 50 an den Arbeitslosen stark angestiegen, was vor allem auf einen dramatischen Anstieg der Arbeitslosenzahlen in der Altersgruppe 55 – < 60 zurückzuführen ist (vgl. Abbildung 1).

---

[1]   Um längerfristige Entwicklungen betrachten zu können, beziehen sich die meisten statistischen Angaben in diesem Beitrag auf Westdeutschland. Wo das nicht der Fall ist, wird ausdrücklich darauf hingewiesen.

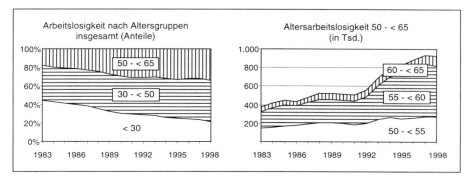

Abbildung 1: *Verteilung der Arbeitslosigkeit nach Altersgruppen, früheres Bundesgebiet, 1983-1998 (Quelle: Amtliche Nachrichten der Bundesanstalt für Arbeit, Jahreszahlen 1998)*

Diese Zunahme ist nur zum kleineren Teil demographisch bedingt. Dementsprechend haben sich die altersgruppenspezifischen Arbeitslosenquoten stark auseinanderentwickelt.

Tabelle 1: *Altersgruppenspezifische und allgemeine Arbeitslosenquoten, früheres Bundesgebiet*[2]

Altersgruppe	1992	1998
< 20 Jahre	5,5	9,4
20 – < 25 Jahre	6,2	10,8
50 – < 55 Jahre	6,9	12,3
55 – < 60 Jahre	15,2	22,4
60 – < 65 Jahre	15,9	20,5
gesamt	7,3	10,9

Quelle: Arbeitsmarkt in Zahlen 1998, Bundesanstalt für Arbeit.

---

[2] Diese Arbeitslosenquoten aus der jeweils im September vorgenommenen Strukturanalyse der BA beziehen sich auf sozialversicherungspflichtige Beschäftigte, nicht auf Erwerbstätige; deshalb ist die Arbeitslosenquote insgesamt etwas höher angegeben als in den allgemein üblichen Veröffentlichungen.

Bei der Berechnung von Arbeitslosenquoten stehen im Nenner die Erwerbspersonen[3]; die Nichterwerbstätigen bleiben unberücksichtigt. Dadurch kommt es auch in der Altersgruppe 60 – < 65 Jahren, bezogen auf die wenigen Erwerbspersonen, zu hohen Arbeitslosenquoten. Absolut fällt diese Altersgruppe aber nicht mehr stark ins Gewicht, wie die rechte Hälfte von Abbildung 1 gezeigt hat. Die eigentliche Problemgruppe hinsichtlich der Arbeitslosigkeit ist die Gruppe von 55 – < 60 Jahren, die wir im folgenden näher betrachten.

Der Anteil der Altersgruppe 55 – < 60 an den sozialversicherungspflichtig Beschäftigten liegt dauerhaft unter ihrem Anteil an der Bevölkerung im Erwerbsalter, d. h. die Beschäftigungsquote dieser Gruppe ist unterdurchschnittlich.

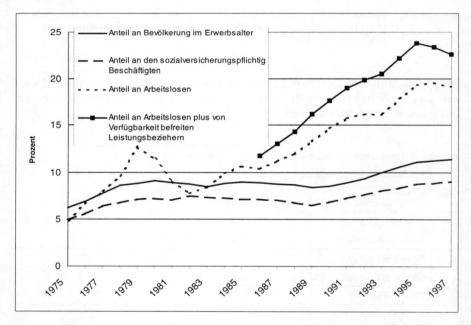

Abbildung 2: Anteile der Altersgruppe 55 – < 60 Jahre an der Bevölkerung im Erwerbsalter, den sozialversicherungspflichtig Beschäftigten und den Arbeitslosen einschließlich der von der Anforderung der Verfügbarkeit Befreiten (Quellen: ANBA, Septemberdaten, für Arbeitslosigkeit; Mikrozensus für Bevölkerung)

---

[3] Im Falle der Strukturanalyse die abhängigen, sozialversicherungspflichtigen Erwerbspersonen – siehe vorstehende Fußnote.

Der Abstand zwischen dem Anteil dieser Altersgruppe an der Bevölkerung im Erwerbsalter einerseits und an den Beschäftigten andererseits, der sich in der Endphase des Vereinigungsbooms 1990/91 verringert hatte, ist ab 1993 auf den bisherigen Höchstwert von mehr als zwei Prozentpunkten gestiegen. Das bedeutet, daß die Betriebe sich ein Stück weiter von der demographischen Entwicklung abgekoppelt haben. Der Preis dafür ist, daß der Anstieg der Arbeitslosigkeit in dieser Altersgruppe erheblich größer ist als die demographische Veränderung (vgl. Abbildung 2). Das wird noch deutlicher, wenn man die Betrachtung nicht auf die statistisch ausgewiesenen Arbeitslosen beschränkt, sondern die seit 1986 von der Anforderung der Verfügbarkeit befreiten Leistungsbezieher ab 58 Jahren[4] bei der Berechnung des Arbeitslosenanteils der Altersgruppe 55 – <60 im Zähler wie im Nenner hinzunimmt (oberste Kurve in Abbildung 2).

2.2 Alterserwerbstätigkeit in Westdeutschland und im internationalen Vergleich

Während das gesetzliche Rentenalter in Deutschland seit langem unverändert bei 65 liegt, arbeiten nur noch sehr wenige Arbeitnehmer tatsächlich bis zu ihrem 65. Geburtstag.[5] Die Beschäftigungsquoten ab 55 sind bei den Männern in den achtziger Jahren kontinuierlich auf etwa 35 % zurückgegangen und nur im Vereinigungsboom vorübergehend wieder angestiegen (vgl. Abbildung 3). Bei den Frauen liegen zwei Tendenzen miteinander im Wettstreit: Einerseits weisen die jeweils nachfolgenden Geburtskohorten eine höhere Erwerbsneigung auf; andererseits passen sich die Frauen, die im letzten Drittel ihres Erwerbsalters überhaupt erwerbstätig sind, den Austrittsmustern der Männer an. Seit dem Beginn der neunziger Jahre hat die erste Tendenz deutlich die Oberhand gewonnen, so daß die Alterserwerbsquoten der Frauen angestiegen sind und den Rückgang bei den Männern ausgeglichen haben. Dadurch liegt die Beschäftigungsquote der Bevölkerung insgesamt in der Altersgruppe 55 – <65 nun

---

[4] Dieser früher in § 105c AFG und jetzt in § 428 SGB III definierte Anspruch auf „Arbeitslosengeld unter erleichterten Voraussetzungen", der nach § 198 SGB III auch für die Arbeitslosenhilfe gilt, umfaßt den gesetzlich definierten „harten Kern" der Vorruheständler, die verpflichtet sind, zum frühestmöglichen Zeitpunkt Altersrente zu beantragen. – Zu den hier verwendeten Arbeitslosenzahlen vgl. Fußnote 2.

[5] Schon unter den Angehörigen der Geburtsjahrgänge 1920-1925 lagen die Anteile derjenigen Personen, deren letzte Beschäftigungsmeldung mit 65 oder 66 erfolgte, bei nur noch etwa 8 % (Wübbeke 1999: 108).

wieder bei knapp 30 %, d. h. etwa auf dem Niveau von Ende der siebziger
Jahre. Dahinter steht jedoch eine grundlegend veränderte sozialpolitische
Realität: Waren die siebziger Jahre gekennzeichnet durch hohe Erwerbsbeteiligung der älteren Männer und einen hohen Anteil von Frauen, die
überhaupt nicht oder jedenfalls nach der Familienphase nicht mehr erwerbstätig waren, so nähern sich in den neunziger Jahren die Alterserwerbsmuster beider Geschlechter im letzten Drittel ihres Erwerbsalters
einander an. Auch Frauen sind nach ihrem 55. Lebensjahr erwerbstätig,
beenden aber ihre Erwerbstätigkeit vor Erreichen des Rentenalters. Beide
Geschlechter beschreiten Austrittspfade, die in hohem Maße registrierte
Arbeitslosigkeit beinhalten. Das erklärt, wieso bei stabiler Gesamtbeschäftigungsquote der 55 – < 60-Jährigen gleichzeitig die Arbeitslosigkeit
dieser Gruppe so dramatisch zugenommen hat.

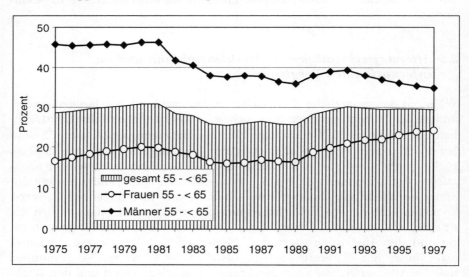

Abbildung 3: Beschäftigungsquoten von Männern und Frauen 55 – <65,
früheres Bundesgebiet, 1975-1997 (Quelle: Mikrozensus)

Durch die Verringerung des Nachholbedarfs bei der Frauenbeschäftigung
gehört das frühere Bundesgebiet zusammen mit Dänemark, Portugal,
dem Vereinigten Königreich und den Niederlanden zu der Minderheit der
EU-Länder, in denen die Beschäftigungsquote der Älteren insgesamt zwischen Mitte der achtziger und Mitte der neunziger Jahre zugenommen
hat (vgl. Schömann / Kruppe / Oschmiansky 1998: 45). Die Alterserwerbs-
quote allein – oder ihr Spiegelbild, die Inaktivitätsquote der Älteren –

sagt jedoch über die Belastung einer Gesellschaft durch Nichterwerbstätigkeit im letzten Drittel des gesetzlich vorgesehenen Erwerbsalters noch wenig aus. Entscheidend dafür sind vielmehr drei weitere Faktoren:

1. Welcher Anteil der Älteren (in der Praxis: der älteren Frauen) war überhaupt nicht bzw. schon seit langem nicht mehr erwerbstätig, so daß es sich bei der Nichterwerbstätigkeit im Alter nicht um einen Rückzug, sondern um eine Fortsetzung des vorherigen Zustandes handelt? Diese Gruppe hat keine oder erheblich geringere an Erwerbsarbeit geknüpfte Ansprüche an das System der sozialen Sicherung und belastet die gesellschaftlichen Transfersysteme daher allenfalls indirekt durch Steuervergünstigungen (Ehegattensplitting), kostenlose Krankenversicherung über den erwerbstätigen Ehepartner und später möglicherweise durch einen Anspruch auf Hinterbliebenenrente.

2. Sofern dagegen im letzten Drittel des Erwerbsalters ein Rückzug aus der Erwerbsarbeit erfolgt: Auf welche Weise geschieht dieser Rückzug, d. h. welchen sozialrechtlichen Status haben die Inaktiven, und wie wird folglich ihre Inaktivität finanziert? – Dieser Frage gehen wir in Kap. 3 nach.

3. Welcher Anteil der Bevölkerung befindet sich in dem Alter, in dem solche Rückzüge erfolgen? Wie groß ist also die Bevölkerungsgruppe, deren Erwerbsverhalten einer altersspezifischen Erwerbsquote entspricht? – Dieser Frage wenden wir uns im nächsten Abschnitt zu.

2.3 Demographischer Hintergrund

Die Dramatik der schon seit Mitte der achtziger Jahre niedrigen Erwerbsquoten der Männer ab 55 und der allmählichen Angleichung der Alterserwerbsmuster der Frauen ist nur vor dem Hintergrund der demographischen Struktur zu erkennen (vgl. Abbildung 9 weiter unten). Die von Geburtsjahr zu Geburtsjahr stärker besetzten Kohorten von 1934 bis 1940 erreich(t)en zwischen 1989 und 2000 das kritische Alter zwischen 55 und 60, in dem der vorzeitige Ausstieg aus dem Erwerbsleben für einen wachsenden Teil der Erwerbsbevölkerung üblich geworden ist. Ab 1992 begann eine beispiellose Welle des Personalabbaus in westdeutschen Betrieben, die zu einem großen Teil durch vorzeitige Ausgliederung der Jahrgänge ab 1937 bewältigt wurde. Obwohl die Beschäftigungsquote der Älteren nicht wesentlich absank (vgl. nochmals Abbildung 3), führte die demographische Welle zu steigenden und im Vergleich mit anderen Ländern[6] untypischen Belastungen allein schon dadurch, daß die seit Anfang der achtziger Jahre etablierten altersspezifischen Erwerbsmuster beibehalten wurden. Für die Betriebe war es vermutlich als Ventil zur Externalisierung von Personalüberhängen willkommen, für die sozialen Sicherungssysteme aber ein Sprengsatz, daß stark besetzte Geburtsjahrgänge gerade im Beschäftigungsabschwung das „Vorruhestandsalter" erreichten.

Diese Lasten lassen sich anschaulich darstellen als altersgruppenspezifische Verteilung der Differenz zwischen Erwerbstätigkeit und Bevölkerung ab dem frühestmöglichen Erwerbsalter. Wenn für jede Altersgruppe über 14 Jahren der Anteil dieser Gruppe an der Bevölkerung über 14 von dem Anteil abgezogen wird, den die abhängig Erwerbstätigen dieser Altersgruppe an der Gesamtbevölkerung über 14 bilden, erhalten wir eine Reihe von negativen Differenzen, deren Summe der Inaktivitätsquote der Bevölkerung über 14 entspricht. Der Verlauf der Kurve zeigt die Verteilung der Inaktivität einer Erwerbsbevölkerung über die Altersgruppen. Diese Darstellung faßt die Auswirkungen altersspezifisch abweichender Erwerbsquoten und demographisch abweichender Besetzung von Altersgruppen zusammen. Eine unterdurchschnittliche Erwerbsquote einer Altersgruppe hat den gleichen Effekt wie ihre überdurchschnittliche Besetzung: Die negative Differenz wird größer als in den Nachbargruppen; die Kurve „hängt durch".

Wie Abbildung 4 zeigt, wies von den hier dargestellten Ländern im Jahre 1995 allein Deutschland eine tiefe „Delle" in der Altersgruppe 56-60 auf. Dieses Ergebnis erklärt sich durch die ungleiche Verteilung der deutschen Bevölkerung über die Altersgruppen (vgl. Abbildung 9): Die Altersgruppe 56-60 bestand im dargestellten Jahr 1995 aus den starken Jahrgängen 1935-1939.

Bei nur leicht sinkender Beschäftigungsquote dieser Altersgruppe wurden oder blieben folglich absolut wie auch relativ zur Gesamtbevölkerung zunehmende Personenzahlen von Beschäftigung ausgeschlossen. Wenn dieser Ausschluß weniger als früher die Form der Nichterwerbsbeteiligung von Frauen hat, muß er zunehmend die Form von Arbeitslosigkeit annehmen – jedenfalls solange für nicht in ihrer Erwerbsfähigkeit beeinträchtigte und gleichwohl beschäftigungslose Personen alternative sozialrechtliche Statusdefinitionen nicht verfügbar sind.

---

6   Während die Lebensbäume von Italien und Österreich aus historisch leicht nachvollziehbaren Gründen ähnliche Spuren des Expansionsdranges zeigen wie der deutsche, weisen einige der Opfer dieser Expansion wie Frankreich und Belgien bei den entsprechenden Jahrgängen Einschnitte im Lebensbaum auf. Vgl. Statistisches Bundesamt 1998: 41 ff.

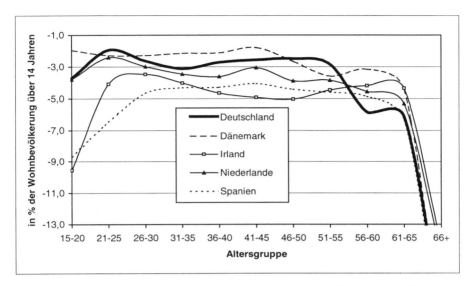

Abbildung 4: Differenz zwischen abhängiger Erwerbstätigkeit und Bevölkerung über 14 Jahren nach Altersgruppen in ausgewählten Ländern, 1995 (Quelle: Schömann/Kruppe/Oschmianski 1998: 36, von diesen berechnet aus der Europäischen Arbeitskräftestichprobe; Übernahme der Originalgrafik mit freundlicher Genehmigung von Thomas Kruppe)

3 Arbeitslosigkeit und Frühverrentung als Instrument der Personalanpassung

3.1 Das Gesicht der Altersarbeitslosigkeit

Die Anteile der Älteren an den Arbeitslosmeldungen steigen schon 1991, sozusagen als Vorboten der Krise, steil an und erreichen 1996 den Rekordwert von über 8 % (vgl. Abbildung 5). Anteile von 6-8 % an den Zugängen in Arbeitslosigkeit für die Altersgruppe ab 55 liegen zwar noch immer deutlich unter dem Anteil dieser Altersgruppe an den Beschäftigten, d. h. die Betroffenheit der Älteren von Eintritten in Arbeitslosigkeit bleibt unterdurchschnittlich; aber Arbeitslosigkeit, die zu einer vorzeitigen Rente führen soll, ist sozialrechtlich sozusagen von vornherein als Langzeitarbeitslosigkeit definiert. Auch die unfreiwillig und ohne nennenswerte finanzielle Entschädigung des alten Arbeitgebers arbeitslos Gewordenen dieser Altersgruppe haben in einem gesellschaftlichen Umfeld, in dem Alterserwerbsarbeit die Ausnahme geworden ist, kaum noch eine Wiederbeschäftigungschance.[7] Deshalb führen die Zugänge älterer Arbeitsloser zu einem weit überproportionalen Aufbau des Bestandes, der sich von 1991 bis 1997 mehr als verdoppelt hat.

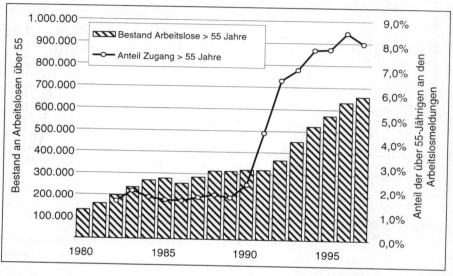

Abbildung 5: Zugangsanteile und Bestände von Arbeitslosen ab 55 Jahren, früheres Bundesgebiet, 1980-1997 (Quelle: BA-Strukturanalyse)

Der Anteil der Langzeitarbeitslosen unter den älteren Arbeitslosen liegt regelmäßig über dem allgemeinen Langzeitarbeitslosenanteil (vgl. Abbildung 6) und trägt erheblich zu diesem bei. In der vorübergehenden Verringerung der Anteile von Langzeitarbeitslosen 1992-1994 spiegeln sich die hohen Neuzugänge an „frischen" Arbeitslosen in diesen Jahren, die im Falle des Verbleibs in Arbeitslosigkeit erst im darauffolgenden Jahr als Langzeitarbeitslose gezählt werden.[8] Die Verfestigung der Arbeitslosigkeit älterer Neuzugänge aus den zurückliegenden Entlassungswellen hat in den neunziger ebenso wie in den achtziger Jahren jeweils zu einer wei-

---

[7]   Arbeitslose ab 55 verlassen die Arbeitslosigkeit zu weniger als 20 % wegen Arbeitsaufnahme, im Unterschied zu 67 % (1988) bis hinunter zu 40 % (1992) der Arbeitslosen insgesamt (vgl. Koller 1995: 3; Karr 1999). Der größte Teil der Abgänge dieser Altersgruppe erfolgt in Rente.

[8]   Zur Problematik der Untererfassung von Langzeitarbeitslosigkeit in Querschnittsbetrachtungen im Vergleich zur retrospektiven Betrachtung vgl. Karr 1997.

teren Auseinanderentwicklung des Langzeitarbeitslosenanteils der Älteren und der Arbeitslosen allgemein geführt. 1997 waren über 60 % der älteren Arbeitslosen mehr als ein Jahr arbeitslos, und knapp 40 % der Langzeitarbeitslosen war mindestens 55 Jahre alt.

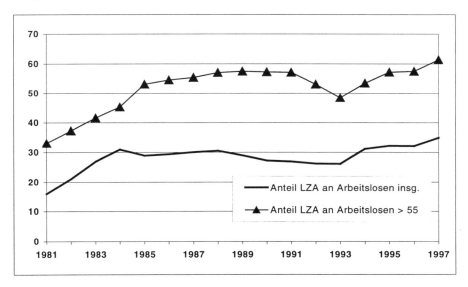

Abbildung 6: Anteil der Langzeitarbeitslosen an den Arbeitslosen insgesamt und an den Arbeitslosen ab 55 Jahren, 1981-1997, früheres Bundesgebiet (Quelle: ANBA-Jahreszahlen und BA-Strukturanalysen)

Wie verbreitet Arbeitslosigkeit als letzte Phase von Erwerbsverläufen bereits in den achtziger Jahren war, zeigt eine repräsentative Analyse[9] der Austrittspfade der Geburtsjahrgänge 1920 bis 1925, die in den Jahren 1975 bis 1990 aus dem Erwerbsleben ausschieden. Es ergaben sich je nach Austrittsjahr variierende Anteile zwischen 20 % und 25 % der Männer und zwischen 17 % und 21 % der Frauen, die sich im Anschluß an ihre letzte sozialversicherungspflichtige Beschäftigung im Leistungsbezug der Bundesanstalt für Arbeit befanden (Wübbeke 1999: 110). In den neunziger Jahren hat sich diese Praxis noch erheblich ausgeweitet: Im Jahre 1996 waren im früheren Bundesgebiet 36 % der Männer und 11 % der Frauen unmittelbar vor dem Eintritt in eine Altersrente arbeitslos; in den neuen Bundesländern 83 % der Männer und 77 % der Frauen, wobei die

---

[9] Grundlage ist die IAB-Beschäftigtenstichprobe. Zur Beschreibung dieses Datensatzes vgl. Bender et al. 1996.

Zahlen für Ostdeutschland Bezieher(innen) von Altersübergangsgeld ein-
schließen (Rehfeld 1998: 169 f). Unter den Männern ist in Ost- wie in
Westdeutschland Arbeitslosigkeit der häufigste Status vor der Rente geworden; bei den westdeutschen Frauen ist dieses die Nichterwerbstätigkeit.

Bemerkenswert ist die Verteilung der Austritte aus Beschäftigung in
Arbeitslosigkeit nach dem jeweiligen Lebensalter: Die Anteile der Männer
der Geburtsjahrgänge 1920-1925, die nach ihrer letzten Beschäftigung in
Leistungsbezug übergingen, steigern sich von unter 20 % bei den im 55.
Lebensjahr erfolgenden Austritten auf etwa 60 % bei den Austritten im
59. Lebensjahr, während sie bei den Austritten zwischen dem 60. und 62.
Lebensjahr nur noch etwa 20 % betragen (Wübbeke 1999: 109). Die Erklärung für diese Muster finden wir im Rentenrecht: Eine Altersrente schon
mit 60 gibt es für Männer ohne anerkannte Erwerbsminderung nur nach
mindestens einem Jahr Arbeitslosigkeit (vgl. ausführlich 3.3) – die Austritte werden offensichtlich zu einem großen Teil so geplant, daß diese
Voraussetzung mit dem 60. Geburtstag erfüllt ist.[10]

Wenn der Übergang von Arbeit in Rente länger dauert als die Bezugsdauer des Arbeitslosengeldes[11], tritt an seine Stelle die Arbeitslosenhilfe.
Eine 1997 durchgeführte Repräsentativuntersuchung von Arbeitslosenhilfebeziehern (Gilberg et al. 1999) wirft ein Licht auf die Rolle der Arbeitslosenhilfe für die Ruhestandspassagen. In der Bestandsstichprobe
wurden 23 % Personen gefunden, die ihre Arbeitslosigkeit als „Überbrük-
kung bis zum Ruhestand" definierten. Diese Gruppe (im Vergleich zu vier
anderen „Motivgruppen") war mit durchschnittlich 55 Jahren die älteste,
mit jeweils 51 % ohne Berufsausbildung und mit gesundheitlichen Beeinträchtigungen diejenige mit der schwächsten Qualifikation und Gesund-
heit, mit 21 % Bewerbungsversuchen in den letzten 12 Monaten die auf
dem Arbeitsmarkt inaktivste und hinsichtlich des durchschnittlichen
Haushaltsnettoeinkommens die ärmste. Bezeichnend ist noch, daß diese
Gruppe vor der aktuellen Arbeitslosigkeit im Durchschnitt die stabilsten
und dauerhaftesten Erwerbsverläufe, inzwischen aber die längste Ar-

---

[10] Bei den Frauen ist die Ruhestandspassage über Leistungsbezug etwas seltener als
      bei den Männern, weil die Frauenaltersrente den kontinuierlich erwerbstätigen
      Frauen einen Rentenbeginn mit 60 ohne vorherige Arbeitslosigkeit ermöglicht. Un-
      ter den Frauen jedoch, die ihre Erwerbstätigkeit schon mit 55 bis 59 beenden, ist
      der Anteil der Leistungsbezieherinnen noch höher als bei den Männern (Wübbeke
      1999: 108 und 110).

[11] Nach sozialversicherungspflichtiger Beschäftigung von mindestens 24 Monaten
      beträgt die Bezugsdauer 12 Monate, staffelt sich aber ab einem Alter von 45 Jah-
      ren und entsprechend längeren Beschäftigungszeiten auf bis zu 32 Monate. Diese
      Höchstdauer wurde früher mit 54 und wird heute mit 57 Jahren erreicht.

beitslosigkeitsdauer von durchschnittlich 6,3 Jahren aufwies (Gilberg et al. 1999, Übersicht 27). Es handelt sich bei den Arbeitslosenhilfebeziehern mit Ruhestandsorientierung also typischerweise um geringer qualifizierte und gesundheitlich beeinträchtigte Personen, die nach langjähriger und kontinuierlicher Erwerbstätigkeit ihre Beschäftigung aufgegeben oder verloren haben und sich in einer sehr langen Übergangsphase zur Rente befinden.[12]

3.2 Die Explosion der Arbeitslosenrenten

Mit zeitlicher Verzögerung von mindestens einem bis mehreren Jahren erscheinen die meisten der in den neunziger Jahren vermehrt zugegangenen älteren Arbeitslosen (vgl. Abbildung 7) als Zugänge in Arbeitslosenrenten. Wie die bereits zitierte Untersuchung von Wübbeke (1999) deutlich gemacht hat, ist auch bei den Frauen Arbeitslosigkeit als Übergangsphase zur Rente häufig geworden, wobei aber die Frauenaltersrente gegenüber der Arbeitslosenrente als Zielzustand überwiegt.

Der Verlauf der westdeutschen Altersrentenzugänge (vgl. Abbildung 7) spiegelt neben den demographischen, gesetzgeberische[13] und konjunkturelle Einflüsse wider. Die Arbeitslosenrenten gewinnen erstmals 1968, ein Jahr nach dem Beschäftigungseinbruch von 1967, erkennbare Bedeutung, und sie folgen zunächst, jeweils zeitversetzt um ein Jahr, dem Verlauf der Beschäftigungskonjunktur. Spätestens ab Mitte der achtziger Jahre hat sich das Muster des Altersübergangs über eine Phase der Arbeitslosigkeit jedoch gegenüber der Konjunktur verselbständigt: Die Rentenzugänge wegen Arbeitslosigkeit steigen 1988/89 trotz wachsender Beschäftigung und gehen während des westdeutschen Vereinigungsbooms nur in den Jahren 1991 und 1992 leicht zurück. Während die Arbeitslosenrenten nicht nur absolut, sondern auch anteilmäßig zunahmen, hielten die Frauenaltersrenten in diesen Jahren etwa ihren Anteil, nahmen also absolut ebenfalls zu und lagen stets noch etwas über den Arbeitslosenrenten.

---

[12] Ähnliche Befunde ergab eine frühere Untersuchung der Altersarbeitslosigkeit: vgl. Bogai et al. 1994.

[13] Die vorzeitigen Altersrenten wegen Erwerbs- oder Berufsunfähigkeit bzw. Schwerbehinderung spielten schon immer eine große Rolle, die durch die Absenkung des Zugangsalters von 62 auf 60 Anfang der achtziger Jahre stark zunahm, 1984 jedoch mit Wirkung ab dem Folgejahr durch Verschärfung der Zugangsvoraussetzungen deutlich und dauerhaft eingeschränkt wurde. Die 1973 eingeführten Renten für langjährig Versicherte ab 63 („flexible Altersgrenze") zeigten zunächst starke Schwankungen der Inanspruchnahme, sind jedoch seit 1988 ein in der Größenordnung stabiler Faktor.

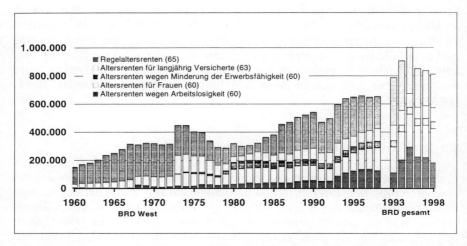

Abbildung 7: Zugänge in Altersrenten nach Rentenarten 1960-1998 (Westdeutschland)
und 1993-1998 (Gesamtdeutschland) (Quelle: Verband Deutscher Renten-
versicherungsträger (www.vdr.de/statistik))

Die Entlastung des Arbeitsmarktes durch Frühverrentung nach formeller
Arbeitslosigkeit schien 1990, zum Zeitpunkt der deutschen Einigung, in
Westdeutschland noch gut zu funktionieren. Was lag also näher, als diese
wie so viele andere mehr oder weniger bewährte westdeutsche Regelungen in die neuen Bundesländer zu übertragen. Dabei wurde im Osten, wo
Arbeitslosigkeit noch ungewohnt und bedrohlich war, ein Übergangssta-
tus definiert, der sich von Arbeitslosigkeit formell unterschied. Beschäftigte ab 55 Jahren, die bis Ende 1993 ihren Arbeitsplatz verloren oder
verließen, konnten dort Altersübergangsgeld beziehen, galten zwar nicht
als arbeitslos, konnten bzw. mußten aber wie westdeutsche Arbeitslose
mit 60 in vorzeitige Rente wegen Arbeitslosigkeit gehen. Die Folge war
die fast vollständige Ausgliederung der Jahrgänge 1930 bis 1937.[14] Von
den ostdeutschen Beschäftigten, die 1989 zwischen 52 und 63 Jahre alt
waren und folglich irgendwann für das Altersübergangsgeld in Frage kamen, waren Ende 1993 nur noch 12% erwerbstätig (Bielenski/
Brinkmann/Kohler 1994).

---

[14] Die demographische Struktur der DDR-Bevölkerung im Erwerbsalter entsprach
      weitestgehend der westdeutschen, wie sie in Abbildung 9 weiter unten dargestellt
      wird.

Die ostdeutschen Rentenzugänge nach dem Bezug von Altersübergangsgeld trafen in den Jahren 1994 bis 1998 zusammen mit den steigenden Zahlen von westdeutschen Arbeitslosen-Rentnern, die im 1992 beginnenden westdeutschen Beschäftigungsabbau ihren Arbeitsplatz verloren hatten. Im Rekordjahr 1995 gab es bundesweit fast 300.000 vorzeitige Neuzugänge in Altersrente wegen Arbeitslosigkeit, das waren fast 23 % aller Neuzugänge. Daß davon wiederum 43 % aus den neuen Bundesländern kamen und gewissermaßen im Einigungsvertrag vorprogrammiert waren, wurde öffentlich nicht thematisiert. Damit galt nun diese ganze Last, die auf die Rentenversicherung zukam, als Abwälzungsprodukt betrieblicher Vorruhestandspolitik. Mit dieser Dramatisierung fand der damalige Arbeitsminister Blüm die Begleitmusik zum Ausstieg aus dem Vorruhestand, den er Anfang der achtziger Jahre selbst als Alternative zur Verkürzung der Wochenarbeitszeit propagiert hatte.

3.3 Vorzeitige Renten wegen Langzeitarbeitslosigkeit: Vom Abfluß- zum Ansaugrohr der Arbeitslosigkeit

Das deutsche Kündigungsschutzrecht kennt keinen absoluten Bestandsschutz des Arbeitsverhältnisses. Bei betriebsbedingten Kündigungen ist lediglich eine soziale Auswahl unter den potentiell für eine Kündigung in Frage kommenden Arbeitnehmern durchzuführen. Die Mißachtung oder Fehlerhaftigkeit der sozialen Auswahl führt dazu, daß die Kündigung als sozial ungerechtfertigt und damit als unwirksam gilt. Zwei von drei der etablierten Kriterien der sozialen Auswahl, nämlich Lebensalter und Betriebszugehörigkeit (das dritte sind die Unterhaltspflichten), begünstigen die Älteren. Manche Tarifverträge geben den Älteren oder langjährig Beschäftigten einen zusätzlichen Schutz. Vor diesem Hintergrund erscheint der außerordentlich hohe Anteil der Austrittspfade aus dem Erwerbsleben, die über Arbeitslosigkeit führen, einigermaßen erstaunlich.

Aber Gesetze haben oft Wirkungen, an die bei ihrer Verabschiedung niemand denkt und die manchmal sogar das Gegenteil von dem verursachen, was beabsichtigt war. Als man in der großen Wirtschaftskrise ab 1929 Angestellte, die ein Jahr und länger arbeitslos waren, schon mit 60 in Rente gehen ließ, da war das ein Ausweg aus der Arbeitslosigkeit der großen Wirtschaftskrise, die die Weimarer Republik politisch zu destabilisieren drohte und letztlich ja auch destabilisiert hat. Als diese Regelung 1957 auf Arbeiter ausgedehnt wurde, trug sie dazu bei, die Nachkriegsarbeitslosigkeit zu beenden und die im Rückblick kurze Periode der Vollbeschäftigung einzuleiten. Damals konnte sich wohl niemand vorstellen, daß ein Instrument, das Arbeitslosigkeit absaugen sollte, eines Tages sozusagen am anderen Ende auch Arbeitslosigkeit ansaugen würde. Und doch ist genau dieses in den zurückliegenden 20 Jahren der Fall gewesen. Das wird deutlich, wenn man sich die Handlungsoptionen vor Augen führt, die das Sozialrecht Beschäftigten und Betrieben bot und teilweise heute noch bietet. Nachdem 1984 die gesetzlichen Voraussetzungen zum Bezug einer Rente wegen Minderung der Erwerbsfähigkeit erheblich verschärft worden waren, wurde bewußt in Kauf genommene Arbeitslosigkeit für männliche Arbeitnehmer ohne gravierende gesundheitliche Einschränkungen der einzige Weg zu einer Rente schon mit 60. Voraussetzung für diese noch bis 2012 geltende Rentenart sind acht Jahre Pflichtbeiträge in den letzten zehn Jahren und 52 Wochen Arbeitslosigkeit in den letzten einenhalb Jahren vor Rentenbeginn. Frauen konnten seit 1957 generell mit 60 eine Altersrente beziehen, wenn sie nach Vollendung des 40. Lebensjahres mehr als zehn Jahre Pflichtbeiträge entrichtet hatten. War diese Voraussetzung nicht gegeben, konnte nur eine kleine Gruppe von Frauen die hinsichtlich der Beitragsjahre nur wenig niedrigere Hürde für eine Arbeitslosenrente überspringen. Deshalb ist die Arbeitslosenrente im wesentlichen eine Rentenform der Männer.

Gleichzeitig mit der Verschärfung der Zugangsvoraussetzungen für Erwerbsminderungsrenten erhielt das sich allmählich entwickelnde Muster kürzerer Lebensarbeitszeiten offiziellen Segen durch das von 1984 bis 1988 geltende Vorruhestandsgesetz, das politisch gegen die Forderungen einiger Gewerkschaften nach Verkürzung der Wochenarbeitszeit gerichtet war und eine klare Präferenz der christlich-liberalen Koalition für eine Verkürzung der Lebensarbeitszeit zum Ausdruck brachte. Die Inanspruchnahme speziell des Vorruhestandsgesetzes war jedoch gering[15]; wesentlich stärker trug die zwischen 1984 und 1987 in mehreren Schritten ausgebaute altersabhängige Staffelung der Bezugszeiten von Arbeitslosengeld von generell 12 auf bis zu 32 Monate zur Entstehung einer „Vorruhestandskultur" bei. Bei voller Ausnutzung dieser Bezugszeit war – und ist auch nach heutiger Gesetzeslage noch – ein Ausscheiden aus dem Erwerbsleben mit 57 Jahren und vier Monaten möglich. Nahm man die niedrigere und von Bedürftigkeit abhängige Arbeitslosenhilfe mit in diesen Kauf, so bot sich ein früherer Ausstieg z. B. schon mit 55 an. Das würde nach heutiger Gesetzeslage eine längere Phase der Arbeitslosenhilfe erfordern, da mit 55 nicht mehr die maximale Bezugsdauer des Arbeitslosengeldes erreicht wird.

---

[15] Das Gesetz setzte den Abschluß von Tarifverträgen voraus. Ende 1988 gab es zwischen 275.000 und 340.000 potentiell Anspruchsberechtigte, Ende 1987 maximal 140.000 Fälle der Inanspruchnahme (Naegele 1992: 274).

ohne Inanspruchnahme von Arbeitslosenhilfe		mit Inanspruchnahme von Arbeitslosenhilfe			
		Gesetzeslage 1987-1997		*seit 1.4.1997*	
Alter	*Ereignis / Status*	*Alter*	*Ereignis / Status*	*Alter*	*Ereignis / Status*
		55	Ausscheiden in Arbeitslosigkeit	55	Ausscheiden in Arbeitslosigkeit
57 /4	Ausscheiden in Arbeitslosigkeit		32 Monate Arbeitslosengeld		26 Monate Arbeitslosengeld
	32 Monate Arbeitslosengeld		28 Monate Arbeitslosenhilfe		34 Monate Arbeitslosenhilfe
60	**vorzeitige Rente wegen Arbeitslosigkeit**				

Übersicht 1: Austrittspfade aus dem Erwerbsleben (Beispiele; Alter als Jahre / Monate)

Für ein Ausscheiden vor Vollendung des 56. Lebensjahres besteht für das Unternehmen ein starker Anreiz dergestalt, daß der Arbeitgeber vor Nachforschungen des Arbeitsamtes wegen einer eventuellen Erstattungspflicht für das Arbeitslosengeld Älterer von vornherein sicher ist. Der zeitweilig wegen Verfassungswidrigkeit ausgesetzte §128 AFG bildete eine von Ausnahmen stark durchlöcherte Sanktion gegen die Entlassung von Arbeitnehmern, die das 56. Lebensjahr vollendet haben. Nur bei einem winzigen Prozentsatz der geprüften Fälle kam es tatsächlich zu Erstattungen (Reß 1995).[16]

Die von der Bundesanstalt für Arbeit subventionierte Vorruhestandspassage läßt sich noch um bis zu zwei Jahre verlängern, wenn man dem ganzen Ablauf eine Phase strukturbedingter Kurzarbeit vorschaltet. Ab 1988 wurde zunächst für die Stahlindustrie und später für alle Wirtschaftszweige mit „schwerwiegenden strukturellen Veränderungen" die sogenannte „strukturbedingte" Kurzarbeit (im Unterschied zur normalen,

---

[16]   Das Geltendmachen der Ausnahmetatbestände erforderte Verwaltungsaufwand und ggf. Anwaltskosten, wodurch ein starker Anreiz entstand, der Altersgrenze durch Entlassung schon mit 55 zuvorzukommen. Die Vorschrift hat deshalb den Arbeitnehmern mehr geschadet als genützt, weshalb ihr durch das SGB III vorgesehenes Auslaufen zum 6.4.99 wünschenswert gewesen wäre. Da die neue Bundesregierung jedoch aus verfassungsrechtlichen und sozialen Gründen die beim Arbeitslosengeld der Entlassenen ansetzende Sanktion der Anrechnung von Entlassungsentschädigungen ausgesetzt hat, führte sie die alte Regelung einstweilen wieder ein.

konjunkturbedingten) eingeführt, die als öffentlich geförderte Endphase eines Beschäftigungsverhältnisses der Entlassung vorgeschaltet werden kann. Seit 1998 ist dieses Instrument bei betrieblichen Strukturveränderungen und Personalanpassungsmaßnahmen anwendbar, ohne daß es auf die Lage des Wirtschaftszweiges ankommt.

Damit haben wir nun die statistischen und sozialrechtlichen Fakten beisammen, um zu verstehen, was in den letzten 20 Jahren geschehen ist. Unter dem Eindruck eines hohen Anteils der Jugendlichen an der Arbeitslosigkeit Anfang der achtziger Jahre (Berufseintritt der Baby-Boom-Generation) unterstützte die Politik die Vorstellung, die Älteren täten ein gutes Werk, wenn sie Platz für Jüngere machen. In den Großbetrieben entstand ein Klima, das den Älteren kaum eine andere Wahl läßt, als ihren Beitrag zu diesem guten Werk zu leisten. Die ab den siebziger Jahren dramatisch steigende Lebenserwartung[17] bei gleichzeitig erheblich verbesserter Altersversorgung machte den Ruhestand für abhängig Beschäftigte mit kontinuierlicher und vollzeitiger Erwerbsbiographie, also in der Praxis vor allem für die Männer[18], zu einer eigenständigen und attraktiven dritten Lebensphase (vgl. Kohli 1985 und 1994). Daß die Verlängerung dieser Phase durch einen „Vorruhestand" sozialrechtlich in den meisten Fällen Arbeitslosigkeit bedeutete, verlor im Zuge der allmählichen gesellschaftlichen Gewöhnung an Arbeitslosigkeit als Massenphänomen seine Schrecken, da die Arbeitslosigkeit des einzelnen nicht mehr in dem Maße wie früher als Versagen oder Schande wahrgenommen wurde. Zumal wenn diese Arbeitslosigkeit im Rahmen kollektiver Regelungen mit dem Segen von Betriebsrat und Gewerkschaft angesteuert wurde und wenn Abfindungen oder laufende Zahlungen aus dem Sozialplan die Leistungen des Arbeitsamtes ergänzten, konnte sie als Übergang in den Ruhestand uminterpretiert werden. Hierzu trug wiederum die Gesetzgebung auch dadurch bei, daß Arbeitslose mit Vollendung des 58. Lebensjahres von der Verfügbarkeit für den Arbeitsmarkt befreit wurden[19], dafür aber

---

[17] Während die Lebenserwartung der Männer in den sechziger Jahren pro Jahr nur um 0,1 % stieg, nahm sie ab den siebziger Jahren bis heute um jahresdurchschnittlich 0,4 % zu (Enquete-Kommission 1998: 45).

[18] Für Frauen insbesondere der Alterskohorten, die in den achtziger Jahren das Ruhestandsalter erreichten, war eine eigenständige auskömmliche Alterssicherung keineswegs selbstverständlich. Bei traditioneller Rollenverteilung blieben die häuslichen Pflichten der Ehefrau bestehen oder nahmen wegen des Ruhestands des Mannes noch zu, so daß die Abgrenzung einer „dritten Lebensphase" für Frauen weniger deutlich ist.

[19] Sie werden dann statistisch auch nicht mehr als Arbeitslose gezählt, sondern in einer gesonderten Statistik erfaßt, die in die Berechnung der Arbeitslosenquote nicht eingeht. Zum Ausmaß dieser Regelung vgl. Abbildung 2.

von den Arbeitsämtern angehalten werden, mit Vollendung des 60. Lebensjahres die wegen Arbeitslosigkeit vorgezogene Altersrente in Anspruch zu nehmen.

Durch diese Regelungen wurde der Kündigungsschutz der Älteren insbesondere in Großunternehmen ab 500 Beschäftigten zu einem handelbaren Gut, das gegen entsprechende Abfindungsangebote im Wege von Aufhebungsverträgen verkauft werden konnte. Dabei wurde die „Grundlast" einschließlich Kranken- und Rentenversicherung über Arbeitslosengeld und -hilfe von den Beitrags- bzw. Steuerzahlern finanziert; die Betriebe mußten nur im Rahmen der Sozialpläne[20] das Netto-Einkommen so weit aufstocken, daß die Befreiung von der Arbeitslast bei in manchen Fällen wenig verringertem Lebensstandard attraktiv wurde.

3.4 Generationenaustausch Alt gegen Jung?

Die zentrale Rechtfertigung für die Praxis des Vorruhestandes lautet, daß Ältere durch frühzeitiges Ausscheiden aus dem Erwerbsleben Jüngeren Platz machen und dadurch deren Erwerbseinstieg ermöglichen würden. Die Vorstellung, es gäbe eine bestimmte, gewissermaßen „rationierte" Anzahl von Arbeitsplätzen[21] und man bräuchte nur für die Älteren einen akzeptablen Austrittsweg zu bahnen, damit die Jüngeren Arbeit finden, erscheint so offensichtlich und plausibel, daß lange Zeit niemand auf die Idee gekommen ist, dieses Argument empirisch zu überprüfen. Erst in letzter Zeit häufen sich die Hinweise, daß die Begründung des Vorruhestandes durch den Generationenaustausch kaum mehr ist als ein frommer Wunsch.

3.4.1 Altersbeschäftigung und Jugendarbeitslosigkeit im internationalen Vergleich

Wenn die These vom Generationenaustausch Wahrheitsgehalt besäße, dann müßten im internationalen Vergleich die Jugendlichen vom frühzeitigen Ausscheiden der Älteren profitieren. Um von nationalen Unterschieden im allgemeinen Niveau von Beschäftigung und Arbeitslosigkeit zu abstrahieren, haben wir für 15 EU-Länder im Jahre 1995 die Beschäf-

---

[20] Zur Höhe der Abfindungen in Sozialplänen und zum Alter der Ausscheidenden vgl. Hemmer 1997, wiedergegeben im Überblick zur Entwicklung der Sozialplanpraxis bei Kirsch et al. 1999: 8 ff.

[21] Zur Kritik dieser Vorstellung vgl. Vincens 1990.

tigungsquote der Älteren ab 50 ins Verhältnis gesetzt zur Gesamtbeschäftigungsquote sowie die Arbeitslosenquote der Jüngeren unter 30 zur Gesamtarbeitslosenquote, wobei die standardisierten Eurostat-Quoten verwendet wurden. Ein Wert nahe „1" bedeutet dann, daß – jeweils im Verhältnis zur Erwerbsbevölkerung insgesamt – die Älteren nicht weniger am Erwerbsleben teilnehmen (Schweden) oder die Jüngeren nicht stärker von Arbeitslosigkeit betroffen sind (Deutschland) als die Gesamtheit der Bevölkerung im Erwerbsalter.

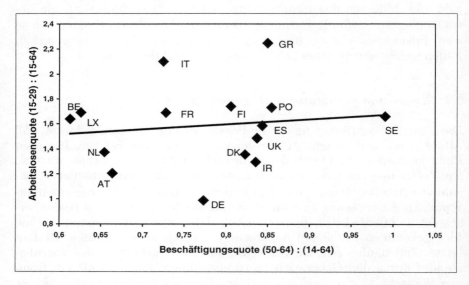

Abbildung 8: Abweichung der Jugend-Arbeitslosenquote und der Alters-Beschäftigungs-quote von den Gesamtquoten in 15 EU-Ländern 1995 (Quelle: Kiehl / Koller 1999 nach Eurostat)

Wenn eine altersspezifisch geringere Beschäftigungsquote der Älteren die relative Arbeitslosenquote der Jüngeren senken würde, dann sollte beim Plot der Länder nach den genannten Quotenverhältnissen (vgl. Abbildung 8) eine Punkteschar entstehen, deren Regressionsgerade deutlich von unten links nach oben rechts verläuft. Tatsächlich aber ist die Streuung so groß und die Steigung der Gerade so schwach, daß statistisch kein Zusammenhang feststellbar ist.[22] Der EU-Ländervergleich liefert also keine

---

[22] Eine Wiederholung der Analyse nur für den männlichen Teil der Bevölkerung im Erwerbsalter führte zu demselben Ergebnis.

Unterstützung für die Behauptung, man könne durch frühzeitige Ausgliederung der Älteren die Arbeitslosigkeit der Jüngeren senken.

3.4.2 Geringe Nutzung der Altersteilzeit

Seit 1996 gibt es die geförderte Altersteilzeit als Alternative zum Vorruhestand über Arbeitslosigkeit. Nachdem entgegen der ursprünglichen Idee des gleitenden Ausstiegs Blockmodelle zugelassen und zur vorherrschenden Nutzungsform wurden, läßt sich Altersteilzeit bezeichnen als ein Vorruhestandsmodell, bei dem der vorzeitig Inaktive nicht mehr arbeitslos, sondern formell noch beschäftigt ist und das Zeitguthaben abfeiert, das er zuvor als formell Teilzeitbeschäftigter in tatsächlich vollzeitiger Arbeit akkumuliert hat. Die aufgrund der gesetzlichen Definition der Altersteilzeit höheren Lohnkosten[23] werden von der Bundesanstalt für Arbeit erstattet, wenn auf den durch Altersteilzeit direkt oder indirekt freiwerdenden Arbeitsplätzen vorher Arbeitslose oder Ausbildungsabsolventen eingestellt werden.

Wenn die Betriebe die vorzeitige Ausgliederung Älterer tatsächlich mit der Absicht betreiben würden, Platz zu machen für Jüngere Arbeitslose oder von Arbeitslosigkeit bedrohte Ausbildungsabsolventen, dann sollte man annehmen, daß diese großzügige Förderungsmöglichkeit in großen Zahlen „mitgenommen" wird. Tatsächlich aber gibt es nach Auskunft der Bundesanstalt für Arbeit in knapp drei Jahren gerade einmal rund 24.000 Förderfälle sowie rund 33.000 Anträge „im Wartestand", die erst gefördert werden, wenn die nach dem Blockmodell zunächst vollzeitig arbeitenden „Altersteilzeiter" den Betrieb verlassen und die beabsichtigte Neueinstellung erfolgt. Die niedrigen Förderzahlen deuten nicht auf Häufigkeit des Generationenaustausches hin, sondern darauf, daß die Betriebe die Älteren ersatzlos ausgliedern möchten, was über Altersteilzeit ohne Förderung der Bundesanstalt sehr teuer wird. Deshalb geht der Vorruhestand über Arbeitslosigkeit weiter, trotz der inzwischen vorgenommenen Umsteuerungsversuche (siehe Abschnitt 4.4).

---

[23] Das Nettoentgelt muß auf mindestens 70 % und die Beiträge zur Rentenversicherung müssen auf mindestens 90 % dessen aufgestockt werden, was sich bei Vollzeit ergeben würde. Die zur Altersteilzeit abgeschlossenen Tarifverträge sehen zum größten Teil günstigere Bedingungen für die Altersteilzeiter vor, die den Betrieben Kosten über den gesetzlichen Mindeststandard hinaus verursachen.

3.4.3 Austauschprozesse innerhalb von Berufsgruppen

Mit Daten der IAB-Beschäftigtenstichprobe wurde für die Jahre 1978 bis 1988 und für sechs Berufsgruppen die Hypothese getestet, daß ein niedrigeres durchschnittliches Ruhestandsalter (Alter des Ausscheidens aus der letzten Beschäftigung nach Vollendung des 45. Lebensjahres) der Angehörigen einer Berufsgruppe das Arbeitslosigkeitsrisiko der Berufseinsteiger dieser Berufsgruppe verringert (Sackmann 1997). Die Hypothese konnte nicht bestätigt werden, sondern es wurde das Gegenteil gefunden: In den Berufsgruppen mit höherem Ruhestandsalter war das Arbeitslosigkeitsrisiko von Berufseinsteigern geringer; andererseits war es auch geringer in den Berufsgruppen, in denen die Fluktuation von Personen mittleren Alters höher war (Sackmann 1997: 678 f). Die folgende Interpretation liegt nahe: In Berufen mit abnehmendem Bedarf bzw. in schrumpfenden Branchen, die vorrangig Angehörige dieser Berufe beschäftigen, fallen Vorruhestandsprogramme und reduzierte Einstellungen Jüngerer zusammen; expandierende Branchen beschäftigen Ältere länger und stellen mehr Jüngere ein; in Berufen und Branchen schließlich, in denen Arbeitskräfte im mittleren Alter attraktive Chancen des Betriebswechsels haben, entsteht Ersatzbedarf, der den Jüngeren zugute kommt.

3.4.4 Betriebliche Umschichtungsprozesse

Durch die Kombination von Betriebs- und Beschäftigtendaten (IAB-Beschäftigtenstichprobe und IAB-Betriebspanel[24]) konnte der betriebliche Zusammenhang in einer Querschnittsbetrachtung der Personalbewegungen von 1994 bis 1995 deutlicher gemacht werden (Bender/Preißler/Wübbeke 1999). Nur in etwa 4 % der westdeutschen Betriebe konnte ein deutlicher Umschichtungsprozeß von „alt" zu „jung" festgestellt werden. Viel größer waren die Gruppen von Betrieben, bei denen die ältere Belegschaft verringert wird, ohne daß die jüngere wächst, oder in denen umgekehrt der Personalbestand in den jüngeren Altersgruppen zunimmt, ohne daß er bei den Älteren abnimmt. Je größer die Betriebe, desto höher ist der Abgangsanteil in den älteren Jahrgängen; zugleich aber sind auch die Personalzugangsanteile der jüngeren Jahrgänge in den größeren Betrieben geringer als in den kleineren. Anders ausgedrückt: Die großen Betriebe haben insgesamt weniger Personalfluktuation, konzentrieren ihre Abgänge auf die älteren Jahrgänge und stellen (relativ zum Bestand) we-

---

[24] Zum Ansatz und Aufbau vgl. Projektgruppe Betriebspanel 1991.

niger Jüngere ein. Das Ergebnis ist nicht eine ausgewogenere, sondern eine komprimiertere Altersstruktur in den größeren Betrieben.

Im Ergebnis müssen wir feststellen: Der Vorruhestand nützt den Berufseinsteigern nur unwesentlich. Seine Funktion ist eine andere: Er erspart im Falle von Personalabbau den mittleren Jahrgängen in Großbetrieben den Weg über den Arbeitsmarkt und erhält den Betrieben dadurch möglichst vollständig die eingearbeiteten Belegschaften im besten Leistungsalter. Dieses Arrangement liegt zweifellos im Interesse der Betroffenen und betrieblichen Akteure. Die Kehrseite dieser „sozialverträglichen" Lösung ist, daß der Personalabbau auf diejenigen konzentriert wird, die höchstwahrscheinlich keine neue Beschäftigung mehr finden werden. Ihnen macht man zudem den Ausstieg gerade damit schmackhaft, daß man sie – wenn auch unter zunehmend schlechteren finanziellen Rahmenbedingungen – von der gesellschaftlichen Erwartung der Erwerbsarbeit freistellt und ihre Arbeitslosigkeit zum „Vorruhestand" umdefiniert. Den Großbetrieben wird es dadurch möglich, trotz rückläufiger Beschäftigung das fordistische Beschäftigungsmodell der „Lebensstellung" (vgl. Knuth 1998) fortzusetzen: Im Prinzip und abgesehen von Insolvenzen und Betriebsstillegungen bleibt die „lebenslange" Beschäftigung mit langjährigen Betriebszugehörigkeiten bestehen, nur dauert das Erwerbsleben eben immer kürzer.

Diese Lösung ist zwar sozialverträglich, aber angesichts der Überlastung der sozialen Sicherungssysteme nicht nachhaltig. Zudem führt die Existenz einer großen Anzahl von Arbeitslosen, die faktisch gar nicht mehr auf Erwerbsarbeit orientiert und orientierbar sind, zur Verwirrung der arbeitsmarktpolitischen Diskussion. Was im einen Kontext als solidarischer Rückzug vom Erwerbsleben zugunsten der Jüngeren thematisiert wird, liefert in anderen Kontexten je nach politischer Konjunktur den Stoff für die Litanei vom „faulen", „geringqualifizierten" oder „niedrigproduktiven" Arbeitslosen.

4 Perspektiven des Ausstiegs aus dem Vorruhestand

4.1 Die demographische Zeitbombe

Nach Schätzungen des früheren Bundesarbeitsministers gehen die beschriebenen Muster des Vorruhestandes zu etwa zwei Dritteln zu Lasten der Sozialversicherungssysteme[25]; nur etwa ein Drittel tragen die Betriebe über Sozialpläne. Dabei nicht eingerechnet sind die Fälle der Entlas-

---

[25] Norbert Blüm im Handelsblatt vom 20.9.95.

sung Älterer aus Kleinbetrieben und in Konkursen, die nicht als Vorruhestand intendiert und abgefedert werden, aber faktisch zur Altersarbeitslosigkeit bis zur Rente führen. Seit vielen Jahren leben wir mit dem Paradox, daß steigende Lohnnebenkosten der Arbeitgeber und wachsende Abgabenlasten der Arbeitnehmer beklagt werden, daß unser Rentenversicherungssystem immer wieder als gefährdet und in der bestehenden Form nicht überlebensfähig dargestellt wird, daß aber andererseits die Sozialpartner sich darin einig sind, die Vorruhestandspraxis fortzusetzen und damit einen der bedeutsamsten Kostentreibsätze der Sozialversicherung beizubehalten. Man starrt wie gebannt auf den Sachzwang der demographischen Entwicklung, den man nicht ändern kann und der angeblich einen grundlegenden Umbau des Rentensystems erfordert, während die mögliche Veränderung, die faktische Verlängerung der Lebensarbeitszeiten, durch die Annahme, der Vorruhestand fördere den Generationenaustausch, tabuisiert wird. Dadurch wird die naheliegendste Lösung verpaßt, denn jedes Lebensjahr, in dem Ältere noch beschäftigt sind und Beiträge zahlen statt Transferleistungen zu beziehen, zählt für die Verbesserung der Finanzsituation der Sozialversicherungssysteme doppelt.

Die mittelfristige Dramatik dieses Szenarios wird vor dem Hintergrund der demographischen Struktur erkennbar. Abbildung 9 zeigt die Geburtskohorten 1930 bis 1980. Wir sehen die derzeit gerade auslaufende Austrittswelle der Jahrgänge um 1940, und wir sehen die Versuchung, die aus der schwachen Besetzung der späten Kriegs- und frühen Nachkriegsjahrgänge erwächst: Man könnte ganz gut zwei bis drei Legislaturperioden so weitermachen wie bisher, und das wäre bei Arbeitnehmern wie Arbeitgebern gleichermaßen populär. Ab etwa 2015 würden aber bei Fortsetzung der derzeitigen Austrittsmuster die altersbedingten Austritte auf ein historisch bisher unbekanntes Maß anwachsen, während die Jahrgänge, die dann in das Erwerbsleben eintreten werden, schwach besetzt sind. Deshalb gehen unterschiedliche Projektionsvarianten des Erwerbspersonenpotentials selbst unter der Annahme hoher Zuwanderungen von einem Potentialrückgang spätestens ab 2015 aus (Fuchs / Thon 1999).

Während heute die sozialen Sicherungssysteme überlastet sind durch den Mangel an Beschäftigungsmöglichkeiten, erscheint in durchaus überschaubaren Zeiträumen eine Situation denkbar, in der ein Mangel an beschäftigungsfähigen Arbeitskräften die Ausschöpfung der wirtschaftlichen Möglichkeiten behindert. Ein solches Szenario ist durchaus vereinbar mit einer Fortdauer hoher Arbeitslosigkeit, insbesondere von struktureller und Altersarbeitslosigkeit, was ja zu einem erheblichen Teil das Gleiche ist.

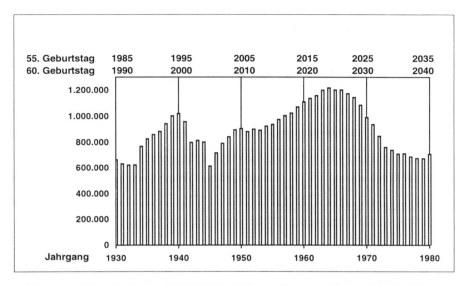

Abbildung 9: Geburtskohorten 1930-1980 im früheren Bundesgebiet am 31.12.1997
(Quelle: Statistisches Bundesamt)

Der zwischen 2015 und 2030 zu erwartende Schock für die sozialen Sicherungssysteme könnte erheblich abgemildert werden, wenn die Jahrgänge
zwischen 1960 und 1970 nicht nach heutigem Muster mehrheitlich zwischen 55 und 60, sondern erst zwischen 60 und 65 aus dem Erwerbsleben
ausscheiden würden. Durch eine Steigerung des durchschnittlichen Austrittsalters bei gleichzeitig größerer Variabilität ließe sich der „Berg" der
Jahrgänge um 1964 teilweise in das nachfolgende „Tal" der „Pillenknick-
Jahrgänge" verschieben. Die seit 20 Jahren praktizierten Alterserwerbsmuster, die im Falle ihrer Fortsetzung bis 2015 dann eine Tradition von
35 Jahren haben würden, lassen sich aber nicht von heute auf morgen
bzw. von morgen auf übermorgen ändern. Betriebe und Beschäftigte müssen allmählich an Altersarbeit gewöhnt werden, und damit müßte man in
Anbetracht der Trägheit gesellschaftlicher Verhaltensmuster heute beginnen. Die heute 35-Jährigen müssen sich auf eine Erwerbstätigkeit bis
65 einstellen. Schon wegen des Anfang der achtziger Jahre in vielen Fällen verzögerten Berufseintritts dieser stark besetzten Alterskohorten
werden sie sich einen Vorruhestand nicht leisten können, schon gar nicht
zu Bedingungen, die mehr und mehr zu ihren eigenen Lasten gehen werden.

4.2 Zur Notwendigkeit einer Kultur der Altersarbeit

Abgesehen von einigen Berufen mit extremen körperlichen oder nervlichen Belastungen gibt es für die vorzeitige Ausgliederung Älterer keinen vernünftigen arbeitswissenschaftlichen Grund (Schweres 1997). Die Gerontologie weist seit langem die Leistungsfähigkeit der Älteren nach (Lehr 1977). Die Weiterbildung Älterer ist kein unlösbares Problem (Barkholt/Frerichs/Naegele 1995; Klaßen-Kluger 1998) Auch die neuere Literatur zur Arbeitsgestaltung hat sich mit der Möglichkeit auseinandergesetzt, neuere Arbeitsformen wie Gruppenarbeit mit Älteren zu realisieren (Morschhäuser 1996). Es gibt eine Fülle von Literatur, in der die soziale Kompetenz und die Bedeutung der Erfahrung Älterer für den Unternehmenserfolg hervorgehoben wird. Aber, wie schon Naegele (1992: 23) feststellte: Aufklärung allein führt nicht zur Veränderung personalpolitischer Handlungsmuster.

Warum also geht die vorzeitige Ausgliederung der Älteren weiter?

1. Betriebe mit rückläufiger Personalentwicklung konzentrieren ihren Personalabbau nicht in erster Linie deshalb auf Ältere, weil sie Ältere nicht produktiv beschäftigen könnten oder wollten, sondern deshalb, weil sie nun einmal Personal abbauen müssen oder glauben, dadurch ihre Wettbewerbsfähigkeit verbessern zu können. Die teuren Vorruhestandsprogramme haben für sie drei entscheidende Vorteile:

   • Sie sind betrieblich und gesellschaftlich akzeptiert und bergen daher die geringsten Konfliktrisiken.

   • Sie führen zwar in Verbindung mit Verringerung der Einstellungen zu einer Komprimierung der Altersstruktur der Belegschaft, sind aber für den Altersaufbau immer noch günstiger als wenn man vorrangig die jüngsten Jahrgänge entlassen müßte, die noch keinen Schutz aufgrund von Unterhaltsverpflichtungen genießen.

   • Bei hohem Ausländeranteil würde die letztgenannte Variante zudem tendenziell dazu führen, daß eher Deutsche als Ausländer entlassen werden müßten, was viele Betriebe nicht wollen oder wovon sie zusätzliche Konflikte befürchten.

2. Nachdem die heute Älteren oft jahrzehntelang in betrieblichen Strukturen sozialisiert wurden, die Eigeninitiative und Kreativität eher entmutigt haben, gelten sie nun bei Versuchen der Restrukturierung und Modernisierung häufig als Ballast, den man vor der Implementation des betrieblichen Fitness-Programms gerne abwerfen möchte.

Diese Strategie birgt jedoch die Gefahr, daß das Modernisierungsprogramm von vornherein auch für die Jüngeren unglaubwürdig ist.

3. Das Erscheinungsbild der arbeitslosen Älteren, von denen sich ein hoher Anteil in einer „Vorruhestandspassage" befindet, kontrastiert ziemlich scharf mit den gerontologischen Feststellungen zum altersspezifischen Leistungsvermögen im Allgemeinen (vgl. 3.1). Umstrukturierungen und Fusionen sowie die Etablierung eines faktischen „Anspruchs auf Vorruhestand" in vielen Großunternehmen führen zwar auch zur vorzeitigen Ausgliederung von Know-how-Trägern. Aber für die Masse der Vorruheständler scheinen eher die folgenden Merkmale und Bedingungen kennzeichnend zu sein:

• Bei den heutigen Vorruheständlern handelt es sich um Geburtsjahrgänge, die weniger Möglichkeiten zur Ausbildung hatten als spätere Generationen. Deshalb ist der Anteil der qualifizierten Arbeitskräfte unter den älteren Arbeitslosen bei weitem geringer als in der Bevölkerung im Erwerbsalter.

• Die Betriebe haben in die Weiterbildung dieser Arbeitskräfte kaum investiert, sei es, weil die Arbeitskräfte wenig Voraussetzungen und Bereitschaft zur Qualifizierung mitbrachten, sei es, weil das Produktionskonzept eine Qualifizierung überflüssig erscheinen ließ und höhere Qualifikationen gar nicht einsetzbar gewesen wären (vgl. Beer / Wagner 1997).

• Ist die Gewohnheit des Vorruhestandes einmal etabliert, wirkt er schon ab Mitte 40 Bestrebungen zur Weiterbildung entgegen, weil die verbleibenden Nutzungszeiten erhöhter Qualifikation für Betriebe wie Beschäftigte absehbar gering sind.

• Der Personalabbau findet bevorzugt in den „fordistischen" Industrien statt, die in der Masse auf gering oder mittelmäßig qualifizierter Arbeit beruhen und die jetzt mit osteuropäischen und Schwellenländern nicht mehr konkurrieren können. Ähnliches gilt für bürokratisch-tayloristisch organisierte Dienstleistungen, deren Algorithmisierbarkeit erst jetzt durch Automatisierung und durch Selbstbedienung per Terminal und Internet voll als Rationalisierung durchschlägt.

• In den Altindustrien finden wir vor allem die Ausländer der „Gastarbeiter-Generation", die vielfach seit ihrer Anwerbung in demselben Betrieb gearbeitet und häufig kein Deutsch gelernt haben. Sie sind für die Rente noch zu jung; aber vergleichbare Arbeitsplätze werden kaum noch angeboten, und für einen Wechsel in Dienstleistungstätigkeiten müßte man zumindest Deutsch in Sprache und

Schrift beherrschen. Deshalb ist Altersarbeitslosigkeit, wie wir sie in diesem Beitrag ausführlich analysiert haben, zu einem großen Teil zugleich Ausländerarbeitslosigkeit.

• Die betroffenen Arbeitnehmer waren zumindest in der ersten Hälfte ihres Erwerbslebens vielfach noch harten und gesundheitsschädlichen Arbeitsbedingungen unterworfen und sind dementsprechend zu hohen Anteilen gesundheitlich angeschlagen.

Während die Argumente unter 1. auf Veränderungsnotwendigkeiten der Rahmenbedingungen im Kündigungsschutzrecht, bei der gesellschaftlichen Verteilung der finanziellen Lasten des Vorruhestandes und auf die Notwendigkeit neuer Förderungsangebote an die Betriebe verweisen, laufen die Argumente unter 2. auf die Wiederentdeckung einer Kultur der Altersarbeit, die Integration der Älteren in Organisations- und Personalentwicklung und damit auf die Verwirklichung des Schlagwortes vom „lebenslangen Lernen" hinaus.

Die Argumente unter 3. schließlich verweisen auf einige hemmende Bedingungen eher transitorischer Art. Bald werden die „Altindustrien" verschwunden oder umstrukturiert sein, bald hat die erste „Gastarbeiter"-Generation vollständig das Rentenalter erreicht, und bald werden die potentiellen Vorruheständler Angehörige der Baby-Boom-Generation mit besseren und vielfältigeren Ausbildungen, aber auch mit verschlungeneren und diskontinuierlicheren Bildungs- und Erwerbswegen sein. Das Problem der Zukunft werden die von vornherein nicht beschäftigungsfähigen Jugendlichen ohne Schulabschluß oder mit schlechten Deutschkenntnissen sein. Es ist offensichtlich, daß dieses Problem durch Generationenaustausch selbst dann nicht zu lösen wäre, wenn der Vorruhestand prinzipiell geeignet wäre, einen solchen Austausch zu fördern. Also ist der Ausstieg aus dem Vorruhestand nicht nur notwendig und möglich, sondern auch arbeitsmarktpolitisch vertretbar.

4.3 Bisherige unzureichende Umsteuerungsversuche

Durch die Rentenreformen von 1995 bis 1997 wurden alle vorgezogenen Altersrenten mit Abschlägen belegt und die Arbeitslosenrente ab 2012 für Neuzugänge geschlossen. Die Altersteilzeit sollte eine Alternative zum Vorruhestand bieten, wirkt aber als vorrangig praktiziertes Blockmodell lediglich als sozialrechtliche Umdefinition des vorzeitigen Ausstiegs (vgl. ausführlicher 3.4). Als Instrument mit befristeter Geltung kann sie bisher keine langfristige Umorientierung bewirken. Das Alter für den verlängerten Bezug von Arbeitslosengeld wurde heraufgesetzt, und ratierliche Sozialplanzahlungen zur Aufbesserung der Arbeitslosenhilfe werden jetzt bei der Bedürftigkeitsprüfung angerechnet. Die von der alten Bundesregierung ab April 1999 vorgesehene Anrechnung von Entlassungsentschädigungen auf das Arbeitslosengeld wurde von der neuen Regierung ausgesetzt, jedoch wurden die Steuerfreibeträge bei Abfindungen gesenkt. Die Verpflichtung für Arbeitslose, ihre Arbeitslosmeldung alle drei Monate zu erneuern, wurde schon von der alten Regierung für Ältere ausgesetzt, von der rot-grünen Koalition ab August 1999 für alle abgeschafft.

Diesen eher halbherzig umgesetzten Sanktionen, die den Vorruhestand für die Beschäftigten unattraktiver oder für die Betriebe teurer machen, stehen zwei neue Angebote der betriebsnahen, proaktiven Arbeitsförderung gegenüber. Sozialpläne, die außer oder anstatt Abfindungen auch aktive Fördermaßnahmen zur Neuorientierung und Arbeitsuche beinhalten, können nach § 254 ff. SGB III bezuschußt werden. Personalüberhänge können vorübergehend in Struktur-Kurzarbeit nach § 175 SGB III aufgefangen werden, wenn Qualifizierungen oder sonstige auf Wiederbeschäftigung gerichtete Fördermaßnahmen vorgesehen sind. Für die Kosten dieser Maßnahmen sieht das SGB III jedoch keine Förderung vor, da Kurzarbeit nicht mit Sozialplanzuschüssen kombiniert werden kann. Derzeit ist eine Förderung aus dem von der Bundesanstalt für Arbeit umgesetzten Programmteil des Europäischen Sozialfonds möglich; die Fortsetzung in der kommenden Förderperiode ab 2001 ist von den künftigen Vereinbarungen mit der EU-Kommission abhängig.

Diese proaktiven, auf berufliche Mobilität und Wiedereingliederung gerichteten Förderangebote setzen voraus, daß Personalabbau nicht mehr wie bisher vorrangig durch Ausgliederung der Älteren bewältigt wird, sondern durch Freisetzung von Beschäftigten im mittleren oder jüngeren Alter, die sowohl den Willen als auch die Chance haben, einen neuen Arbeitsplatz zu finden. Deshalb werden diese Angebote bisher in der Regel dann genutzt, wenn durch Insolvenz, Betriebsstillegung oder Schließung von Abteilungen das Ausmaß des Personalabbaus über das hinausgeht, was durch Vorruhestand zu bewältigen ist (vgl. Kirsch et al. 1999). Wenn dagegen das Potential von Arbeitskräften im Vorruhestandsalter zur Personalanpassung ausreicht, bleibt es allen Restriktionen zum Trotz bei den etablierten Mustern. Die neuen Förderangebote bilden folglich eine sinnvolle und notwendige Ergänzung an der Nahtstelle von öffentlicher Arbeitsmarkt- und betrieblicher Personalpolitik; sie wären auch geeignet, den Ausstieg aus dem Vorruhestand zu begleiten, aber dieser Ausstieg findet bisher nicht statt.

Die bisherigen Umsteuerungsversuche haben bislang, soweit erkennbar, keine Erhöhung des tatsächlichen Austrittsalters aus der Erwerbstätigkeit bewirken können. Sie laufen vielmehr darauf hinaus, durch Rentenabschläge, Besteuerung und Anrechnung von Abfindungen und aufgestockte Arbeitgeberbeiträge die Kosten des Vorruhestandes stärker auf die Beschäftigten und Betriebe zu verlagern. Dabei bleibt die konkrete Verteilung dieser Kosten den Tarif- und vor allem den Betriebsparteien überlassen. Angesichts der gegebenen Kräfteverhältnisse ist zu erwarten, daß die Kostenverteilung verstärkt zu Lasten der Beschäftigten gehen wird. Die aktuellen Vorschläge zu Tariffonds[26] laufen z. B. darauf hinaus, einen späteren Ausgleich für die Rentenabschläge durch Verzicht beim ausgezahlten Lohn vorzufinanzieren, wodurch bei den Beschäftigten ein Anspruch entsteht, der geradezu zur Zementierung des Vorruhestandes führen muß. Praktikabel ist dieses Modell ohnehin nur für kontinuierlich Vollzeitbeschäftigte mit hoher Betriebs- und Branchenbindung und in vertretungsstarken Branchen, also für die seltener werdende Spezies des männlichen Industriearbeiters im Großbetrieb. Für die Mehrheit der Beschäftigten ist die Vorfinanzierung des Vorruhestandes nicht möglich, weshalb Einkommensarmut im Alter vorprogrammiert ist, wenn die Vorruhestandspraxis so weitergeht wie bisher.

Probleme des Beschäftigungssystems und der Gesellschaft insgesamt kann man wohl kaum sektoralen Tarifverhandlungen überlassen. Die Rahmenbedingungen müssen vielmehr durch den Gesetzgeber so geändert werden, daß die Kosten des Vorruhestandes unmittelbar demjenigen Kreis von Betrieben angelastet werden, die diese Kosten verursachen. Damit schützt man die Arbeitnehmer vor Umverteilung zu ihren Lasten, die Sozialversicherungssysteme vor der Überwälzung von Kosten, für die sie eigentlich nicht zuständig sind, und damit die Gesamtheit der Unternehmen vor immer höheren Lohnnebenkosten.

4.4 Die Notwendigkeit der Trennung von Vorruhestand und Arbeitslosigkeit

Die Erhöhung des durchschnittlichen Austrittsalters aus der Erwerbstätigkeit kann allmählich geschehen, da die demographische Struktur für ein schrittweises Vorgehen Raum läßt (vgl. Abbildung 9). So rasch wie möglich dagegen muß für den vorzeitigen Altersübergang eine anderer sozialrechtlicher Status geschaffen werden, d. h. der Altersübergang muß rechtlich, fiskalisch, statistisch und arbeitsmarktpolitisch vom Problem der Arbeitslosigkeit getrennt werden. Denn die Funktionalisierung der für Arbeitslose geschaffenen Lohnersatzleistungen für den Altersüber-

---

[26] Vgl. die kritischen Darstellungen von Bäcker / Klammer 1999 und Standfest 1999.

gang führt zu gravierenden Fehldiagnosen bezüglich der Ursachen und der Strategie zur Bekämpfung der Arbeitslosigkeit.

Aktuelle Therapievorschläge zur Verringerung der Langzeitarbeitslosigkeit durch Senkung der Lohnkosten für Geringqualifizierte (z. B. Streeck/Heinze 1999) gehen in der Regel von der Betrachtung von lediglich zwei Variablen, nämlich Qualifikation und Dauer der Arbeitslosigkeit aus. Aus der Tatsache, daß es unter den Langzeitarbeitslosen mehr als doppelt so viele Personen ohne Berufsausbildung gibt wie unter den Beschäftigten, wird geschlossen, daß mangelnde Qualifikation – bzw. eine für die mit geringer Qualifikation erzielbare Produktivität zu hohe Lohnerwartung – die Hauptursache der Arbeitslosigkeit dieser Personen sei. Übersehen wird dabei der Alters- und Kohorteneffekt, nämlich die Tatsache, daß diese Langzeitarbeitslosen zu einem hohen Anteil Geburtsjahrgängen angehören, in denen der Anteil der Personen mit Berufsausbildung allgemein geringer ist. Wegen Mißachtung des Alterseffekts setzen sich diese Vorschläge auch nicht mit der Frage auseinander, welcher Teil der Adressaten denn überhaupt für eine Beschäftigung in Frage kommen könnte. Wir müssen davon ausgehen, daß dieses für etwa ein Drittel der Langzeitarbeitslosen schon deshalb nicht der Fall ist, weil

1. die subjektive Bedingung für den vorzeitigen Austritt aus der Erwerbstätigkeit die Perspektive des „Vorruhestandes" war, d. h. die informell ausgesprochene Befreiung von der Verpflichtung zur Erwerbsarbeit;

2. der Gesundheitszustand zumindest eine vollzeitige Erwerbstätigkeit[27] unter normalen Leistungsanforderungen gar nicht zuläßt.

Praktische Erfahrungen selbst mit sehr klein dimensionierten Modellprojekten zeigen denn auch, daß die Zielgruppe sehr schwer erreichbar ist (vgl. Simonis 1999). Eine deutliche Trennung von Vorruhestand und „echter" Altersarbeitslosigkeit würde die arbeitsmarktpolitische Debatte versachlichen und zu realistischeren Vorstellungen über Größenordnung und Struktur der Arbeitslosigkeit führen.

Die immer stärkere Polarisierung zwischen kurzzeitiger und Langzeitarbeitslosigkeit hat zur Folge, daß nur 10 % der Zugänge in Arbeitslosigkeit ursächlich sind für fast die Hälfte des Volumens, d. h. der in Arbeitslosigkeit verbrachten Tage, die sich statistisch als jahresdurchschnittlicher Bestand von Arbeitslosen niederschlagen (Karr 1999: 5). Nach den

---

[27] Die Vorschläge für einen subventionierten Niedriglohnsektor gehen in der Regel von Vollzeiterwerbstätigkeit aus, da von vornherein klar ist, daß mit Teilzeitarbeit die bisherigen Transfereinkommen nicht zu übertreffen wären, so daß der Anreiz zur Arbeitsaufnahme fehlen würde.

vorstehenden Analysen zur Altersarbeitslosigkeit dürfte klar sein, daß ein hoher Anteil der Zugänge von solchen Arbeitslosen, die später zu Langzeitarbeitslosen werden, auf betriebliche „Vorruhestands"-Programme zurückgehen. Genau beziffern läßt sich dieser Anteil nicht, aber es scheint nicht zu hoch gegriffen, daß man die derzeit ausgewiesenen Arbeitslosenzahlen um 10 Prozent senken könnte, wenn man kurzfristig einen anderen sozialrechtlichen Status für die Vorruhestandspassage schaffen und mittelfristig den Vorruhestand abschaffen würde. Auf den Einwand, daß damit die Arbeitslosenzahlen „geschönt" würden, ist zu entgegnen, daß wir zu unterscheiden lernen sollten zwischen der Arbeitsplatzlücke als Orientierung für die Beschäftigungspolitik und Arbeitslosigkeit als Zielgröße der aktiven Arbeitsförderung. Das sozialkritische Beharren auf möglichst umfassenden Arbeitslosenzahlen hat bisher die Beschäftigungspolitik nicht beflügelt, aber die arbeitsmarktpolitische Debatte verwirrt.

5 Skizze einer Reform der Altersarbeit und des Altersübergangs

Die Regulierung der Altersarbeit und des Altersübergangs ist in Anbetracht all dieser die demographische Entwicklung und den Strukturwandel betreffenden Einsichten dringend reformbedürftig. Selbstverständlich ist die notwendige Entfaltung einer „Kultur der Altersarbeit" auch Sache der Unternehmen selbst. Durch konkrete Gestaltung von Arbeit und Technik hätten sie lebenslanges Lernen bis zum Alter zu ermöglichen und dafür zu sorgen, daß ältere Arbeitnehmer ihre besonderen Leistungspotentiale wirksam einbringen und nutzbringend entfalten können. Damit dies aber Platz greifen kann, bedarf es eines Reformprogramms zur Regulierung und Förderung der Altersarbeit, das nachstehend in zehn Punkten skizziert wird:

1. Altersarbeit und die Beschäftigung von Älteren sollten für Beschäftigte wie für Betriebe attraktiver gestaltet werden. Durch die Entwicklung bzw. Wiederentdeckung einer „Kultur der Altersarbeit" muß eine allmähliche Umgewöhnung von Beschäftigten und Betrieben eingeleitet werden, um ab etwa 2015 bei den geburtenstarken Jahrgängen der sechziger Jahre ein deutlich höheres durchschnittliches Austrittsalter zu realisieren.

2. Die betriebliche Weiterbildung von Beschäftigten ohne oder mit veralteter Berufsausbildung sollte ab dem 45. Lebensjahr von der Bundesanstalt für Arbeit gefördert werden. Um mit solchen Angeboten auch kleinere und mittlere Unternehmen erreichen zu können, muß eine In-

frastruktur von Weiterbildungsangeboten und von Organisations- und Bildungsberatung aufgebaut werden, d. h. die Betriebe müssen keine Förderanträge ausfüllen, sondern sie werden eingeladen, Teilnehmer in bezahlter Arbeitszeit zu schicken, ohne daß Teilnehmergebühren anfallen. In diesem Bereich ist viel von Ländern mit kleinbetrieblicheren Strukturen wie z. B. Niederlande und Dänemark zu lernen (vgl. Lecher 1994; Müller 1994; Höcker/Reissert 1995).

3. Altersspezifische Regelungen, die die Beschäftigung Älterer teurer machen und die Einstellung von Älteren mit einem höheren Risiko belegen, müssen auf den Prüfstand gestellt werden. Z. B. sollten die finanziellen Risiken von Langzeiterkrankungen, die bei Älteren häufiger sind, für die Betriebe gemildert werden, indem wegen Krankheit nicht realisierte Urlaubsansprüche nicht mehr übers Jahr hinaus akkumuliert werden können. Den Tarifpartnern steht es frei, teilweise noch übliche Mechanismen der Senioritätsentlohnung zu durchbrechen, indem als Gegenleistung für die Förderung der Altersarbeit (Vereinbarung von Beschäftigungsquoten oder Altersteilzeitmodellen) Entgelte ab etwa 55 eingefroren oder leicht degressiv gestaltet werden.

4. Zur Unterstützung der Altersarbeit wird die derzeitige Befristung des Altersteilzeitgesetzes (2004) aufgehoben, und die „echte" Altersteilzeit wird mit günstigeren Konditionen ausgestattet als das „Blockmodell". Die echte Altersteilzeit sollte nicht an die Halbierung der Arbeitszeit gebunden bleiben, sondern eine Reduzierung um 30 % sollte zur Förderung ausreichen. Unter dem Gesichtspunkt der Finanzierbarkeit sollte geprüft werden, ob „echte" Altersteilzeit in eine etwas frühere Rente z. B. mit 63 führen kann, die bei einer ausreichenden Zahl von Beitragsjahren nicht mit Abschlägen belegt wird.[28] Abgesehen von anerkannten Minderungen der Erwerbsfähigkeit wäre damit echte Altersteilzeit der einzige Weg in eine Altersrente vor Vollendung des 65. Lebensjahres.

5. Arbeitslosigkeit darf nicht länger ein Tor zur Frühverrentung sein. An der ohnehin für 2012 festgelegten Schließung der Arbeitslosenrente für Neuzugänge ist festzuhalten; in Verbindung mit einer anderen Regelung des Altersübergangs (s. u.) könnte der Ausstieg noch früher erfolgen. Die maximale Bezugsdauer für das Arbeitslosengeld sollte wieder auf 12 Monate beschränkt werden, wie es vor 1984 der Fall war.

---

[28] Leicht verringerte Rentenzahlungen ergeben sich nach dem derzeitigen Modell ohnehin durch die geringeren Beiträge von 90 % während der Altersteilzeit, wenn nicht die Tarifverträge eine Aufstockung auf 100 % vorsehen; die vorzeitige Inanspruchnahme sollte nicht zu weiteren Abschlägen führen.

Die befristete, aber immer wieder fortgeschriebene „58er-Regelung"
(§ 428 SGB III), die ältere Arbeitslose von Verfügbarkeit und Arbeits-
suche im Hinblick auf ihre bevorstehende Verrentung befreit, wird
nicht über das derzeitig gültige Auslaufdatum (1. Januar 2001) hinaus
verlängert.

6. Die Rückführung der Bezugsdauer für das Arbeitslosengeld auf einen
einheitlichen, altersunabhängigen Standard ist ein schwerwiegender
Einschnitt, der nur in Verbindung mit einem eindeutigen Bekenntnis
zur Stabilisierung der Arbeitslosenhilfe vertretbar ist. Die 1997 eingeführte jährliche Absenkung der individuellen Arbeitslosenhilfe um 3 %
wird abgeschafft; die Arbeitslosenhilfe wird so mit den Bestimmungen
zur Sozialhilfe verzahnt, daß erstere nicht unter den Sozialhilfean-
spruch fallen kann.[29] Damit wird Arbeitslosen, soweit sie überhaupt
einen Leistungsanspruch gegenüber dem Arbeitsamt haben, der Gang
zum Sozialamt erspart, und es wird vermieden, daß durch den Bezug
ergänzender Sozialhilfe eine Doppelzuständigkeit von Arbeits- und Sozialamt entsteht.

7. Die Instrumente zum Transfer von Beschäftigten zwischen Personal
abbauenden und Personal suchenden Betrieben müssen im Konsens
der Tarifparteien weiterentwickelt werden (vgl. BAVC 1998). Die Zu-
schüsse zu Sozialplanmaßnahmen sollten mit Struktur-Kurzarbeit
kombiniert werden können. Alternativ wäre nach dem Vorbild der
österreichischen Arbeitsstiftungen (vgl. ÖSB 1993) ein besonderer Status für gerade arbeitslos Gewordene zu schaffen, die sich in einer So-
zialplan-Fördermaßnahme befinden. Dieser könnte in der Zahlung von
Unterhaltsgeld bestehen.

8. Für anerkannt belastende Berufe und Tätigkeiten, die in aller Regel
nicht bis zum gesetzlichen Rentenalter ausgeübt werden können, sind
Sonderregelungen zu schaffen. Bevorzugt ist hierbei an attraktiv aus-
gestattete Angebote der Umschulung bereits im Alter von 40-45, d. h.
vor dem Auftreten akuter Verschleißerscheinungen zu denken, verbunden mit intensiver Unterstützung bei der anschließenden Arbeits-
suche. Zur Finanzierung dieser *„dual careers"* tragen die Betriebe über
die Berufsgenossenschaften bei, die ja für Arbeitsbedingungen und Ge-
sundheitsschutz zuständig sind. In regelmäßigen Abständen wird
überprüft, ob es gelungen ist, die Arbeitsbedingungen so zu verbessern, daß der jeweilige Beruf bis zur gesetzlichen Altersgrenze ausge-

---

[29] Arbeitslosengeldansprüche unterhalb des Sozialhilfe-Niveaus werden durch ergänzende Arbeitslosenhilfe bereits während der Bezugszeit von Arbeitslosengeld
aufgestockt.

übt werden kann. – Jenseits des definierten „Umstiegsalters" genießen die Angehörigen der anerkannten Risikoberufe einen besonderen Kündigungsschutz bis zu einem vorzeitigen Austrittsalter, von dem an ein besonderes Instrument des Altersübergangs die Zeit bis zum gesetzlichen Rentenalter überbrückt. Die Finanzierung erfolgt branchenbezogen über die Berufsgenossenschaften.

9. Für Wirtschaftszweige mit stark rückläufiger Beschäftigung wird ein Instrument des Altersübergangs als personalpolitisches Ventil noch für einige Jahre unverzichtbar sein. Dieses muß aber sozialrechtlich, fiskalisch und statistisch eindeutig von den allgemeinen sozialen Sicherungssystemen getrennt werden, damit gegenüber dem derzeitigen Zustand mehr Klarheit über die finanzielle Verantwortlichkeit und über die wirklichen Zielgruppen der Arbeitsmarktpolitik erreicht wird. Personen im strukturbedingten Altersübergang sollten weder als Arbeitslose noch als Rentner gelten, sondern sie sollten in Anlehnung an die seinerzeitige ostdeutsche Regelung ein Altersübergangsgeld in Höhe des allgemeinen Leistungssatzes des Arbeitslosengeldes (60 %) erhalten. Die Betriebe der Branchen, die von einem solchen Instrument Gebrauch machen, sollten zur Deckung seiner Kosten unmittelbar beitragen; die allgemeinen Beitragssätze der Sozialversicherungen und damit auch die Beiträge der Arbeitnehmer müssen davon unberührt bleiben. Deshalb empfiehlt sich auch hier eine Finanzierung als Umlage über die zuständigen Berufsgenossenschaften.[30]

10. Die Sozialpartner sollten frei sein, der gesetzlichen Lösung des Altersübergangs über die Berufsgenossenschaften durch eine tarifliche Lösung in Form von Tariffonds zuvorzukommen bzw. diese Lösung durch eine tarifliche zu ersetzen oder zu ergänzen, wenn dafür eine gewisse Dauerhaftigkeit (mindestens 20 Jahre) gewährleistet ist. Grundsatz für die Zulässigkeit solcher Regelungen ist, daß die Allgemeinheit der Beitrags- und Steuerzahler nicht zusätzlich belastet wird, sondern daß die Kosten des Altersübergangs innerhalb der Branche aufgebracht werden, die von einer solchen Regelung profitiert.

---

[30] Ein Vorbild für eine solche Umlagefinanzierung durch die Berufsgenossenschaften existiert bereits bei der Finanzierung des Insolvenzgeldes; jedoch sollte sich die Höhe der Umlage in diesem Falle nicht nach den Entgeltsummen, sondern nach den Aufwendungen in einer Branche richten, also risikoabhängig gestaltet werden.

Literatur

Barkholdt, C. / Frerichs, F. / Naegele, G., 1995: Altersübergreifende Qualifizierung - eine Strategie zur betrieblichen Integration älterer Arbeitnehmer. Mitteilungen aus der Arbeitsmarkt- und Berufsforschung 3/95: 425-436.

BAVC Bundesarbeitgeberverband Chemie e. V., 1998: Transfer-Sozialplan. Neues Denken und neue Wege zur gemeinsamen Gestaltung des Strukturwandels in der chemischen Industrie. Heidelberg: Haefner.

Bäcker, G. / Klammer, U., 1999: Tariffonds – ein neuer Generationenvertrag? WSI-Mitteilungen 1/99: 8-20.

Beer, D. / Wagner, A., 1997: Keine Aussichten, kein Interesse, keine Zeit? Weiterbildung von an- und ungelernten Beschäftigten im Betrieb. In: Institut Arbeit und Technik (Hg.), Jahrbuch 1996/97: 70-87. Gelsenkirchen: Institut Arbeit und Technik.

Bender, S. / Hilzendegen, J. / Rohwer, G. / Rudolph, H., 1996: Die IAB-Beschäftigtenstichprobe 1975-1990. Beiträge zur Arbeitsmarkt- und Berufsforschung 197.

Bender, S. / Preißler, J. / Wübbeke, C., 1999: Betriebliche Determinanten des Generationenaustausches in westdeutschen Betrieben. Eine Untersuchung auf der Basis des IAB-Employer-Employeedatensatzes für die Jahre 1994 und 1995. Arbeitspapier für die Tagung „Generationenaustausch" am 22./23. April 1999 in Bremen. Nürnberg.

Bielenski, H. / Brinkmann, C. / Kohler, B., 1994: Erwerbsverläufe und arbeitsmarktpolitische Maßnahmen in Ostdeutschland. Ergebnisse des Arbeitsmarkt-Monitors über berufliche Veränderungen 1989 bis 1993. IAB-Werkstattbericht 12/94 v. 14.12.

Blüm, N., 1995: Artikel im Handelsblatt vom 20.9.1995.

Bogai, D. / Hess, D. / Schröder, H. / Smid, M., 1994: Binnenstruktur der Langzeitarbeitslosigkeit älterer Männer und Frauen. Mitteilungen aus der Arbeitsmarkt- und Berufsforschung 2/94: 74-93.

Bundesanstalt für Arbeit, 1999: Arbeitsmarkt in Zahlen 1998. Nürnberg.

Bundesanstalt für Arbeit (fortlaufend): Amtliche Nachrichten. Nürnberg.

Enquete-Kommission „Demographischer Wandel", 1998: Zweiter Zwischenbericht. Bonn: Bundestagsdrucksache 13/11460.

Fuchs, J. / Thon, M., 1999: Nach 2010 sinkt das Angebot an Arbeitskräften. Potentialprojektion bis 2040. IAB-Kurzbericht Nr. 4/99 v. 20.5.

Gilberg, R. / Hess, D. / Regnat, A. / Schröder, H., 1999: Arbeitslosenhilfe als Teil des sozialen Sicherungssystems. Erwerbsbiographische Hintergründe, haushaltsbezogene Zusammenhänge, finanzielle, soziale und psychosoziale Aspekte. IAB-Werkstattbericht Nr. 11/99 v. 28.6.

Hemmer, E., 1997: Sozialpläne und Personalanpassungsmaßnahmen. Köln: Deutscher Institutsverlag.

Höcker, H. / Reissert, B., 1995: Beschäftigungsbrücken durch Stellvertreterregelung in Dänemark und Schweden. Schriftenreihe der Senatsverwaltung für Arbeit und Frauen Bd. 9. Berlin: BBJ.

Karr, W., 1997: Die konzeptionelle Untererfassung der Langzeitarbeitslosigkeit. Mitteilungen aus der Arbeitsmarkt- und Berufsforschung 1/97: 37-46.

Karr, W., 1999: Kann der harte Kern der Arbeitslosigkeit durch einen Niedriglohnsektor aufgelöst werden? Eine Anayse der Arbeitslosen nach Verweildauer und Reintegration. IAB-Kurzbericht Nr. 3/99 v. 7.5.

Kiehl, M./Koller, B., 1999: Lebensalter, Erwerbsbeteiligung und Altersgrenzenpolitik beim Übergang in den Ruhestand in den Ländern der Europäischen Union. Nürnberg: Beiträge zur Arbeitsmarkt- und Berufsforschung 218.

Kirsch, J./Knuth, M./Krone, S./Mühge, G., 1999: Vorerst geringe Inanspruchnahme, Konzentration auf Kleinbetriebe, Nothilfe in Konkursfällen. Erster Zwischenbericht der Begleitforschung zu den Zuschüssen zu Sozialplanmaßnahmen nach 254 ff. SGB III. IAB-Werkstattbericht 5/99 v. 19.4.

Klaßen-Kluger, L., 1998: Qualifizierungskonzept für ältere Arbeitnehmerinnen und Arbeitnehmer. Gelsenkirchen: Institut Arbeit und Technik, Graue Reihe Nr. 1998-08.

Knuth, M., 1998: Von der „Lebensstellung" zur nachhaltigen Beschäftigungsfähigkeit. Sind wir auf dem Weg zum Hochgeschwindigkeitsarbeitsmarkt? In: Bosch, G. (Hg.), Zukunft der Erwerbsarbeit - Strategien für Arbeit und Umwelt: 300-331. Frankfurt am Main: Campus.

Kohli, M., 1985: Die Institutionalisierung des Lebenslaufs. Kölner Zeitschrift für Soziologie und Sozialpsychologie 1/85: 1-29.

Kohli, M., 1994: Institutionalisierung und Individualisierung der Erwerbsbiographie. In: Beck, U./Beck-Gernsheim, E. (Hg.), Riskante Freiheiten: 219-244. Frankfurt am Main: Suhrkamp.

Koller, B., 1995: Vielen älteren Arbeitslosen fehlt nichts weiter als ein Arbeitsplatz. IAB-Werkstattbericht 3/95 v. 21.3.

Lehr, U., 1977: Psychologie des Alterns. Heidelberg: 3. Aufl.

Lecher, W., 1994: Finanzierungsmodelle von Weiterbildung – ein europäischer Vergleich. In: Gewerkschaftliche Bildungspolitik, 10/1994: 188-194.

Morschhäuser, M., 1996: Modernisierung und alternde Belegschaften - Beschäftigungsperspektiven älterer Arbeitnehmer bei Gruppenarbeit. Eine Veröffentlichung im Rahmen des WZN-Verbundprojekts „Zukunft der Arbeit". Gelsenkirchen: IAT, Graue Reihe 96/5.

Müller, K., 1994: Berufliche Weiterbildung: Das Beispiel Dänemark. IAB-Werkstattbericht 13/94 v. 16.12.

Naegele, G., 1992: Zwischen Arbeit und Rente. Gesellschaftliche Chancen und Risiken älterer Arbeitnehmer. Augsburg: Maro, Beiträge zur Sozialpolitik-Forschung Bd. 9.

ÖSB Österreichische Studien- und Beratungsgesellschaft (Hg.), 1993: Arbeitsstiftungen und regionale Arbeitsinitiativen als Chancen für Qualifizierung und Beschäftigung. Tagungsdokumentation, Wien, 3.11.1993. Wien.

Projektgruppe Betriebspanel, 1991: Das IAB-Betriebspanel - Ansatz und Aufbau. Mitteilungen aus der Arbeitsmarkt- und Berufsforschung 3/91: 514-530.

Rehfeld, U., 1998: Der Arbeitsmarkt: Eckpfeiler für die gesetzliche Rentenversicherung. Anmerkungen aus statistisch-empirischer Sicht. In: INIFES/ISF/SÖSTRA (Hg.), Erwerbsarbeit und Erwerbsbevölkerung im Wandel. Frankfurt/New York: Campus.

Reß, W., 1995: Altersteilzeit statt Vorruhestand. Arbeitgeber 19/95: 638-641.

Sackmann, R., 1997: Der Einfluß von Verrentungsprozessen und Mobilitätsprozessen auf die Arbeitsmarktrisiken von Berufseinsteigern. Mitteilungen aus der Arbeitsmarkt- und Berufsforschung 3/97: 675-687.

Schömann, K./Kruppe, T./Oschmiansky, H., 1998: Beschäftigungsdynamik und Arbeitslosigkeit in der Europäischen Union. Berlin: WZB Discussion Paper FS I: 98-203.

Schweres, M., 1997: Alterssozialpläne und Frühverrentung aus arbeitswissenschaftlicher Sicht. Zeitschrift für Arbeitswissenschaft 2/97: 113-120.

Simonis, H., 1999: Wenn alte Instumente nicht greifen, muß man neue entwickeln. Frankfurter Rundschau Nr. 147 vom 29.6.1999: 19.

Standfest, E., 1999: Zukunft der Alterssicherung. Chancen der Tariffonds-Rente mit 60. Soziale Sicherheit 5/99: 158-164.

StBA Statistisches Bundesamt, 1998: Im Blickpunkt: Die Bevölkerung der Europäischen Union heute und morgen. Stuttgart: Metzler-Poeschel.

Streeck, W./Heinze, R. G., 1999: An Arbeit fehlt es nicht. DER SPIEGEL 19/99: 38-45.

Verband Deutscher Rentenversicherungsträger: Zahlen und Zeitreihen. www.vdr.de/statistik.

Vincens, J., 1990: Arbeitsmarkt- und Beschäftigungspolitiken und „Rationierung" der Arbeit. In: Auer, P. et al. (Hg.), Beschäftigungspolitik und Arbeitsmarktforschung im deutsch-französischen Dialog. Nürnberg: Beiträge zur Arbeitsmarkt- und Berufsforschung: 137.

Wübbeke, C., 1999: Der Übergang von sozialversicherungspflichtiger Beschäftigung in den Rentenbezug zwischen sozialpolitischer Steuerung und betrieblichen Interessen. Eine Untersuchung der Ursachen des Frühverrentungstrends in Westdeutschland für den Zeitraum von 1975 bis 1990 auf Basis der IAB-Beschäftigtenstichprobe. Mitteilungen aus der Arbeitsmarkt- und Berufsforschung 1/99: 102-117.

C

Der Umgang der Unternehmen mit **Wissen** und **Innovation**

Brödner, P. / Helmstädter, E. / Widmaier, B. (Hg.):
Wissensteilung. Zur Dynamik von Innovation und kollektivem Lernen,
München und Mering: Hampp 1999

Peter Brödner

Innovationsfähigkeit – unternehmerische Grundlage der Vorauswirtschaft

1 Einführung: Die falschen Propheten

Unüberhörbar ist allenthalben das Klagelied der Globalisierung zu vernehmen. Es ist ein vielstimmiger Chor, der da gängige Formeln intoniert, mit denen unsere momentanen wirtschaftlichen Schwierigkeiten erklärt und Rezepte zu ihrer Überwindung angepriesen werden. Für das Bestehen im weltweiten Wettbewerb seien Löhne und Sozialleistungen, Steuern und Abgaben zu hoch, mithin Gewinnaussichten zu klein mit der Folge, daß Kapital auswandere an Orte mit günstigeren Verwertungsbedingungen – daher die wachsende Arbeitslosigkeit. Bei alledem wird stillschweigend unterstellt, dieser globale Wettbewerb habe sich vor kurzem erst eingestellt (sonst vermöchte er die Schwierigkeiten, durchweg erst jüngeren Datums, ja nicht zu erklären).

Globalisierung ist nun aber tatsächlich ein schon lange, seit mindestens vier Jahrhunderten andauernder, sich kontinuierlich entwickelnder Prozeß wirtschaftlichen Strukturwandels, bei dem jeweils komparative Vorteile der Marktteilnehmer genutzt werden. Spätestens mit Gründung der Ostindischen Kompanie im Jahre 1600 (und der Niederländisch-Ostindischen Kompanie im Jahre 1602) ist er in vollem Gange und hat die im Kommunistischen Manifest von Marx und Engels bis heute unübertroffen beschriebenen Erscheinungen hervorgebracht. Wie der Internationale Währungsfond anmerkt, wurde der Höhepunkt des Exportanteils an der Weltproduktion im Jahre 1913 bis 1970 nicht mehr überschritten. Neu sind in jüngerer Zeit – zusätzlich zum sich weiter entfaltenden Welthandel mit Waren – der im Weltmaßstab zunehmende Umfang global verteilter Kapitalanlagen (deren Volumen freilich nur rund ein Vierzehntel des Welthandels beträgt) sowie die seit 15 Jahren explosionsartig sich ausbreitende Spekulation mit Finanzkapital im rund fünfzigfachen Umfang des realen Welthandels („Kasino-Kapitalismus"). Im übrigen ist, was aus unserer eurozentrierten Sicht einer relativ frühen industriellen Entwicklung als Globalisierung erscheint, mit fernöstlichen Augen gesehen eine Regionalisierung der Weltwirtschaft: Dort wird nun Vieles dank eigener wirtschaftlicher Entwicklung selbst hergestellt und gehandelt. Damit treten neue Konkurrenten mit wachsender Wettbewerbsfähigkeit auf den Plan. Außer dieser umfangreichen und dynamischen nachholenden Entwicklung (die freilich auch beträchtliche neue Geschäftsmöglichkeiten bietet) kann von Trendbrüchen in dieser seit langem sehr gleichmäßigen und stetigen globalen Entwicklung jedenfalls keine Rede sein. Der damit zusammenhängende Strukturwandel ist etwas ganz Normales. Neben Risiken, hergebrachte Geschäftsfelder zu verlieren, bietet er stets auch Chancen, durch innovative Produkte und Leistungen neue Geschäftsfelder zu erschließen.

Hinter den Kulissen dieses lang andauernden, weltumspannenden Strukturwandels vollzieht sich derzeit jedoch zusätzlich ein viel tiefergehender und grundsätzlicherer Umbruch, dessen Ursachen sich erst in jüngerer Zeit ergeben haben. Mit der systematischen Erzeugung und Anwendung von Wissen durch forcierte Forschung und Entwicklung, mit der „Verwissenschaftlichung" industrieller Produktion beruhen Nutzen und Gebrauchswert von Produkten und Leistungen ebenso wie die Effektivität und Effizienz der zugrundeliegenden Arbeitsprozesse selbst mehr und mehr auf dem in ihnen verkörperten Wissen. Dieser Übergang von der Industrie- zur Wissensgesellschaft ist mit weitreichenden Umwälzungen verbunden (Bell 1975, Drucker 1993 und 1994, EC 1997, Brödner et al. in diesem Band). Er ist selbst ein Resultat des sich entfaltenden Wettbewerbs, eines Wettbewerbs freilich um neue und bessere, auf Wissen basierende Produkte und Leistungen mit höherem Gebrauchswert für Kunden, nicht allein eines Wettbewerbs um kostengünstigere Herstellung des Herkömmlichen.

Diese Fähigkeit, neue Geschäftsfelder im kleinen zu erschließen und damit neue Märkte im großen zu schaffen, ist die unternehmerische Grundlage der „Vorauswirtschaft" (Helmstädter 1996). Sie gilt es durch hinreichende Innovationsfähigkeit zu stärken, um an anderer Stelle absterbende Geschäftätigkeit wenigstens auszugleichen. Dies ist zunächst der normale Gang des intertemporalen Strukturwandels.

Mit dem Übergang zur Wissensgesellschaft kommt allerdings ein wesentlich neuer Faktor hinzu: Wissen ist keine Ware, sondern abstraktes „Handlungsvermögen" (Stehr 1994). Der Umgang mit Wissen folgt daher, wie im Einführungsbeitrag (Brödner et al. in diesem Band) skizziert, anderen Regeln als Herstellung und Gebrauch von Gütern. Um aus Wissen wirtschaftlichen Nutzen zu ziehen, kommt es darauf an, relevante Wissensbestände zu identifizieren, sich diese anzueignen, sie zur Problemlösung zusammenzuführen und für den Anwendungskontext zu interpretieren (zu „rekontextualisieren") – alles Vorgänge, die in hohem Maße Können erfordern. Die Stärkung von Innovationsfähigkeit ist daher vor allem eine Frage der Entfaltung menschlicher Handlungskompetenz.

Als Resultat dieses Umbruchs ergibt sich mithin die außerordentlich große und wachsende Bedeutung des Humankapitals und des Wissensmanagements („intellectual capital"; Stewart 1997) für eine effektive Wertschöpfung und die wirtschaftliche Entwicklung insgesamt. Die produktive Entfaltung und die umfassende Nutzung menschlicher Handlungskompetenz wie das Management expliziten Wissens, das Zusammenführen verteilter und fragmentierter Wissensbereiche zur kundenorientierten Problemlösung, die situationsspezifische Anwendung von Wissen, die Fähigkeit, schneller und besser lernen zu können als die Konkurrenz, kurzum: die Stärkung der Innovationsfähigkeit von Organisationen wird daher zu einem entscheidenden Wettbewerbsfaktor – offensichtlich das Gegenteil vorherrschender Genesungsvorschläge.

Nicht Globalisierung ist folglich das Problem und die Ursache unserer gegenwärtigen wirtschaftlichen Schwierigkeiten, sondern der noch weitgehend unbewältigte Umbruch von der warenproduzierenden Industriegesellschaft zur problemlösenden Wissensgesellschaft. Bewegungsmangel und relative Innovationsschwäche bilden den Kern der Entwicklungsschwierigkeiten. Dabei erschwert das Festhalten an falschen Diagnosen noch zusätzlich die Entwicklung angemessener Therapien.

Vor diesem Hintergrund gewinnen empirische Befunde großes Gewicht, die auf ganz unterschiedliche Innovationsstrategien von Unternehmen aufmerksam machen. Während sich ein großer Teil der produzierenden Unternehmen auf laufende Verbesserungen tradierter Produkte beschränkt oder seine Innovationsanstrengungen ganz auf kostensenkende Rationalisierung der Produktionsprozesse konzentriert, richten vergleichsweise nur wenige Unternehmen ihre Anstrengungen auf die Innovation ihrer Produkte und Leistungen, um damit auch neue Geschäftsfelder zu erschließen. Diese Strategien zeitigen sehr unterschiedliche Folgen gerade auch für die Beschäftigung; sie werden daher genauer analysiert und näher gekennzeichnet, um sie anschließend im Hinblick auf Wettbewerbsfähigkeit und Beschäftigungswirkungen bewerten zu können. Zudem werden Bedingungen untersucht, wie die Fähigkeit zu kundenorientierter Innovation von Produkten und Leistungen und mit ihr die expansive Geschäftsstrategie gestärkt werden können.

2 Empirische Evidenz: Bewegungsmangel und unterschiedliche Innovationsstrategien

Die in den letzten Jahren zu beobachtende, geradezu sintflutartig sich vermehrende Vielfalt neuer Management- und Produktionskonzepte erscheint als äußeres Anzeichen des skizzierten Umbruchs. Sie reicht von „Lean Production" und „Business Process Reengineering" über „Total Quality Management" und „Time-Based Management" bis hin zur „Fraktalen Fabrik" und „Lernenden Organisation" (insgesamt wird über nicht weniger als drei Dutzend Konzepte diskutiert). In diesem Wirrwarr des „Sloganeering" haben die Unternehmen längst die Übersicht verloren. Häufig entbehren die so benannten Strategien jeglicher theoretischen Begründung und arbeitswissenschaftlichen Fundierung oder gießen nur alten Wein in neue Schläuche. Kaum jemand unterzieht sich zudem der Mühe, die Gemeinsamkeiten und Unterschiede der diversen Strategien und Konzepte systematisch zu untersuchen und zu früheren Rationalisierungsanstrengungen in Beziehung zu setzen, um auf diesem Wege Klarheit zu gewinnen.

Trotz der hierüber gewaltig anschwellenden Veränderungsrhetorik bewegt sich in den Unternehmen real nur sehr wenig. Zwei vom Institut Arbeit und Technik zur Verbreitung von kooperativen Arbeitsstrukturen und Gruppenarbeit 1993 und 1998 durchgeführte flächendeckende Beschäftigtenbefragungen haben etwa ergeben, daß noch immer überraschend wenige Beschäftigte in einer der verschiedenen Formen von Gruppenarbeit tätig sind. Im Jahre 1993 waren es 6,9 % im Vergleich zu 11,8 % im Jahre 1998. Betrachtet man die teilautonome Gruppenarbeit, der, wie aus Fallstudien zu lernen ist, im Hinblick auf Innovations- und Wettbewerbsfähigkeit besondere Bedeutung zukommt, arbeiteten 1993 sogar nur 2,2 %, 1998 dann gerade 3,2 % der Beschäftigten in einer teilautonomen Gruppe. Die größten Zuwächse sind in einigen Dienstleistungssektoren, vor allem im Gesundheitsbereich, zu verzeichnen, während die Gruppenarbeit in der Investitionsgüterindustrie, trotz hoher betrieblicher Aufmerksamkeit, kaum weiter zunahm. Ähnlich geringe Verbreitungsgrade von Gruppenarbeit ergaben sich auch in einer 1997 EU-weit durchgeführten Betriebserhebung, derzufolge in Deutschland 8 % der Betriebe in irgendeiner Form Gruppenarbeit praktizieren – im Vergleich etwa zu 18 % in Schweden, 12 % in Holland, 2 % in Spanien oder zum europäischen Durchschnitt von ebenfalls 8 % (EPOC-Research Team 1998, Kleinschmidt / Pekruhl 1994, Nordhause-Janz / Pekruhl 1999).

Auch Verfahren integrierter Produktentwicklung (darauf angelegt, verschiedene Aktivitäten der Produkt- und Prozeßgestaltung frühzeitig zusammenzuführen und aufeinander abzustimmen, um kognitive Dissonanzen zu vermeiden und Entwicklungszeiten deutlich abzukürzen; vgl. auch Abschnitt 4.1) werden vergleichsweise nur sehr zögerlich realisiert. Die möglichen Anwendungsfelder werden derzeit, jedenfalls in der Investitionsgüterindustrie, bei weitem noch nicht ausgeschöpft. In international vergleichenden Fallstudien zeigt sich, daß deutsche Ansätze weit hinter Realisierungen etwa in den USA zurückbleiben (Dreher et al. 1995, Jürgens/Lippert 1997).

So kann in der Mehrzahl der Unternehmen von einer strategisch gewollten und konsequent umgesetzten Veränderung tradierter Produktionskonzepte nicht die Rede sein. Sie bewegen sich – trotz einiger freilich nur halbherzig betriebener und dann auch meist im Sande verlaufender Experimente mit neuen Organisationsformen der Arbeit – weiter in den gewohnten Geleisen. Zwar pflegen sie durchaus erfolgreich ihre angestammten Produkte durch eher kleinschrittige Innovationen entsprechend dem jeweiligen Stand der Technik, gehen im übrigen aber nicht über das Gewohnte hinaus.

Von diesem in alten Bahnen verharrenden Unternehmenstypus heben sich andere Unternehmen mit zwei klar voneinander separierbaren Innovationsstrategien deutlich ab. Die Unterschiede zwischen diesen Innovationsstrategien lassen sich am besten mit Blick auf die Produktivität als dem Verhältnis von Ertrag zu Aufwand wirtschaftlichen Handelns verdeutlichen. Grundsätzlich können sowohl der Zähler (Ertrag) als auch der Nenner (Aufwand) beeinflußt werden (Brödner et al. 1998).

Die eine Gruppe von Unternehmen zielt ausschließlich auf die Verkleinerung des Nenners; deren Strategie wird als „low road of innovation" bezeichnet. Zwecks Sicherung der Wettbewerbsfähigkeit sollen notwendige Flexibilisierungen und Kostensenkungen durch Personalausdünnung („downsizing"), durch Auslagerung („outsourcing") oder durch Restrukturierung von Prozessen („reengineering") bewirkt werden, ohne damit allerdings die Operationsbedingungen insgesamt verbessern zu können.

Diese Strategie des unteren Weges wird freilich ganz praktisch in den Schatten gestellt von einer Minderheit höchst erfolgreicher Unternehmen, die der grundsätzlich anderen Strategie der „high road of innovation" folgen. Für sie steht die Aktivierung und Entfaltung ihrer Potentiale und Kompetenzen im Vordergrund, die sie zur Exploration und Erschließung neuer Geschäftsfelder, also zur Ausdehnung des Ertrages – des Zählers der Produktivität – nutzen (ohne auf erfolgskritische Prozeßinnovationen zur Aufwandssenkung zu verzichten). Für sie bedeutet Produktivität weit mehr, als Leistungen mit immer weniger Aufwand zu erbringen. Produktivität ist für sie vor allem „eine Geisteshaltung, die gewollte dauernde Verbesserung dessen, was existiert, die ständige Anpassung des wirtschaftlichen und sozialen Lebens an sich ändernde Bedingungen" (Japan Productivity Center). Sie ist „der wirksame Gebrauch von Innovationen und Ressourcen, um Produkten und Leistungen höhere Wertschöpfung zu verleihen. Sie ist die Quelle von Wettbewerbsfähigkeit, wirtschaftlicher Entwicklung und Wohlstand" (Hongkong Productivity Council).

Im folgenden werden diese beiden Unternehmensstrategien vergleichend gegenübergestellt. Es versteht sich, daß die Strategie der high road weit anspruchsvoller und daher auch schwieriger zu realisieren ist als die der low road („cutting the buck is easier than expanding the bang"; Hamel / Prahalad 1994).

3 Der untere Weg: „Kostensenkung ist gefährlich für Ihren Wohlstand!"

Grundlegendes Kennzeichen der Innovationsstrategie des unteren Weges ist die ganz überwiegende Ausrichtung auf Kostensenkung. Dazu werden durch Prozeßinnovationen möglichst alle inner- und zwischenbetrieblichen Potentiale der Rationalisierung ausgeschöpft. Sie zielen insbesondere auf die logistische Gesamtoptimierung der ganzen Wertschöpfungskette („systemische Rationalisierung"; Sauer / Döhl 1994), darüber hinaus auch darauf ab, die jeweiligen Produktionseinheiten intern prozeßorientiert zu restrukturieren, dabei die Zahl der Arbeitskräfte auf ein Minimum zu reduzieren und alle Tätigkeiten auszulagern, die nicht zum Kerngeschäft des Unternehmens gerechnet werden. Möglichkeiten der Ausweitung traditioneller Geschäftsfelder und Ertragssteigerungen durch produktbezogene Innovationen werden dagegen kaum in den Blick genommen.

Häufig verharren Unternehmen dieses Typs dementsprechend in überkommenen Märkten mit traditionellen Produkten. Daher sehen sie sich ständigem Preiswettbewerb bei eher stagnierendem Marktvolumen ausgesetzt, der sie immer wieder zu weiteren Maßnahmen der Kostensenkung zwingt – ein wahrer Teufelskreis. Auch wenn mit dieser Strategie – freilich nur vorübergehende – Verbesserungen der Bilanzen erreicht werden, tendiert die strategische Positionierung eher dazu, sich zu verschlechtern. So erzielen etwa Unternehmen mit hoher Fertigungstiefe in der Regel um die Hälfte höhere Umsatzrenditen als solche mit niedriger Fertigungstiefe (Kinkel / Lay 1998). Ferner belegen Anfang der neunziger Jahre in den USA durchgeführte Untersuchungen in Unternehmen mit beträchtlichem Personalabbau, daß dies in der Regel zu „niedrigeren Gewinnen und sinkender Produktivität der Arbeitskräfte" führte, bzw. daß weniger als die Hälfte der Unternehmen ihre Kostensenkungsziele erreichte, weniger als ein Drittel die Gewinne steigerte und weniger als ein Viertel die Produktivität erhöhte (Applebaum / Batt 1994: 23). Vorherrschend ist dabei auch ein traditionelles Verständnis von Märkten und Kundenbeziehungen, das Nachfrage in erster Linie als eine spezifizierbare Menge von funktionalen Anforderungen an Produkte begreift, die es aus Marktanalysen und Erhebungen von Kundenwünschen zu gewinnen gilt. Kundenorientierte Leistungen spielen eher eine Nebenrolle. Die für diese Strategie besonders wichtigen Beziehungen zu Zulieferern werden allein striktem Kostenmanagement unterworfen und wechseln je nach Wettbewerb am Markt der Vorleistungen. Längerfristige Orientierungen etwa auf gemeinsame Entwicklungsanstrengungen gibt es kaum.

3.1 Arbeitsorganisation und Personalentwicklung

Häufig führen Unternehmen des unteren Weges unter gleichem Namen ähnliche neue Organisationsformen der Arbeit wie beispielweise „Total Quality Management" oder „Lean Production" ein wie sie im Prinzip auch bei Unternehmen des oberen Weges zu finden sind. Das erscheint zunächst verwirrend, die Unterschiede werden aber sogleich sichtbar, wenn nicht nur abstrakte Organisationsformen, sondern auch die tatsächlichen Arbeitsweisen genauer betrachtet werden.

Die an Wertschöpfungsprozessen orientierte Organisation von Arbeitsprozessen und Gruppenarbeit, die vorher getrennte Verrichtungen wieder in einer wertschöpfenden Einheit zusammenführen, sind bekanntlich geeignet, die Produktivität zu steigern sowie Durchlaufzeiten und Bestände zu senken; damit tragen sie beträchtlich zur Kostensenkung bei. Daher finden sie auch bei dieser Strategie das Interesse des Managements. Die in der funktional-arbeitsteiligen Organisation in den „Funktionssilos" der Hierarchie zusammengefaßten Einzelfunktionen werden hier, orientiert am Kundennutzen, zu sog. „Geschäftsprozessen" (kritisch auch als „Prozeßtunnel" bezeichnet) zusammengeführt, um die Abläufe zu beschleunigen. Meist bleibt bei dieser begrenzten Integration die Neugestaltung der Arbeit freilich auf Arbeitswechsel und Arbeitserweiterung, allenfalls geringfügige Arbeitsbereicherung, beschränkt. Verbesserungen werden unter Beteiligung der Beschäftigten ganz auf die Prozeßoptimierung ausgerichtet; Blindleistungen und Abstimmungsverluste werden vermieden, aber der Zeitdruck wächst. Daneben behalten separate Einheiten zur Planung und Realisierung von Rationalisierungsvorhaben verhältnismäßig großes Gewicht bei der Erneuerung von Produktionsprozessen. Ansätze zu integrierter Produktentwicklung werden kaum oder nur halbherzig verfolgt. Möglichkeiten der Entfaltung und Nutzung von Handlungskompetenz bleiben so unausgeschöpft.

Insgesamt kümmert sich das Management eher wenig um die Entwicklung des Humankapitals auf breiter Front, allenfalls beschränkt im Hinblick auf den Erwerb prozeßspezifischer Qualifikationen oder selektiv, um bestimmte Kompetenzengpässe zu beseitigen. So besteht eine starke Tendenz zur Spaltung der Beschäftigten in permanente, höher qualifizierte Kern- und temporäre, geringer qualifizierte Randbelegschaften, die Anpassungen an Kapazitätsschwankungen erlauben. Mit der Konzentration auf Kostensenkung bleiben auch die Möglichkeiten der Realisierung von Produktivitätsgewinnen durch Wissen weitgehend ausgeblendet. Dadurch, daß auch die neuen Organisationsformen der Arbeit im wesentlichen der Kostensenkung dienen und folglich in erster Linie in Beschäftigungsabbau umgesetzt werden, schaffen sie auch kaum Anreize für die Beschäftigten, Eigeninitiative zu entwickeln und sich in der Prozeßoptimierung zu engagieren. Ganz anders verhält es sich, wie sogleich zu zeigen sein wird, bei der Strategie des oberen Weges: Hier werden die durch Reorganisation und Personalentwicklung erzielten Rationalisierungsgewinne wieder reinvestiert, etwa in Forschung und Entwicklung, in weitere Personalentwicklung und in den Aufbau von Kapazitäten zur integrierten Produktentwicklung.

3.2 Kooperationsbeziehungen

Kooperationsbeziehungen sind in erster Linie auf die möglichst rationelle Gestaltung der logistischen Prozesse entlang der Wertschöpfungskette ausgerichtet – eine Orientierung der systemischen Rationalisierung, die häufig auch mit „Supply Chain Management" bezeichnet wird. Selbst wenn alle produktiven Einheiten entlang der Wertschöpfungskette die eigenen Kostensenkungspotentiale ausschöpfen, lassen sich durch Abstimmung der jeweiligen Produktionsmengen und Lieferzeitpunkte zwischen den Einheiten noch weitere erhebliche Kostensenkungen realisieren. Insbesondere können durch sogenannte Just-in-time-Lieferungen in beträchtlichem Umfang Bestände und die dadurch verursachten Kosten abgebaut werden.

Daß bei der Strategie des unteren Weges das Hauptaugenmerk auf diese Art der Rationalisierung der logistischen Kette gelegt wird, erscheint freilich nicht weiter verwunderlich. Wenn die Auslagerung aller nicht zum Kerngeschäft eines Unternehmens gehörenden Teile der Wertschöpfung zu einem Hauptaspekt der Kostensenkung gemacht wird, dann verdienen in der Tat die Beziehungen zu vor- und nachgelagerten Produktionseinheiten besondere Beachtung, da sich dann wesentliche Rationalisierungsfortschritte gerade auch durch das bessere Zusammenspiel aller Komponenten der Wertschöpfungskette und durch eine bestandsarme Logistik im Gesamtsystem erzielen lassen. Das macht freilich eine unternehmensübergreifende Kooperation und Koordination der Prozesse erforderlich.

Diese Kooperationsbeziehungen sind häufig in starkem Maße durch die Verhandlungsmacht dominanter Teilnehmer geprägt, die ihre Partner in einem harten Kostenwettbewerb selektieren und die logistischen Prozesse zu ihren Bedingungen gestalten, indem sie die Funktionen der Planung, Steuerung und Überwachung der Abläufe in der Wertschöpfungskette übernehmen. Es geht dabei eher um ein effizientes „Lieferanten-Management" als um den Aufbau wirksamer Kooperationsbeziehungen zwischen Gleichberechtigten. Bei diesem im Grunde dem Vorbild klassischer Rationalisierung und „wissenschaftlicher Betriebsführung" (Taylor) folgenden Vorgehen werden freilich die Transaktionskosten insbesondere für Kommunikation, Verständigung und Kooperation erheblich und systematisch unterschätzt. Qualitätsprobleme und Reibungsverluste an den zwischenbetrieblichen Schnittstellen sind daher an der Tagesordnung.

3.3 Informationstechnische Infrastruktur

Die meist mit großem Aufwand vorangetriebene Kopplung informationstechnischer Systeme in der Wertschöpfungskette dient vor allem der transparenten und effektiven Abwicklung der logistischen Prozesse. Oft läuft das, um Anpassungs- und Kompatibilitätsprobleme zu vermeiden, darauf hinaus, daß der dominante Partner die informationstechnische Plattform und die Basissoftware den übrigen Beteiligten vorschreibt.

Noch gewichtiger ist aber, daß in aller Regel auch die Logik der Auftragsabwicklung und Logistik entlang der Wertschöpfungskette nach dem Muster traditioneller Produktionsplanung und -steuerung angelegt ist und darauf zielt, mittels der in sogenannten „Supply Chain Management"-Systemen implementierten Funktionen zentrale Planungsvorgaben durchzusetzen. Das setzt dann für die planende Instanz vollständige Transparenz der Produktionsfortschritte und Bestände bei allen Produktionseinheiten voraus, ohne daß diese Transparenz von allen Beteiligten (nach gemeinsam ausgehandelten Richtlinien) für eine organisatorische Optimierung der Abläufe, etwa durch neuen Zuschnitt der zwischenbetrieblichen Arbeitsteilung, genutzt werden könnte.

Vernachlässigt wird meist auch eine Verständigung über gemeinsame Begriffe und sinnvolle Abläufe als notwendiger Grundlage der Erarbeitung geteilter Datentypen und Funktionen in der Wertschöpfungskette, eine für die reibungslose Interpretation und Zusammenarbeit mindestens ebenso wichtige Aufgabe wie die der Herstellung technisch-funktionaler Kompatibilität. So werden letztlich, mangels gleichrangiger Kooperation, auf der Ebene der Wertschöpfungskette sämtliche Fehler wiederholt, die schon auf betrieblicher Ebene zum Mißlingen einer effektiven und effizienten Auftragsabwicklung geführt haben (Brödner 1997, Davenport 1994 und 1998).

4 Der obere Weg: Unternehmerische Basis der Vorauswirtschaft

Hauptkennzeichen der Innovationsstrategie des oberen Weges ist dagegen, möglichst alle produktiven Kräfte und innovativen Anstrengungen im Unternehmen auf die kundenorientierte Erneuerung von Produkten und Leistungen auszurichten. Dabei geht es im Unterschied zu reinen Kostensenkungsstrategien auch und gerade darum, neue Geschäftsfelder zu erschließen, auf diese Weise den Ertrag zu vergrößern („expanding the bang"). Zugleich wird dabei aber auch die durch Reorganisation von Arbeitsprozessen zur Entfaltung gebrachte Handlungskompetenz genutzt, um Erfolgsfaktoren wie erhöhte Produktivität oder verkürzte Entwicklungs- und Durchlaufzeiten zu stärken. So stehen bei dieser Strategie Produkt- und Prozessinnovationen in enger Beziehung zueinander, bleiben aber stets auf die Erhöhung der Erträge aus kundenspezifischen Produkten und Leistungen ausgerichtet.

Unternehmen, die sich diese Strategie zu eigen gemacht haben, nehmen die Kundenorientierung aller ihrer Aktivitäten sehr ernst. Sie treiben hohen Aufwand, um Märkte zu explorieren, Bedürfnisse und Probleme ihrer Kunden besser zu verstehen und daraus neue Anforderungen abzuleiten. Mit wichtigen Kunden stehen sie in ständigem engen Kontakt und arbeiten mit ihnen gemeinsam an Problemlösungen. Verlorengegangene Aufträge, aber auch Fehlermeldungen und Beschwerden werden hinsichtlich der Ursachen genauestens analysiert. Hoher Aufwand wird auch in die systematische Vereinfachung, Strukturierung und Modularisierung ihrer Produkte und Leistungen gesteckt, um kundenspezifische Problemlösungen gleichwohl kostengünstig auf der Grundlage geeignet standardisierter Module anbieten zu können.

In den so ausgerichteten Innovationsprozessen hat sich durchweg eine hohe Bereitschaft und Fähigkeit entwickelt, die immer komplexer werdenden, immer mehr und vielfältigeres Wissen erfordernden Aufgaben in

Kooperation mit Partnern zu bewältigen. So ist Kooperation innerhalb des Unternehmens und über dessen Grenzen hinaus, also die projektförmige, ebenen- und bereichsübergreifende Zusammenarbeit von Akteuren, aber auch die eher längerfristig angelegte Zusammenarbeit mit wichtigen Leitkunden, mit Forschungseinrichtungen oder mit bedeutenden Zulieferern, ebenfalls eine durchgängige Orientierung unternehmerischen Handelns. Sie dient in erster Linie dazu, sich jeweils die dort angesiedelte spezifische Handlungskompetenz zunutze zu machen, dabei aber auch Ergebnisse und Risiken zu teilen.

Im einzelnen lassen sich dabei, wie Fallstudien ergeben haben, die folgenden kennzeichnenden Merkmale identifizieren, die den meisten Unternehmen diese Typs gemeinsam sind (Work & Technology Consortium 1997, Brödner et al. 1998):

- Integrierte Produktentwicklung wird konsequent betrieben als eine Form kooperativer Arbeit, in der Fachleute aus verschiedenen, für die Entwicklung relevanten Bereichen zusammenwirken, indem sie ein gemeinsames Problemverständnis entwickeln und dabei lernen, ihre unterschiedlichen Perspektiven und Wissensbereiche aufeinander zu beziehen.

- Die Bereitschaft und Fähigkeit zu unternehmensübergreifender Kooperation, eher an Partnerschaft als an Konkurrenz orientiert, ist verhältnismäßig weit entwickelt.

- Wissensmanagement, die Zusammenführung zerstreuten, über verschiedene Disziplinen und Institutionen verteilten Wissens und dessen produktive Nutzung zur Problemlösung, wird als wesentliche Führungsaufgabe begriffen.

- Die Entfaltung von Handlungskompetenz und Personalentwicklung wird als strategische Investition betrieben, die sowohl auf systematisch angelegter Weiterbildung als vor allem auch auf Prozessen ständiger Reflexion und Verbesserung im Rahmen ganzheitlicher Arbeitsaufgaben beruhen.

- Informationstechnik wird als die Arbeitsprozesse unterstützende Infrastruktur, als Arbeitsmittel und als Medium der Kooperation konzipiert und genutzt.

4.1 Integrierte Produktentwicklung

Integrierte Produktentwicklung (Ehrlenspiel 1995) ist ein Konzept der Reorganisation von Konstruktions- und Entwicklungsprozessen, das in bewußter Abkehr von der herkömmlichen funktionalen Arbeitsteilung auf die Reintegration aller erforderlichen Aktivitäten und Wissensbereiche abzielt. Im Kern läuft es darauf hinaus, schon in frühen Phasen des Entwurfs den gesamten Lebenszyklus von Produkten (von der Gestaltung bis zur Wiederverwendung oder Entsorgung) ins Auge zu fassen und dabei die erwiesenen Schwächen funktionaler, arbeitsteiliger Hierarchien und sequentieller Auftragsabwicklung durch systematische Kooperation zu überwinden.

Durch diese Kooperation aller relevanten Akteure, die an Definition, Herstellung, Service und Weiterverwendung der Produkte beteiligt sind, werden deren unterschiedliche Perspektiven und Expertisen so rechtzeitig zusammengeführt und aufeinander abgestimmt, daß sie für die bedarfsgerechte und kostengünstige Gestaltung der Produkte wie der zugehörigen Prozesse produktiv genutzt werden können. Durch diese Kooperation und Integration von Perspektiven gelingt es insbesondere, die Verständigungs- und Reibungsverluste zwischen Abteilungen entscheidend abzubauen, Entwicklungs- und Konstruktionszeiten infolge einer sachlich und zeitlich abgestimmten, parallelen Durchführung von Arbeitsprozessen deutlich zu reduzieren, schließlich den durch kognitive Dissonanzen bedingten Änderungsaufwand in späteren Phasen der Produktdefinition und -erstellung zu verringern.

Der entscheidende Schritt, auf den es bei der integrierten Produktentwicklung bzw. beim Concurrent Engineering ankommt, ist die bewußte und gewollte Entwicklung eines gemeinsamen Problemverständnisses und eines gemeinsamen Interpretationsrahmens über die anstehenden Gestaltungsaufgaben unter den beteiligten Akteuren, ausgedrückt in einer gemeinsamen „Gestaltungssprache". Dieser Schritt erst ermöglicht es ihnen, ihre unterschiedlichen Sichtweisen und Wissensdomänen produktiv aufeinander zu beziehen und zu funktional passenden, kostengünstigen und konsistenten Lösungen entsprechend den Kundenanforderungen zu gelangen. Er muß notwendigerweise am Anfang des Gestaltungsprozesses stehen, weil dieses gemeinsame Verständnis der Gestaltungsaufgabe die logische Voraussetzung für die Abstimmung und Vereinbarung parallel auszuführender Arbeitsprozesse, für die produktive Nutzung unterschiedlicher Perspektiven Wissensfelder und für die Vermeidung kognitiver und kommunikativer Reibungsverluste zwischen den Akteuren aus den verschiedenen Bereichen bildet (Brödner 1996).

Wie verschiedene Fallstudien belegen, können auf diesem Wege erhebliche Verbesserungen, so etwa (typischerweise um den Faktor zwei) verkürzte Entwicklungszeiten, den Kundennutzen erhöhende Lösungen zu geringeren Kosten oder auch innovativere Problemlösungen erreicht werden.

4.2 Innovationsnetzwerke

Häufig sind kundenorientierte Problemlösungen, Produkte und Leistungen derart komplex, erfordern immer vielfältigeres, aber verteiltes Wissen und müssen in so kurzer Zeit zustandegebracht werden, daß einzelne Unternehmen überfordert und daher auf die Kooperation mit kompetenten Partnern angewiesen sind.

Zunehmend setzt sich im Zusammenhang mit der stärkeren Kundenorientierung auch die Tendenz durch, die Herstellung von Produkten mit dem Angebot von Leistungen zu verbinden und so dem Kunden größeren Nutzen zu bieten. Im Extremfall kann dies sogar bedeuten, daß nicht mehr das Produkt, sondern nur noch die produktbasierte Leistung verkauft wird und das Produkt im Besitz des Anbieters verbleibt. Dies kann ebenfalls die Zusammenarbeit mit kompetenten Partnern erforderlich machen.

Innovationsnetzwerke sind geeignet, begrenzte Kompetenzen und Wissensbereiche ebenso wie Kapazitätsengpässe in einzelnen Unternehmen zu erweitern. Neuere Erkenntnisse verweisen darauf, daß deren Innovationsfähigkeit nicht nur durch die inneren Organisationsstrukturen und sozialen Beziehungen in den internen Arbeitsprozessen, sondern ganz wesentlich auch durch die Kooperationsbeziehungen zwischen Unternehmen und deren geteilte Leitvorstellungen zur Geschäftsentwicklung sowie durch die Umfeldbedingungen bestimmt wird. In Anbetracht des starken Zeitdrucks, der hohen Risiken und der großen Komplexität von vielen Innovationsprozessen – gerade auch solchen, die in Neuland vorstoßen – suchen viele Unternehmen eine stabile Kooperation mit gleichgesinnten Partnern, um auf diesem Wege ihre Innovationsfähigkeit zu steigern und den wachsenden Anforderungen Genüge zu tun. Gerade auch bei hoch innovativen und wettbewerbsstarken High-tech-Unternehmen (aber nicht nur hier) zeigt sich immer wieder der hohe Wert von solchen gleichrangigen, auf gegenseitigem Vertrauen gegründeten Kooperationsbeziehungen.

4.3 Wissensmanagement

Wissensmanagement wird mehr und mehr zu einer Führungsaufgabe von strategischer Bedeutung. Einerseits erfordern immer komplexere Produkte, Leistungen und Prozesse mit größerer Vielfalt von Materialien und Verfahren weit mehr und differenzierteres Wissen, um sie gemäß den Anforderungen dynamischer Märkte angemessen herstellen und vermarkten zu können. Dieses Wissen ist zwar weltweit verfügbar, es ist aber in aller Regel fragmentiert in spezialisierte Wissensgebiete und Disziplinen, nicht ohne weiteres kompatibel und verteilt über verschiedene Institutionen; seine Anwendung für die kundenspezifische Problemlösung erfordert besondere Handlungskompetenz. Vor diesem Hintergrund hat Wissensmanagement die Aufgaben, Wissen zu identifizieren und aufzufinden, Wissen zu erwerben und zu entwickeln, Wissen zu (ver)teilen und zu nutzen, Wissen im kollektiven Gedächtnis zu bewahren und Wissen zu bewerten (Nonaka/Takeuchi 1995, Probst et al. 1997, Willke 1996 und 1998). Diese Aufgaben lassen sich in drei wesentlichen Aktivitätsfeldern zusammenfassen:

• Aneignung und Integration unterschiedlicher Sichtweisen zur Problemlösung,

• Explikation und Kodifizierung sozial verkörperten Wissens in strukturierter Form,

• Befähigung von Menschen zur effektiven Nutzung dieser strukturierten Wissensbasen für praktische Zwecke.

Wissen entsteht in der Regel im Zusammenhang mit Arbeitsprozessen; es ist zunächst einmal Erfahrungswissen, das praktischen Anforderungen genügt und als solches in sogenannten „Praxisgemeinschaften" (Brown/Duguid 1991) sozial gebunden. Daher sind besondere Anstrengungen und erheblicher Aufwand gefordert, dieses Erfahrungswissen oder Können in explizites, verallgemeinertes und reproduzierbares Wissen zu transformieren und in strukturierter und kodifizierter Form zu speichern (etwa in Gestalt von Datenbanken, Prozeßbeschreibungen oder technischen Anleitungen). Erst in dieser kodifizierten Form kann es mit anderen geteilt, wieder aufgefunden und in unterschiedlichen Kontexten verwendet werden.

Explizites Wissen ist seiner Natur entsprechend stets abstrakt und dekontextualisiert, daher auch nicht ohne weiteres anwendbar. Die situationsspezifische Anwendung dieses Wissens auf eine konkrete Problemlösung erfordert demzufolge menschliche Handlungskompetenz, das Wissen angemessen zu interpretieren und situationsbezogen zu rekontextualisieren. Ohne diese Art Interpretationsleistung und Sinngebung, die eigene Ideen erfordert, bleibt das explizite Wissen ohne Nutzwert.

Zur adäquaten Analyse und passenden Lösung von komplexen Problemen sind normalerweise unterschiedliche Wissensbereiche heranzuziehen, deren Anwendung die Mitwirkung von Experten aus verschiedenen Praxisgemeinschaften oder Unternehmensbereichen erforderlich machen. Zur Problemlösung müssen diese Wissensbereiche zusammengeführt und produktiv aufeinander bezogen werden, eine Aufgabe, die hohe Anforderungen an die soziale Kompetenz der beteiligten Experten stellt, die nun ihre unterschiedlichen Perspektiven und Methoden aufeinander abzustimmen haben.

Werden alle diese Aspekte zusammengenommen, so erweist sich Wissensmanagement als die schwierige und herausfordernde Aufgabe, zum einen das benötigte, meist verteilte und fragmentierte Wissen zu identifizieren und aufzufinden und zum anderen Kooperationsprozesse zu organisieren, in denen diese unterschiedlichen Wissensquellen integriert werden. Integrierte Produktentwicklung (vgl. 4.1) ist ein typisches Beispiel anspruchsvollen Wissensmanagements.

4.4 Die Entwicklung von Handlungskompetenz und Wissen

Die Entwicklung von Handlungskompetenz und Wissen („intellektuelles Kapital"; Stewart 1997) hat sich als ein Wettbewerbsfaktor ersten Ranges herausgebildet. Systematische Personalentwicklung im Zusammenhang mit der Schaffung ganzheitlicher Arbeitsaufgaben und -prozesse wird daher vor allem als strategische Investition mit hohem Nutzenpotential und nicht allein als Kostenfaktor betrachtet. Menschliche Handlungskompetenz ist in komplexen und dynamischen Umwelten unverzichtbar, und insbesondere wird sie unumgänglich gebraucht, um das stets begrenzte und abstrakte, explizite Wissen für Innovationen von Produkten und Leistungen nutzbar zu machen.

So gesehen stellt Personalentwicklung die Daueraufgabe lebenslangen Lernens. Sie erschöpft sich nicht in regelmäßigen Maßnahmen der Weiterbildung fern vom Arbeitsplatz; vielmehr ist sie gerade auch als ein integraler Teil der alltäglichen Arbeit zu begreifen. Es sind vor allem herausfordernde, ganzheitliche Arbeitsaufgaben unter veränderlichen Umständen ebenso wie die disziplinen- und bereichsübergreifende Kooperation, die immer wieder Anlaß zum Lernen geben. Wenn Arbeit so als Einheit von Wertschöpfen, Reflektieren, Gestalten und Lernen konzipiert und organisiert ist, bietet sie vielfältige Gelegenheit, die individuelle und kollektive Handlungskompetenz zu entfalten und für Produkt- wie für

Prozeßinnovationen zu nutzen. So wird die Arbeit selbst zum wichtigsten Ort der Personalentwicklung und Grundlage für Innovationen.

4.5 Unterstützende IT-Systeme

In diesem Zusammenhang sind auch informationstechnische Systeme unter einer neuen Perspektive zu gestalten und einzusetzen. Statt sie wie bisher so häufig als Automatisierungsmittel zu konzipieren, sollen sie eine die Arbeits- und Kooperationsprozesse unterstützende Infrastruktur bilden. Damit sie individuell als Werkzeuge für die effiziente Bewältigung von Arbeitsaufgaben oder auch kollektiv als Medium der Kommunikation und Kooperation eingesetzt und genutzt werden können, sind sie unter der Perspektive hoher Nützlichkeit bei der Bewältigung der Arbeitsaufgabe und zugleich hoher Nutzbarkeit im Hinblick auf menschliche Handlungsbedingungen zu gestalten (Brödner 1997).

Im Unterschied zur herkömmlichen Entwicklungsperspektive, menschliche Fähigkeiten durch IT-Systeme möglichst weitgehend nachzuahmen und durch automatische Abläufe zu ersetzen, zielt die Werkzeug- und Medienperspektive darauf ab, situative menschliche Handlungskompetenz mit der maschinellen Leistung zu verbinden. Interaktion führt weiter als algorithmische Prozeßbeherrschung. Auf diese Weise kann es gelingen, qualifizierte menschliche Arbeit nicht nur produktiver zu machen, sondern auch der weiteren Entwicklung von Handlungskompetenz sowie der Verbesserung von Arbeitsprozessen durch Reflektieren und Lernen Raum zu geben.

Wenn informationstechnische Systeme auf diese Weise in Arbeits- und Kooperationsprozesse integriert sind, können sie zudem auch als externalisiertes Gedächtnis der Organisation genutzt werden. Es ist dann Teilaufgabe des Wissensmanagements, unter weitgehender Beteiligung Betroffener geeignete Verfahren der Kodifizierung und Strukturierung des expliziten Wissens zu erarbeiten, mittels derer dieses in den Arbeitsprozessen eingefangen, gespeichert und erneut genutzt werden kann.

4.6 Unternehmenskultur

Mit Unternehmenskultur wird gemeinhin die Art und Weise bezeichnet, „wie die Dinge getan werden". Es ist die Gesamtheit der durch Gewohnheit und Praxis entstandenen Sichtweisen, Einstellungen, Handlungsmuster und Werte, die das alltägliche Denken, Wahrnehmen, Fühlen und Handeln der Akteure im Betrieb bestimmt und normalerweise nicht hinterfragt wird. Dieser geteilte Handlungs- und Interpretationsrahmen ist über lange Zeit gewachsen und vielfältig erprobt. Er verleiht den einzelnen Tätigkeiten Sinn, weist den Dingen Bedeutung zu und bildet so eine unverzichtbare Grundlage, ohne die stabiles, routiniertes und flüssiges Handeln gar nicht möglich wäre. Damit bildet er freilich zugleich auch eine hohe Hürde gegen jede tiefergehende Veränderung.

Wie der Vergleich von Unternehmen zeigt, die sich auf dem unteren bzw. dem oberen Weg der Innovation bewegen, sind nicht nur die strategische Ausrichtung, sondern auch deren Organisationsformen und Arbeitsweisen grundverschieden. Organisationen des oberen Weges brechen nahezu vollständig mit herkömmlichen Vorstellungen und Grundsätzen funktional-arbeitsteiliger Organisation und hierarchischer Führung durch Weisung und Kontrolle, insbesondere mit separierter zentraler Planung und Automatisierung von Arbeitsprozessen. Stattdessen setzen sie auf Reintegration von Tätigkeiten, von Planung und Ausführung, auf direkte Kooperation zwischen Arbeitseinheiten, auf Führung durch Beteiligung und auf die Nutzung von IT-Systemen als Werkzeug und Medium. Dies alles stellt hohe Anforderungen an Handlungskompetenz und Eigenverantwortung der Akteure und es macht deutlich, daß sich die Organisationskultur, die überkommenen Einstellungen, Denkweisen und Handlungsmuster, passend zu den neuen Aufgaben, Strukturen und Abläufen verändern müssen.

Kennzeichnend für diese neue Unternehmenskultur des oberen Weges muß ein Verständnis der Arbeitsprozesse als eine Leistung zur kundenspezifischen Problemlösung sein, in denen wertschöpfende Tätigkeiten, deren Planung und ständige Reflexion und die Verbesserung des Bestehenden als zusammenhängende Einheit begriffen werden. Entsprechend ganzheitliche Arbeitsaufgaben und Kooperationsbeziehungen fordern die Eigeninitiative und Eigenverantwortung ebenso wie die soziale Kompetenz der Akteure heraus. So wird das Unternehmen zu einer „lernenden Organisation" mit einer „Innovationskultur", zu deren Verwirklichung alle Beteiligten durch gemeinsames Lernen und Erproben neuer Handlungsmuster eingefahrene, aber nicht mehr passende Pfade verlassen müssen. So gesehen, können Innovationsprozesse auch als soziale Lernprozesse verstanden werden, in denen mit alten Gewohnheiten gebrochen und neues Denken und Handeln erprobt werden.

5 Wirkungen auf Geschäft und Beschäftigung

Selbstredend treten die in den voranstehenden Abschnitten in idealtypischer Pointierung gekennzeichneten Innovationsstrategien selten in lupenreiner Form auf. Oft sind Mischformen zu beobachten, bei denen jedoch die eine oder andere Grundorientierung dominant ist. So lassen sich beide strategischen Orientierungen auch in großen Gesamtheiten recht gut nachweisen (wie etwa in der ISI-Produktionsinnovationsuntersuchung von über 1300 Betrieben der deutschen Investitionsgüterindustrie, vgl. Abbildung 1, Lay 1997).

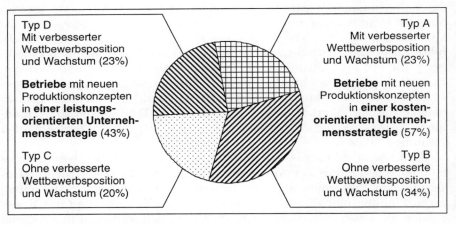

Abbildung 1: Unternehmensstrategien (Quelle: Lay 1997)

Diese Innovationsstrategien sind mit ganz unterschiedlichen Wirkungen verbunden, nicht nur, wie dargestellt, im Hinblick auf die Qualität der Arbeit, sondern auch mit Blick auf die Wettbewerbsfähigkeit und wettbewerbsrelevante Leistungsindikatoren. Insbesondere sind sie auch, wie sich zeigt, entscheidend dafür, ob eher positive oder eher negative Beschäftigungswirkungen eintreten. Während die kostensenkende und flexibilitätssteigernde Innovationsstrategie des unteren Weges in der Regel beschäftigungsmindernd wirkt, kann bei der expansiven, auf die Erschließung neuer Geschäftsfelder durch innovative Produkte und Leistungen ausgerichtete Strategie des oberen Weges eher zusätzliche Beschäftigung entstehen – selbst bei erheblich gesteigerter Produktivität.

Die außerordentlichen wirtschaftlichen Erfolge, die mit neuen Produktionskonzepten erzielt werden können, lassen sich nicht nur anhand von Fallbeispielen eindrücklich demonstrieren, sondern schlagen sich auch in Breitenerhebungen nieder. Die europaweite EPOC-Erhebung zur Arbeitnehmer-Beteiligung in mehr als 6000 Betrieben hat etwa ergeben, daß in 68 % der Betriebe, in denen teilautonome Gruppenarbeit eingeführt wurde, Kostensenkungen erzielt werden konnten. Durchlaufzeiten konnten in 87 % dieser Betriebe gesenkt werden, 98 % verbesserten ihre Produkte und Leistungen und 85 % konnten ihren Umsatz steigern (EPOC-Research Group 1998). Vergleichbare positive Korrelationen zwischen neuen Produktionskonzepten und Leistungsindikatoren haben sich auch aus der ISI-Erhebung in der deutschen Investitionsgüterindustrie ergeben (vgl. Abbildung 2; Lay et al. 1996).

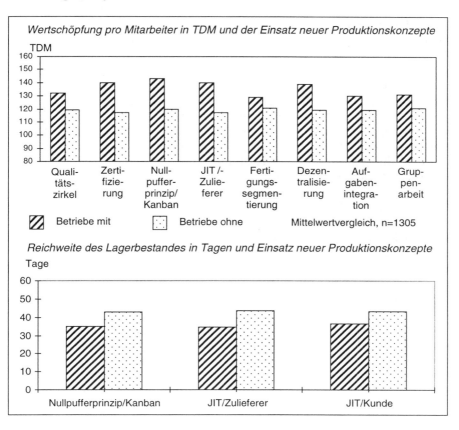

Abbildung 2: Erfolge neuer Produktionskonzepte (Quelle: Lay et al. 1996)

Allerdings sind die Zusammenhänge zwischen neuen Organisationsstrukturen, Produktivität, Wettbewerbsfähigkeit und Beschäftigung wegen ihrer hochgradigen wechselseitigen Verflechtung widersprüchlich und nicht einfach zu durchschauen. Von entscheidender Bedeutung ist, wie hier gezeigt, die Innovationsstrategie: Positive Beschäftigungseffekte sind vor allem dort zu verzeichnen, wo diese Strategie auf Exploration und Expansion der Leistungen und nicht allein auf Kostensenkung ausgerichtet ist. Damit werden neue Geschäftsfelder und neue Märkte erschlossen, die schwindende Geschäftsmöglichkeiten zu ersetzen vermögen. So trifft etwa das häufig zu hörende Argument, daß die Erhöhung der Produktivität normalerweise gleichbedeutend mit Beschäftigungsverlusten sei, allenfalls in einer völlig erstarrten und stagnierenden Wirtschaft zu, in der nach dem Modell des Nullsummenspiels des einen Tod des anderen Leben bedeutet. Das ist aber eine völlig unrealistische Vorstellung, die der wirklichen Dynamik ökonomischer Systeme in keiner Weise entspricht. In den letzten 150 Jahren hat sich in Deutschland die Produktivität (ähnlich wie in anderen entwickelten Industrieregionen) verzwanzigfacht und gleichwohl ist die Zahl der Erwerbspersonen um Millionen gestiegen, weil immer wieder neue Bedarfe entdeckt und neue Märkte kreiert wurden.

Worauf es in der hier eingeschlagenen Argumentation gerade ankommt, ist, Produktivität als eine Geisteshaltung der Entdeckung und Erkundung zu verstehen, als das bewußte Streben nach gewollter Verbesserung dessen, was existiert. So gesehen sind das Denken in gewohnten Bahnen, die Ausrichtung auf Kostensenkung in angestammten Märkten und die – gerade im Hinblick auf den Übergang zur Wissensgesellschaft – viel zu gering ausgeprägte Orientierung auf Exploration neuer Geschäftsfelder die wirklichen und daher ernsthaft zu überwindenden Ursachen der Beschäftigungskrise in Deutschland. Aktuelle Bedarfsfelder, die derzeit konkrete Möglichkeiten der Exploration und Expansion von Geschäftsfeldern bieten, sind beispielsweise umweltverträgliche Produkte, Verfahren und Prozesse für nachhaltiges Wirtschaften, wissensgenerierende und wissensvermittelnde Dienste im Zusammenhang mit Produktion und Dienstleistungen oder das Spektrum sozialer Dienstleistungen (Lehner et al. 1998).

Ein entscheidender, freilich viel zu wenig beachteter Ansatzpunkt zur Überwindung der Beschäftigungskrise ist daher in der Innovationsstrategie der Unternehmen zu sehen. Abhilfe kann mithin nur darin bestehen, das deutliche Mißverhältnis von vorherrschender Kostensenkungsstrategie zur innovativen Expansionsstrategie in den Unternehmen zugunsten eines ausgewogenen Verhältnisses von Aufwandsenkung und Ertragssteigerung zu korrigieren. Das wird durch die hier referierten empirischen Befunde eindrucksvoll untermauert. Die Wege dahin werden von den Unternehmen des oberen Weges, von deren so ganz anderer Praxis, Geschäfte zu machen, deutlich vorgezeichnet. Von ihnen ist zu lernen, wie sie zu begehen sind.

6 Schlußbemerkungen

Die ganz unterschiedlichen Unternehmensstrategien der low road und der high road of innovation zeitigen, wie aus deren vergleichender Darstellung hervorgeht, nicht nur sehr verschiedene Wirkungen, etwa im Hinblick auf Beschäftigung, sie beruhen auch auf ganz unterschiedlichen Voraussetzungen und nutzen unterschiedliche Ressourcen. Während Unternehmen auf der low road ihre Kostensenkungsziele vor allem durch Personalabbau und Verlagerung von Leistungen zu erreichen trachten mit der Folge von Kompetenzverlusten und Polarisierung der Arbeitskräfte, also letztlich mit der Folge eingeschränkter Entwicklungspotentiale, richten Unternehmen auf der high road ihre Anstrengungen in erster Linie auf breite Nutzung und weitere Entfaltung von Kompetenz, um damit neue Geschäftsfelder zu erschließen. Ihr Ziel ist Expansion, nicht Schrumpfung, freilich bei kontrollierten Kosten und auf Basis von Kompetenzerweiterung.

Sie bilden den innovativen Kern der Vorauswirtschaft, indem sie hinreichend viele neue Geschäftsfelder aufbauen und neue Märkte kreieren, die absterbende Geschäfte zu kompensieren vermögen. Im Prozeß der „schöpferischen Zerstörung" (Schumpeter 1950) sorgen sie für die Entstehung und Sicherung des Neuen, für ausreichend neue Wertschöpfung. Die Strategie der low road läuft dagegen – gleichviel, ob intendiert oder nicht – im Ergebnis auf „Zerstörung" ohne die nötige neue (Wert-)„Schöpfung" hinaus. Sie vernachlässigt nicht nur Gebote sozialverträglicher Entwicklung, sondern entpuppt sich am Ende auch ökonomisch als Fehlschlag, da sie mit den Humanressourcen ausgerechnet die wichtigste Quelle weiterer Entwicklung und künftigen Wohlstands versiegen läßt.

Gefordert ist daher – gerade auch im Hinblick auf den Strukturwandel im Übergang zur Wissensgesellschaft – eine wirkungsvolle Reorientierung unternehmerischen Handelns nach dem Vorbild der high road of innovation. Das ist zunächst und vor allem Aufgabe der Führung in den Unternehmen selbst, von Führungskräften wie auch von Betriebsräten. Darüber hinaus muß das neue Denken und Handeln aber auch bei Verbänden und Tarifparteien bei der Gestaltung von institutionellen Rahmenbedingungen Platz greifen, um den notwendigen Wandel rasch genug zu vollziehen.

Literatur

Applebaum, E. / Batt, R., 1994: The New American Workplace, Ithaca: Cornell University Press.

Bell, D., 1975: Die nachindustrielle Gesellschaft, Frankfurt / M: Campus.

Brödner, P., 1996: Erfolgsfaktor Produktentwicklung – Bericht aus einem Industriearbeitskreis. In: Brödner, P. / Paul, H. / Hamburg, I. (Hg.): Kooperative Konstruktion und Entwicklung, München: Hampp.

Brödner, P., 1997: Der überlistete Odysseus. Über das zerüttete Verhältnis von Menschen und Maschinen, Berlin: edition sigma.

Brödner, P. / Garibaldo, F. / Oehlke, P. / Pekruhl, U., 1998: Work Organisation and Employment. The Crucial Role of Innovation Strategies, Projektbericht 1998-05, Gelsenkirchen: IAT.

Brown, J.S. / Duguid, P., 1991: Organizational Learning and Communities-of-Practice, Organizational Science 2 No. 1: 40-57.

Davenport, T.H., 1994: Saving IT's Soul: Human-Centered Information Management, Harvard Business Review, March-April: 119-131.

Davenport, T.H., 1998: Putting the Enterprise into the Enterprise System, Harvard Business Review July-August: 121-131.

DIW: Globalisierung: Falle oder Wohlstandsquelle, DIW-Wochenbericht 23/97: 413-419.

Dreher, C. / Fleig, J. / Harnischfeger, M. / Klimmer, M., 1995: Neue Produktionskonzepte in der deutschen Industrie. Bestandsaufnahme, Analyse und wirtschaftspolitische Implikationen, Heidelberg: Physika.

Drucker, P.F., 1985: Innovation and Entrepreneurship. Practice and Principles, New York: Harper & Row.

Drucker, P.F., 1993: Post-Capitalist Society, New York: Harper & Row.

Drucker, P.F., 1994: The Age of Social Transformation, The Atlantic Monthly, No. 11: 53-80.

Europäische Commission, 1997: Eine europäische Informationsgesellschaft für alle, Brüssel: European Commission.

Ehrlenspiel, K., 1995: Integrierte Produktentwicklung, München: Hanser.

EPOC Research Group, 1998: New Forms of Work Organisation. Can Europe realise its potential, Dublin: European Foundation.

Hamel, G. / Prahalad, C.K., 1994: Competing for the Future, Boston (MA): Harvard Business School Press.

Helmstädter, E., 1996: Perspektiven der sozialen Marktwirtschaft. Ordnung und Dynamik des Wettbewerbs, Münster: LIT.

Jürgens, U. / Lippert, I., 1997: Schnittstellen des deutschen Produktionsregimes. Innovationshemmnisse im Produktentstehungsprozeß. In: Naschold, F. / Soskice, D./ Hancké, B. / Jürgens, U. (Hg.): Ökonomische Leistungsfähigkeit und institutionelle Innovation, WZB-Jahrbuch 1997, Berlin: edition sigma.

Kleinschmidt, M. / Pekruhl, U., 1994: Kooperative Arbeitsstrukturen und Gruppenarbeit in Deutschland. Ergebnisse einer repräsentativen Beschäftigtenbefragung, IAT Strukturberichterstattung 01, Gelsenkirchen: IAT.

Kinkel, S. / Lay, G., 1998: Der Leistungsstand der deutschen Investitionsgüterindustrie, ISI-Produktionsinnovationserhebung Nr.8, Karlsruhe: FhG-ISI.

Lay, G., 1997: Neue Produktionskonzepte und Beschäftigung, ISI-Produktionsinnovationserhebung Nr.8, Karlsruhe: FhG-ISI.

Lay, G. / Mies, C. (Hg.), 1997: Erfolgreich reorganisieren. Berlin, Heidelberg: Springer.

Lay, G. / Dreher, C. / Kinkel, S., 1996: Neue Produktionskonzepte leisten einen Beitrag zur Sicherung des Standorts Deutschland, ISI-Produktionsinnovationserhebung Nr. 1, Karlsruhe: FhG-ISI.

Lehner, F. / Baethge, M. / Kühl, J. / Stille, F. (Hg.), 1998: Beschäftigung durch Innovation. Eine Literaturstudie, München: Hampp.

Leonard-Barton, D., 1995: Wellsprings of Knowledge: Building and Sustaining the Sources of Innovation, Boston: Harvard Business School Press.

Lullies, V. / Bollinger, H. / Weltz, F., 1993: Wissenslogistik. Über den betrieblichen Umgang mit Wissen bei Innovationsvorhaben, Frankfurt/M: Campus.

Nonaka, I. / Takeuchi, H., 1995: The Knowledge Creating Company. How Japanese Companies Create the Dynamics of Innovation, Oxford: Oxford University Press.

Nordhause-Janz, J. / Pekruhl, U., 1999: Neue Formen der Arbeitsorganisation: Managementmoden oder Konzepte mit Zukunft? Zur Entwicklung von Arbeitsstrukturen und von Gruppenarbeit in Deutschland. In: Nordhause-Janz, J. / Pekruhl, U. (Hg.): Arbeitsstrukturen in Deutschland (Arbeitstitel), im Erscheinen..

Probst, G. J./ Raub, S. / Romhardt, K., 1997: Wissen managen. Wie Unternehmen ihre wertvollste Ressource nutzen, Wiesbaden: Gabler.

Sauer, D. / Döhl, V., 1994: Arbeit an der Kette – Systemische Rationalisierung unternehmensübergreifender Produktion, Soziale Welt 45, Heft 2: 197-215.

Schumpeter, J.A., 1950: Kapitalismus, Sozialismus und Demokratie, Bern: Francke Verlag.

Stehr, N., 1994: Arbeit, Eigentum und Wissen: Zur Theorie von Wissensgesellschaften, Frankfurt/M: Suhrkamp.

Stewart, T.A., 1997: Intellectual Capital. The New Wealth of Organizations, New York: Doubleday.

Willke, H., 1998: Organisierte Wissensarbeit, Z. f. Soziologie (27) 3: 161-177.

Willke, H., 1996: Dimensionen des Wissensmanagements – Zum Zusammenhang von gesellschaftlicher und organisationaler Wissensbasierung. In: Schreyögg, G. und Conrad, P. (Hg.): Managementforschung 6, Berlin: de Gruyter: 263-304.

Work & Technology Consortium (Ed.), 1997: A Medium Term Plan for Collaborative Action at the European Level, Final Report, Vol. V Case Studies, Brussels: European Commission.

Brödner, P. / Helmstädter, E. / Widmaier, B. (Hg.):
Wissensteilung. Zur Dynamik von Innovation und kollektivem Lernen,
München und Mering: Hampp 1999

Rüdiger Klatt / Irene Maucher / Jürgen Schmidt-Dilcher

Organisatorische Wissensteilung und Wissensbarrieren - Anforderungen an ein ganzheitliches Wissensmanagement

Am Fallbeispiel einer Kommunikations- und Kooperationsblockade im Produktentwicklungsprozeß

1 Einleitung

Die zunehmende Wissensintensität von Produkten und Prozessen stellt auch im produzierenden Gewerbe neue Anforderungen an das Innovationsmanagement der Unternehmen, deren wesentliches Merkmal die Erleichterung der Integration geteilter Wissensbestände sein muß. Vor diesem Hintergrund gewinnt die seit gut anderthalb Jahrzehnten in der Industriesoziologie laufende Debatte um die Überwindung des tayloristisch-fordistischen Produktionsparadigmas eine neue Qualität, weil nunmehr der Zusammenhang zwischen den Faktoren Wissen, Innovation und Zeit in Organisationen in den Vordergrund der Betrachtungen rückt.[1] Eines der zentralen Probleme, das sich hier gegenwärtig für die Verbesserung der Innovationsfähigkeit stellt, kann auf die folgende Formel gebracht werden: *Wie schafft es ein Unternehmen, das in seinen Untergliederungen verteilte Wissen innerhalb kürzester Zeit zu mobilisieren und für das praktische Verhalten bei der Leistungserstellung nutzbar zu machen?*

In den folgenden Ausführungen werden wir zunächst die gesellschaftlichen Veränderungen, die zu einer Reformulierung des Problems der Innovation in Organisationen beitragen, charakterisieren. Dabei stellen wir heraus, daß vor allem eine bessere Organisation der Wissensteilung zu beschleunigtem Innovationsverhalten führt. Das setzt mit Blick auf die sozialen Hindernisse, die einem beschleunigten Wissenstransfer in Organisationen entgegenstehen, ein problemangemessenes Wissensmanage-

---

[1] Vgl. dazu in diesem Band: Brödner / Helmstädter / Widmaier 1999; sowie Lullies et al. 1993; Drüke 1997.

ment voraus. Am empirischen Fallbeispiel von zwei spezialisierten Planergruppen im wissensintensiven Produktentwicklungsprozeß eines Automobilkonzerns zeigen wir exemplarisch solch eine Kommunikations- und Kooperationsbarriere auf. Es wird dabei hervorgehoben, daß der Versuch, die tayloristische Zergliederung des Planungsprozesses allein durch eine formale Integration dieser beiden Funktionen zu überwinden, ihren Wissenstransfer nicht effektiver zu gestalten vermochte. Abschließend geben wir einige Hinweise darauf, wie diese Erkenntnis für ein wirksames Wissensmanagement genutzt werden könnten.

2 Von der Industrie- zur Wissensgesellschaft

Die zunehmende Wissensintensität in Dienstleistung und produzierendem Gewerbe wird heute kaum noch bestritten (vgl. Brödner/ Helmstädter/Widmaier 1999). Hard- und Softwarehersteller verbuchen Milliardenumsätze: Der Material- und Produktionswert von Datenträgern wie beispielsweise Computerchips und CD-Roms ist marginal im Vergleich zu den Entwicklungskosten für komplexe betriebliche Anwendungssysteme und den wissensintensiven Dienstleistungen, die zur gebrauchstauglichen Einführung dieser Systeme in ein Unternehmen erbracht werden müssen. Insgesamt steigt in allen betrieblichen Bereichen und Branchen, so auch in klassischen Produktionsbranchen wie der Automobilindustrie, das Gewicht des notwendigen Wissens gegenüber den anderen Produktionsfaktoren kontinuierlich.[2]

So haben zum Beispiel Informationstechnologien die Form der Generierung, Sammlung, und Archivierung von Informationen und die Form der Kommunikation erweitert und revolutioniert. Deren Nutzung wird zu einer Bedingung moderner Produktion und Wissen zunehmend zum dominanten Faktor in der Wertschöpfungskette der Unternehmen. Management, Marketing, Forschung und Entwicklung, Planung/Arbeitsvorbereitung, elektronische Datenverarbeitung, Beschaffung, Logistik und Vertrieb – all das bezeichnet Unternehmensfunktionen, in denen es schon heute überwiegend um organisierte Wissensarbeit geht (vgl. Willke 1998). Hinzu kommt, daß auch die Wissensintensität der produzierenden Bereiche durch ihre 'Informatisierung' erheblich gestiegen ist. Das Unternehmen wird zusehends zum Wissenssystem (vgl. Reinhardt/Pawlowsky 1997).

---

[2]   Stewart 1998: 37: „Im Jahr 1991 überstieg die Summe der Investitionsausgaben für Informations- und Kommunikationstechnik (in den USA, d. V.) mit 112 Mrd. Dollar erstmals die Summe der Investitionen für Produktionstechnologien."

3 Zum Begriff des Wissens

Ein Kennzeichen des Diskurses um die Gesellschaft als Wissensgesellschaft und die Organisation als Wissenssystem ist eine relative Unschärfe in der Bildung des zentralen Begriffs. Eine erste Annäherung bringt die Unterscheidung von *Wissen* und *Information* (vgl. Luhmann 1984, Willke 1996). Während Wissen im systemtheoretischen Kontext als eine jeweils aktuelle, organisationsspezifische Relevanzstruktur gefaßt werden kann, bezeichnet Information jede wahrnehmbare Veränderung der Organisation oder der Umwelt. Eine Information wird demnach zu Wissen, wenn sie in Erfahrungs- und Handlungshorizont eingebunden wird – also einen organisationsspezifischen Sinn und Bedeutung erlangt. Ob eine Organisation *lernt*, hängt von ihren tradierten Relevanzstrukturen ab. „Wissen ist (...) Bedingung und Regulativ für Lernvorgänge." (Luhmann 1984: 448) In diesem Sinne bestimmen vorhandene Wissensbestände, also die expliziten wie impliziten[3] technischen und sozialen Kenntnisse und Fertigkeiten von Individuen, Gruppen und Abteilungen des Unternehmens, den Transfer und die Nutzung von Wissen (vgl. Willke 1998).[4] „Wissen ist (...) eine Struktur, die es ermöglicht und erleichtert, mit Informationen umzugehen (Luhmann 1997: 124), das heißt Informationen als 'neu' zu akzeptieren oder als 'irrelevant' abzulehnen" (Baecker 1998: 13).

Wissen in Organisationen ist einerseits *implizit* vorhanden, etwa in der praktischen Handlungskompetenz – dem Können – eines bestimmten Mitarbeiters, das an das Arbeitsvermögen einer Person gebunden ist, oder – in Form *kollektiven* Wissens – in den handlungsorientierenden Erfahrungen und eingespielten Routinen von Arbeitsgruppen. Zum anderen sind jenseits individuell oder interaktiv aktualisierbarem Wissen die expliziten, *dokumentierten* Wissensbestände des Unternehmens in Form von Organigrammen, Stellenbeschreibungen, Fertigungsplänen und anderen gesammelten Daten und Informationen (Berichtswesen, Handbücher etc.) relativ unabhängig von Personen und Zeitschranken zugänglich.[5] Während eine Organisation eine Vielzahl von aktuellen, neuen und archivierten Informationen über sich selbst und ihre Umwelt auf den ver-

---

[3] Vgl. zur Unterscheidung von implizitem und explizitem Wissen: Polanyi 1985: 33 ff. sowie Brödner / Helmstädter / Widmaier in diesem Band.

[4] Siehe für diese „konstruktivistische" Perspektive auf die Realitätserzeugung von und durch Organisationen Weick 1985.

[5] Wir orientieren uns mit diesen Überlegungen weitgehend an den Erörterungen von Brödner /Helmstädter / Widmaier 1999 in diesem Band.

schiedenen Wissensebenen gewinnt oder bewahrt, werden nur wenige dieser Bestände zu nutzbarem, verhaltensänderndem Wissen. Von den individuellen Kenntnissen zu Kunden und Märkten eines Vertriebsmitarbeiters etwa kann der Vertrieb insgesamt nur lernen, wenn geeignete Rahmenbedingungen – beispielsweise über einen informellen oder organisierten Erfahrungsaustausch – den Transfer dieses Wissens gestatten bzw. fördern. Lern- und Innovationsprozesse sind sowohl auf dem Hintergrund der organisationsspezifischen Wissensteilung als auch hinsichtlich der bereitgestellten Bedingungen für die Diffusion und den Transfer ihrer verteilten Wissensbestände zu betrachten.

4 Wissen und Zeit als Innovationsfaktoren

Innovatives Handeln der Organisation definieren wir als praktische Rekontextuallisierung vorhandener und erlernter Wissensbestände, der die Reflexion von Erfahrungen und das Kreuzen von Perspektiven vorausgeht. Innovationen können wegen der zu beobachtenden Steigerung hinsichtlich Komplexität und Diversifikation von Produkten und den entsprechenden Produktionsprozessen nicht mehr allein im Rahmen traditioneller Innovationsregimes realisiert werden (vgl. Rammert 1997). Die These, daß die Innovationsdynamik marktwirtschaftlicher Ordnungen im wesentlichen allein auf kreative, risikofreudige Unternehmer im Wettbewerb zurückzuführen ist, verliert an Geltung. Individuellen Akteuren können Innovationsprozesse nicht mehr zugetraut werden. Zu komplex ist inzwischen die gesellschaftliche Wissensteilung, zu spezialisiert sind die 'Träger' einzelner Wissensbestände. Die in der Frage der Entstehung von Innovationen immer noch vorherrschende Individualisierungsthese verdeckt, daß der einzelne Unternehmer vielmehr als ein Knotenpunkt im Prozeß der Integration verteilten Wissens angesehen werden muß.

Was die Innovationsfähigkeit angeht, geraten vor allem tayloristisch-bürokratisch verfaßte Unternehmensstrukturen unter Legitimationsdruck. Charakteristisch für diese Form weitgehender funktionaler Ausdifferenzierung ist die geringe Geschwindigkeit ihres Innovationsverhaltens (vgl. Rammert 1997), was die globalen Markterfolge anders strukturierter japanischer Hersteller gerade auch in der Automobilindustrie gegen Ende der achziger Jahre vor Augen geführt haben (vgl. Clark / Fujimoto 1992; Womack u. a. 1991). Schließungsprozesse gegenüber Neuerungen sind für solche Organisationen, deren Wissens- und Lernbarrieren mit ihrem komplexen System der Trennung von Funktionen korrespondieren (vgl. Schüppel 1996), als konstitutiv anzusehen: Sehr weit vorangetriebene Prozesse funktionaler Differenzierung führen bezüglich der Verteilung von Wissen zu Entkopplungstendenzen, was den Innovationsprozeß im Sinne der Neukombination und Rekontextuallisierung vorhandener Wissensbestände verlangsamt (vgl. Drüke 1997; Lippert u. a. 1996; Lippert/ Jürgens 1997). Gleichwohl gilt nach wie vor, daß mit der professionellen Spezialisierung erhebliche Vorteile beim Erwerb und Gebrauch von relevantem Know-how verbunden sind. Vor diesem Hintergrund gilt es deshalb ein Innovationsmodell zu entwickeln, das es einerseits gestattet, implizite und explizite Wissensbestände zu erhalten und zu entfalten, ohne andererseits ihre kreative Neukombination und ihren zügigen Transfer zu verhindern.[6]

Erst seit kurzem wird der Zusammenhang zwischen Zeitgerechtigkeit, Innovationsverhalten und Wissenserwerb hinsichtlich des Erhalts der Wettbewerbsfähigkeit von Unternehmen als Gegenstand der Organisationsforschung thematisiert. Die Konkurrenzsituation hat sich für die meisten Unternehmen durch die Globalisierung ihrer Märkte erheblich verschärft. Physikalische Standortfaktoren werden entwertet. Natürliche Ressourcen, Kapital und selbst Arbeitskräfte sind in ausreichender Menge, zu vergleichsweise geringen Preisen und bei annähernd gleicher Qualität an fast jedem Ort der (industrialisierten) Welt verfügbar. Die breite Diffusion von Informations- und Kommunikationstechnologien ermöglicht die teilautomatisierte Verarbeitung immer komplexerer Informationsbestände. Sie verringern die Reichweite und damit den Zugang zu Informationen, Ressourcen und Märkten. Dadurch können sich Wissensbestände von zeitlichen, räumlichen und personellen Grenzen entkoppeln.

Diese Bedingungen verweisen auf die Veränderungen der Zeithorizonte als Produktionsfaktor für die Unternehmen: „Die Frage ist (...) nicht, ob ein Unternehmen lernt, sondern ob es frühzeitiger, schneller und besser als die Wettbewerber lernt." (Sattelberger 1991: 25) Nicht mehr nur die prinzipielle Fähigkeit zu innovatorischem Handeln in Unternehmen wird zur kritischen Größe, sondern vor allem die Frage, *wie schnell* neue Produkte entwickelt bzw. *wann* sie auf dem Markt plaziert werden können. Rationalisierungsstrategien, die lediglich auf die Verkürzung der Durchlaufzeiten ihrer Fabrikation abzielen, reichen hierzu nicht mehr aus. Den entscheidenden Wettbewerbsvorteil bietet erst ein effektiver Produktentwicklungsprozeß, der einen Zeitvorsprung vor den Mitkonkurrenten erzielt. In Branchen mit turbulenten Märkten (vgl. Hartmann 1996) ist deshalb die Verkürzung der Innovationszyklen zur zentralen Maxime avanciert. Wie Drüke (1997) zeigt, hat das kaum zu unterschätzende Auswirkungen auf den Zusammenhang von Produktentwicklung und Produk-

---

[6] Vgl. hierzu Probst/Romhardt 1997; Reinhardt/Pawlowsky 1997; Schreyögg/Noss 1997; Preissler u. a. 1997; Baecker 1998.

tionsplanung. Innovationsprozesse müssen unter dem Gesichtspunkt ihrer Zeitgerechtigkeit optimiert werden. Diese veränderten Rahmenbedingungen – das heißt die Notwendigkeit der beschleunigten Nutzung vorhandener Wissensbestände für Innovationsprozesse auch in Unternehmen des produzierenden Gewerbes – verändert die Ausgangslage für das Management der Organisation spezialisierter Wissensbestände, deren Entwicklung nicht mehr den Zufälligkeiten der 'natürlichen' unternehmensinternen Evolution überlassen werden kann. Die organisatorische Wissensteilung und ihre systematische Weiterentwicklung avanciert vielmehr zu einer strategischen Frage von kaum zu unterschätzender Bedeutung. Damit steht die Frage nach einem angemessenen Verständnis hinsichtlich des Managements von Wissen in Organisationen auf der Tagesordnung. Während dieses Thema vielfach als eine modische Variante des technischen Informationsmanagements der zurückliegenden Jahrzehnte begriffen wird, plädieren wir für eine ganzheitliche Sichtweise: Wissensmanagement ist im Kern alles andere als eine technische Disziplin. Zuvorderst muß sein Blick sich auf die individuellen, kollektiven und organisatorischen Hindernisse richten, welche dem Transfer und der praktischen Nutzung spezialisierter Wissensbestände und damit einer Steigerung der Innovationsfähigkeit von Unternehmen im Wege stehen.

Mit dem folgenden Fallbeispiel einer Kommunikations- und Kooperationsblockade zwischen zwei Planergruppen bei einem Automobilhersteller wollen wir einige der sozialen Bestimmungsgründe von Wissensbarrieren aufzeigen. Dabei soll vor allem deutlich werden, daß sie keineswegs durch eine bloß formelle Integration solcher „Praxisgemeinschaften" (vgl. Waibel 1997; Wehner u. a. 1996) zu überwinden sind. Im Anschluß daran werden wir Überlegungen dazu anstellen, welche allgemeinen Anforderungen aus diesem Fall für ein adäquates Wissensmangement abgeleitet werden können.

5   Zwei Planergruppen und ihre Wissensbarriere – Ein Fallbeispiel

Spätestens seit Beginn der neunziger Jahre läßt sich bei allen deutschen Automobilherstellern ein Perspektivwechsel vom überkommenen, fordistisch-tayloristischen zu einem stärker prozeßorientierten Produktionsmodell beobachten. Der vorliegende Fall ist im Zusammenhang der hierher rührenden praktischen Konsequenzen für die Reorganisation des gesamten Produktentwicklungsprozesses anzusiedeln. Dieser komplexe Zusammenhang ist im vorliegenden Rahmen nicht zu erfassen, sondern wir wollen Probleme der „Wissenslogistik" (Lullies u. a. 1993) nur in einem ausgewählten Ausschnitt des zweiten klassischen Abschnitts des Produktentwicklungsprozesses (vgl. Drüke 1997; Clark / Fujimoto 1992) etwas genauer betrachten: In seinem Resultat steht der Versuch, zwei Spezialistengruppen aus dem Bereich der Produktionsplanung wieder in einer einzigen Funktionseinheit zu integrieren, stellvertretend für viele ähnliche Fälle.

Als man hier unter dem neuen Leitbild einer „ganzheitlichen Planung"[7] damit begann, die enormen Reibungsverluste im Zusammenspiel der produktionsvorbereitenden Funktionen zu vermindern, sollte u. a. auch die Schnittstelle zwischen den Arbeitsprozessen der Fertigungsplaner und der Einrichtungsplaner optimiert werden. Dabei stand vor allem das produktive Zusammenwirken des unverzichtbaren Know-hows beider spezialisierter Arbeitskollektive im Vordergrund des Interesses. Obgleich sie schließlich funktional, hierarchisch und auch räumlich zusammengefaßt wurden, zeigte sich aber wider Erwarten, daß ihre Kommunikations- und Kooperationsprobleme nach dieser Reorganisationsmaßnahme in keiner Weise überwunden waren. Ganz im Gegenteil, beide kollektiven Akteure scheinen sich nur noch tiefer in ihr notorisches Konkurrenzverhältnis verstrickt zu haben. Will man das Fortbestehen ihrer Konflikte verstehen, so bedarf es eines differenzierten Blicks, der auch die Geschichte ihrer organisationsinternen Grenze zueinander einschließt (vgl. Ortmann / Sydow 1999). Hinsichtlich ihrer Konsequenzen für das Zusammenspiel beider Planergruppen im Planungsprozeß werden wir deshalb ihre funktionalen und zeitlichen Schnittstellen, ihre materiellen und immateriellen Privilegien und die kulturelle Indentifikation mit ihrem Metier genauer beleuchten.

5.1 Zu den Aufgaben von Fertigungs- und Einrichtungsplanern

Die sogenannte Ablaufplanung hat, gestaffelt nach Grob- und Feinplanungsarbeiten, die technisch-organisatorischen Strukturen des Produktionsprozesses beim Serienanlauf eines neuen Automodells zu konkretisieren. Daß sie im Interesse eines fertigungsgerechten Produkts außerdem die Aufgabe hat, auf dessen Konstruktion Einfluß zu nehmen, lassen wir hier außer acht. Die Konzeption des Produktionsprozesses erfordert vor allem zwei Kompetenzen: Erstens die detaillierte Festlegung aller einzelnen Fertigungsschritte – dies geschieht in der Fertigungsplanung; zwei-

---

[7]   Doppelte Anführungszeichen in der Fallstudie markieren Zitate von Planern und Führungskräften aus dem Beobachtungs- und Interviewmaterial

tens die räumliche Ansiedlung und logistische Verknüpfung entsprechender Fertigungssysteme – dies geschieht in der Einrichtungsplanung. Seit langem werden diese unterschiedlichen Anforderungen von zwei spezialisierten Technikergruppen, den Fertigungs- und den Einrichtungsplanern, abgedeckt. Da ihre Aufgaben arbeitsteilig aufeinander verweisen und außerdem gleichzeitig abzuwickeln sind, haben wir hier eine funktionale Schnittstelle vor uns, die der Sache nach eine intensive Koordination verlangt. Ob das freilich in hinreichendem Maße gelingen kann, hängt sehr von der Kommunikations- und Kooperationsbeziehung beider Spezialistengruppen bzw. vom Charakter ihrer gemeinsamen sozialen Grenze ab.

Die Fertigungsplaner sind vor allem für das „Planen und Festlegen des Fertigungsablaufs, der Betriebsmittel, der Fertigungszeiten [...] nach fertigungstechnischen, betriebswirtschaftlichen und arbeitswissenschaftlichen Erkenntnissen" zuständig. Insbesondere „betrachtet" der Fertigungsplaner jedoch „seine Fertigung". Das wichtigste Instrument, das er hierfür zu erstellen und fortzuschreiben hat, ist der Fertigungsplan. Er ist „der zentrale Informationsträger für den Planer, die Fertigung, die Materialwirtschaft und das Rechnungswesen". Als Koordinations- und Dokumentationsmittel umfaßt der Fertigungsplan „eines einzigen (Automobil) Typs ca. 100.000 Arbeitsgänge". Für diese akribische Tätigkeit müssen die Fertigungsplaner über umfassende Kenntnisse und viel Erfahrung in Sachen Produktionstechnik verfügen. Im Unterschied zu ihren Kollegen Einrichtungsplanern haben sie eine enorme Detailarbeit und großen Dokumentationsaufwand zu bewältigen.

Einrichtungsplanern verschafft ihre Aufgabe eine nur sehr vermittelte Beziehung zum Objekt der Produktion. Sie sind vor allem damit befaßt, jegliche Installationen der neuen Produktionsstruktur in einen räumlichen und logistischen Gesamtzusammenhang einzupassen: „Das fängt also an vom Regal aufstellen bis ganze Produktionssysteme planen." Die Abstimmung und Erstellung des Plans, der alle zur Fertigung erforderlichen 'Einrichtungen' berücksichtigt, sowie eines entsprechenden 'Layouts' zählt zu ihren zentralen Aufgaben. Ihre Auseinandersetzung mit den Zusammenhängen zwischen etlichen Fertigungsschritten und -abschnitten, bringt es mit sich, daß Einrichtungsplaner immer auch den Kontext des ganzen Produktionsprozesses oder gar Werkes im Blick haben. Die „Erstellung von Gesamtübersichten" als wesentlichen Aspekt ihrer Tätigkeit markiert den entscheidenden Unterschied zu den weniger übergreifend angelegten Aufgaben ihrer Kollegen von der Fertigungsplanung.

So markant der Unterschied beider Aufgabenfelder auch sein mag, bei der Einrichtungs- und der Fertigungsplanung handelt es sich in sachlicher Hinsicht aber um zwei komplementäre Funktionen, deren enges Zusammenwirken unabdingbar ist.

5.2 Formelle Integration beider Metiers zur 'Produktionsablaufplanung'

Bis in die jüngste Vergangenheit waren die Funktionen Fertigungs- und Einrichtungsplanung in Gestalt der „Produktionsablaufplanung" einerseits sowie der „Werksplanung" andererseits getrennt. Im Zuge zunehmender Produktdiversifizierung konnte jedoch nicht mehr übersehen werden, daß die Trennung dieser aufeinander verwiesenen Teilfunktionen einer zeitgerechten Abwicklung des Planungsprozesses im Wege steht. Im Zuge einer funktionalen „Umstrukturierung" des gesamten Planungsbereichs versuchte man sie deshalb sowohl organisatorisch als auch räumlich zu integrieren. Diese Maßnahme hat jedoch nicht wesentlich zur Verbesserung der Kooperationsfähigkeit zwischen Fertigungs- und Einrichtungsplanern beigetragen, weil die sozialen Ursachen für dieses Defizit kaum berücksichtigt wurden. Trotz ihrer funktionalen Integration handelt es sich in kultureller Hinsicht nach wie vor um zwei getrennte Kollektive, die sich sorgsam voneinander separieren. Daran ändert auch ihr neuer, gemeinsamer Name – 'Produktionsablaufplanung' – nichts, im Gegenteil: Es waren nämlich die Fertigungsplaner, welche sich seit langer Zeit schon unter der Funktionsbezeichnung 'Ablaufplanung' versammelten und vor allem auch von Seiten anderer Akteure des Werkes als solche identifiziert wurden. Ungeachtet dieser sozialen Tatsache subsumierte man die Einrichtungsplaner kurzerhand unter diese eingeführte Signifikation ihrer Kollegen: „Uns hat man eigentlich umbenannt in den 'Ablaufplaner'". Rein sachlich betrachtet lassen sich die komplementären Aufgaben beider Planergruppen zwar zusammenfassend als 'Planung von Abläufen' des künftigen Produktionsprozesses verstehen. Zu solchen Überlegungen, welche sie offenkundig als Einvernahmeversuche empfinden, nehmen die Einrichtungsplaner jedoch sehr distanziert Stellung und versuchen ihre eigene Erkennbarkeit und professionelle Identität gerade auch gegenüber Außenstehenden zu wahren. Die nomenklatorische Integration geschah also in kultureller Hinsicht zu ihren Lasten, denn schließlich mußten die Fertigungsplaner bzw. ehemaligen 'Produktions*ablaufplaner*' keine derartige Konversion über sich ergehen lassen, sondern konnten sich in ihrer professionellen Identität bestätigt sehen.

5.3 Die Hegemonie eines Metiers unter Veränderungsdruck

Die symbolische Hegemonie der Fertigungsplaner im Funktionsbereich verweist freilich auf ehemalige Rahmenbedingungen, als Fertigungsprozesse noch weitgehend von manueller Arbeit und vergleichsweise einfacher Mechanisierung geprägt waren. Überhaupt gründete sich die Kernkompetenz des gesamten Funktionsbereichs einmal hierauf. Ein Vorgesetzter charakterisiert das aus der überaus erfolgreichen Vergangenheit rührende Selbstbewußtsein der Fertigungsplaner:

> *„Es gibt erst mal einen Planer – das ist der Ablaufplaner!* Dann kommt erst mal lange gar nichts, dann vielleicht mal die Prüfplaner, und dann erst irgendwann der Einrichtungsplaner."

Von jeher haben sie sich gegenüber den damaligen 'Werksplanern' als wenig kooperationsbereit gezeigt: „Wenn ich's ihnen sage, wie's fertigungstechnisch optimal ist, dann sollen die mal sehen, wo sie ihren Kram unterbringen!" Eine derart ausgeprägte mikropolitische Souveränität ist nur im Einklang mit dem traditionellen Werte- und Statussystem unseres Fallbetriebs denkbar. In habitueller Hinsicht hat es eine erstaunliche Kontinuität, wenn man sieht, wie sehr sich die Kooperationserfordernisse zwischen beiden Funktionen längst verschoben haben.

Der Bedeutungsgewinn der spezifischen Kompetenz von Einrichtungsplanern erklärt sich aus dem strukturellen Wandel der Rahmenbedingungen der Automobilproduktion im letzten Jahrzehnt: Einerseits zog die enorme Erhöhung des Produktausstoßes eine Verknappung der zur Verfügung stehenden oder erschließbaren Flächen am Standort des Werkes nach sich. Hierzu trugen andererseits aber auch die logistischen Erfordernisse einer seit Beginn der achtziger Jahre forcierten Automatisierung von Fertigungsschritten bei. Die immer ausladenderen und komplexeren fertigungs- und fördertechnischen Einrichtungen zu plazieren, entwickelte sich zur Dauerproblematik. Im eng gewordenen Korsett des Werksgeländes breitete sich von Neuanlauf zu Neuanlauf ein kaum beherrschbarer Flickenteppich einzelner Fertigungsschritte bzw. -systeme aus, die überdies unterschiedlichen Produktlinien zugehörten. Wollte man wachsende logistische Komplikationen und die immer höheren Investitionskosten zu ihrer Überwindung nicht mehr in Kauf nehmen, so mußten die Fabrikationsareale systematischer und konsequenter als bislang bewirtschaftet werden. Vor diesem Hintergrund hat die Optimierung von räumlichen und logistischen Verflechtungen der Fertigungsprozesse einen herausragenden Stellenwert angenommen.

Den Einrichtungsplanern gereicht diese Entwicklung des Fallbetriebs zum Vorteil, denn die Disposition von Nutzflächen und logistischen Einrichtungen ist ihr ureigenstes Metier: „Je schlimmer die Fertigungsstrukturen werden, in der Montage sieht man das ja auch gerade, desto mehr werden Einrichtungsplaner gefragt." Demgegenüber hat die Kompetenz der Fertigungsplaner die überragende Bedeutung eingebüßt, welche ihr noch in den achtziger Jahren zugemessen wurde. Vor allem in Bezug auf hochautomatisierte Produktionsabschnitte wie dem Fahrzeug-Rohbau konnten sich Einrichtungsplaner als ebenbürtige Spezialisten etablieren. In Bezug auf strategische und investitionsträchtige Entscheidungen sind sie für das obere Management inzwischen sogar zu den bevorzugten Ansprechpartnern avanciert:

„Das ist auch klar, *wenn jemand globale Informationen haben möchte, der zieht besser einen Einrichtungsplaner zu Rate.* Wenn aber einer genau wissen will, wie das Scharnier geformt ist beim Auto, der holt besser einen Fertigungsplaner dazu. Das wollen aber die wenigsten wissen!"

Diese Verschiebung planerischer Anforderungen trifft zudem auf eine unausgewogene Personalstruktur. Vor allem unter Fertigungsplanern finden sich überwiegend Arbeitskräfte mit langer Betriebszugehörigkeit und entsprechend großer Berufserfahrung. Der Einrichtungsplanung hat ihr überproportionales Wachstum hingegen in jüngerer Zeit „lauter junge Leute" beschert. Hier sind altgediente Werkangehörige in der Minderheit. In den meisten Untereinheiten der Planung geht der „krasse Altersunterschied" überdies mit einer markanten Qualifikationsdifferenz einher. Während der Planungsbereich früher für ambitionierte Meister und Techniker offenstand, werden mittlerweile nur noch Ingenieure eingestellt. So ergibt sich, daß Planer nicht nur hinsichtlich ihrer Generationszugehörigkeit sondern auch bezüglich fachlicher Kompetenz und beruflicher Erfahrung sich stark unterscheiden: *Die neuen Leute sind Ingenieure, die älteren eher Techniker oder Meister.*" Erschwerend kommt hinzu, daß diese Differenz im Großen und Ganzen auch noch mit der professionellen Distanz zwischen Einrichtungs- und Fertigungsplanern zusammenfällt.

Bedeutende Veränderungen allgemeiner Rahmenbedingungen der Automobilproduktion verschoben also im Verein mit den sich prekär entwickelnden Kontextbedingungen unseres Fallbetriebes die planerische Anforderungsstruktur: Während die Einrichtungsplaner sich einer wachsenden Aufmerksamkeit erfreuen können, ist die vormalige professionelle Hegemonie der Fertigungsplaner gebrochen. Eine veränderte Rekrutierungspolitik befestigte die in sozialer Hinsicht seit langem schon bestehende Segmentierung zwischen beiden Planergruppen nur noch weiter. Beide Metiers müssen deshalb, obschon durch die zurückliegende Reorganisationsmaßnahme im Abteilungsrahmen zu 'Ablaufplanern' vereint, als kohärente Binnenakteure mit einer unübersehbaren sozialen Demarkationslinie voneinander unterschieden werden. Ihre Kommunikations- und Kooperationsbarriere wird in alltäglichen Konflikten immer wieder befestigt.

5.4 Arbeitskulturelle Differenzen und mikropolitische Konflikte

Dieser Wandel in den Kompetenzstrukturen der Produktionsablaufplanung ist natürlich auch mit einer Verschiebung von Macht und Einfluß zwischen den Akteuren aus Fertigungs- und Einrichtungsplanung verbunden. Von den hieraus rührenden alltäglichen Konflikten wird gleich die Rede sein müssen. Zuvor aber wollen wir deren kulturelle Hintergründe noch etwas genauer beleuchten.

Sowohl die Aneignung detaillierter Fachkenntnisse hinsichtlich von Produkt und Produktionsprozeß als auch die Einübung einer formal verläßlichen Dokumentationsweise beim zentralen Informations- und Kommunikationsmittel Fertigungsplan erfordern geraume Zeit. Demgegenüber ist bei der Koordination räumlich-logistischer Zusammenhänge und Abhängigkeiten vor allem abstrahierendes analytisches Vermögen gefragt, das Hochschulabsolventen gemeinhin einbringen können. Die Arbeitsauffassung von Einrichtungsplanern unterscheidet sich deshalb grundlegend von der professionellen Haltung ihrer meist älteren Kollegen aus der Fertigungsplanung. Häufig selber aus der Werkstatt aufgestiegen sehen diese sich in besonderem Maße den praktischen Fragen und Schwierigkeiten der dort Verantwortlichen verbunden. So beklagen fast ausschließlich Fertigungsplaner die steigende Arbeitsbelastung unter dem Gesichtspunkt, daß sie ihnen immer weniger Zeit für die unmittelbare Zusammenarbeit mit Produktionsverantwortlichen lasse. Hingegen verfügen Einrichtungsplaner selten über einen berufsbiographischen Bezug zur Werkstatt. Und auch im Arbeitsalltag beschränken sie die direkte Kontaktaufnahme zu dieser sozialen Sphäre auf das funktional Unabdingbare. Ihrer Hauptaufgabe, die räumlichen und logistischen Abläufe des Produktionsprozesses im Blick zu behalten und deren Verknüpfungen zu optimieren und weiterzuentwickeln, gehen sie bevorzugt von einer eher distanzierten Warte nach. In der Wahrnehmung der Fertigungsplaner ist diese habituelle Distanz zu den Details konkreter Fertigungsvorgänge überhaupt das prägnanteste Merkmal ihrer Kollegen, wenn sie feststellen, daß „der Einrichtungsplaner das alles sehr weit von oben sieht". Beide Planergruppen sind also hinsichtlich wesentlicher Aspekte ihres Gebarens kaum zu verwechseln. Entsprechend der Anforderungsstruktur ihrer spezifischen Aufgabengebiete, aber auch aufgrund der berufsbiographischen Divergenz in ihrem sozialen Bezug zur unmittelbaren Produktion haben sich im Laufe der Zeit also „total unterschiedliche Mentalitäten" beider Planergruppen herausgebildet.

Ihre auseinanderweisende Motivationsstruktur schlägt sich in gegenseitigen Ressentiments nieder: Die Bezeichnung „*Mickey Mouse-Planer*" charakterisiert aus der Sicht der Fertigungsplaner die unzulängliche Solidität, gewissermaßen den 'Comic-Stil' der Einrichtungsplaner am treffendsten. Umgekehrt werden die Fertigungsplaner, deren Habitus sich der qualitätsbewußten Tradition des Hauses besonders verpflichtet weiß, etwa als „*Edelplaner*" karikiert.

Den Einrichtungsplanern ist im Kontext veränderter Rahmenbedingungen die Expertenrolle zugefallen, wollen sie ihr aber in sachlicher Hinsicht gerecht werden, so sind sie auf die Fertigungsplaner angewiesen. Denn der erwünschte raumgreifende Maßstab ihres prozeßorientierten Blicks versperrt ihnen gleichzeitig, ein eigenständiges Urteil über technisch-organisatorisch wesentliche 'Details' von Produktionsstrukturen abzugeben. Einrichtungsplaner kreieren das Layout und das „kann man ja nur {kreieren}, wenn man das Fachwissen von jedem einzelnen da einbringt". Für weitreichende Entscheidungen ist also die gründliche Vorarbeit des Fertigungsplaners nach wie vor unerläßlich. Einrichtungsplaner setzen derart aufbereitete „Informationen oder Erfahrungsschätze von älteren Mitarbeitern in Graphiken um", deren Präsentation für das obere Management inzwischen meist ihnen selbst vorbehalten bleibt. So ist es nicht erstaunlich, daß unter Fertigungsplanern die Befürchtung verbreitet ist, sie könnten im Zuge der Verwertung ihrer Sachkenntnisse durch andere letztlich „ins Abseits gedrängt werden". Längst sind deshalb viele Fertigungsplaner dazu übergegangen, ihr dringend benötigtes Wissen nur noch auf hinhaltende Weise preiszugeben. In szenischer Form verdichtet ein leitender Einrichtungsplaner seine typischen Erfahrungen an dieser Wissensbarriere zum anderen kollektiven Akteur:

„*Da wird dann gemauert, Informationen kommen kaum rüber.* Es gibt dann so ganz typische Sätze: Wenn wir sagen, 'Wir bräuchten von Euch mehr Informationen und auch frühzeitig, damit wir abschätzen können, wenn die Maschine größer wird, [ob] wir keinen Platz mehr {haben}', dann sagen die, '*Holt Euch halt die Information. Wir bringen sie Euch nicht!*'"

Es ist kaum zu vermeiden, daß derartig stereotype Interaktionen sich in Verzögerungen des Planungsprozesses niederschlagen. Wenn die Vorbereitung akuter Entscheidungen dann aber keinen Aufschub mehr gestattet, können sich die Spannungen zwischen beiden Planergruppen leicht in massiven Konflikten entladen: Es gibt „natürlich manchmal böses Blut, das ist ganz klar."

Mit Blick auf die vom Funktionsbereich insgesamt zu bewältigenden Aufgaben spricht alles für eine Integration der unverzichtbar komplementären Kompetenzen beider Planergruppen: Nur wenn Fertigungs- und Einrichtungsplaner Hand in Hand arbeiten, können konzeptionelle Ziele ohne allzu große Abstriche konkretisiert, der Aufwand für Entscheidungen reduziert und unnötige Kosten bei ihrer Umsetzung vermieden werden. Vor allem aber wäre auf diese Weise ein wichtiger Beitrag zur Beschleunigung des gesamten Produktentwicklungsprozesses zu leisten. Während die formale Trennung der 'Werksplanung' von der 'Produktionsablaufplanung' durch eine Reorganisationsmaßnahme beseitigt werden konnte, schenkte man der sozialen Separierung beider Planergruppen freilich wenig Aufmerksamkeit. So wurde alleine schon die symbolisch sensible Frage der Namensgebung für die funktional neu konfigurierten Kollektive zu Lasten der Gruppe der Einrichtungsplaner beantwortet. Diese bloß formelle Maßnahme zur Umstrukturierung hat keine produktive Integration der Kompetenzen von Fertigungs- und Einrichtungsplanern erzielen können. Trotz des Wegfalls ihrer organisatorischen Schnittstelle blieb die soziale Barriere zwischen diesen beiden Binnenakteuren des Funktionsbereichs bestehen. In gewisser Weise wurde sie sogar noch verfestigt, denn unter den Bedingungen räumlicher Nähe stieg das Bedürfnis gegenseitiger Abgrenzung, so daß sich seither „ein enormes Spannungsfeld entwickelt". Ein Kooperationspartner beider Planergruppen aus einem anderen Funktionsbereich hat diese Entwicklung verfolgt:

> „Da hat man sich eine gewisse Verbesserung versprochen: 'Vermeidung von Schnittstellen!'. Ich würde sagen, die Schnittstellen, die da waren, die sind weg, aber jetzt gibt's wieder andere (lacht!)."

Und auch ein Mitglied der Planungsleitung muß ernüchtert konstatieren, daß der Zweck einer Optimierung des Wissenstransfers im Planungsbereich in wesentlichen Aspekten verfehlt wurde:

> „Obwohl sie dasselbe Geschäft machen – der Ablaufplaner kann ohne einen Einrichtungsplaner eigentlich nichts machen, und umgekehrt auch nicht – booten sie sich gegenseitig aus."

Unser Fallbeispiel zeigt also, daß die Wissensteilung im Produktentwicklungsprozeß den neuen Anforderungen nicht alleine durch die formelle Integration organisatorischer Strukturen angepaßt werden kann.

Und auch die Aufhebung der räumlichen Distanz zwischen spezialisierten Arbeitskollektiven vermag unter Umständen nicht ihre Kommunikations- und Kooperationsbarrieren zu überbrücken. Diese Lehre haben auch die Beteiligten unterdessen gezogen, wenn etwa ein Mitglied der Planungsleitung die verpaßte Gelegenheit bedauert: „Das würde ich heute auch nicht nochmal so machen, weil ich laufend zwischen den beiden (Planergruppen; d. V.) wieder arbeiten muß!" Ohne eine wirklich zukunftsweisende Lösung habe man lediglich „die Bereiche zusammengeworfen". Auf diese Weise sei auch nur ein „zusammengewürfelter Haufen" ohne neue funktionale wie soziale Qualität entstanden. Nach der Vorstellung einiger Planer wäre es sinnvoll gewesen, „daß man (die Zuständigkeit für) Fertigungsbereiche komplett zusammenzieht zu einer Gruppe, daß die zusammen ein Team bilden". Denn nur so würde es möglich, „daß man sich halt mehr identifizieren kann mit einem Projekt, und alle Informationen zusammenhat". Ausschließlich technisch oder funktional orientierte Integrationsmaßnahmen bilden also auch nach Auffassung der Betroffenen keine angemessene Antwort auf die Notwendigkeit eines gezielten und beschleunigten Wissenstransfers heutiger Planungs- respektive Innovationsprozesse. Im Interesse eines wirkungsvollen Wissensmangements stellt sich damit zum Schluß die Frage, welchen Anforderungen praktische Konzepte zur Integration organisatorisch verteilter Wissensbestände genügen müssen, wollen sie nicht an den bestehenden sozialen Barrieren scheitern.

6 Anforderungen an ein ganzheitliches Wissensmanagement

Unter welchen Bedingungen die Mitarbeiter einen wirksamen Wissenstransfer unterstützen und weshalb die Bereitschaft hierzu erzeugt werden muß, hängt von einigen zentralen und in der Diskussion zum Wissensmanagement bislang wenig beachteten Faktoren ab. Bei einem Reintegrationsvorhaben – wie im beschriebenen Fall – gilt es vor allem die sozialen Barrieren, die einen effektiven Wissenstransfer behindern, zu überwinden. Ganzheitliches Wissensmanagement zielt sowohl ab auf die Gestaltung eines günstigen Organisationslayouts als auch auf einen Prozeß der Organisationsentwicklung, welcher die individuellen und kollektiven Kompetenzen zu fördern gestattet. Die Entwicklungsfähigkeit einer Organisation hängt nach Friedberg (1995) insbesondere davon ab, ob es den Beteiligten ermöglicht wird, die Formalstruktur einer Organisation in ihre Verhaltensweisen zu integrieren. Wissensteilung im Sinne gemeinsamer Nutzung unterschiedlicher Wissensbestände (vgl. hierzu den Beitrag von Brödner) kann nämlich nur dann praktiziert werden, wenn sie

„von erst zu schaffenden adäquaten Kooperationsnetzen gestützt" (Friedberg 1995: 332) wird, welche die notwendigen Austauschbeziehungen und kooperativen Verhaltensweisen erzeugen. So erfolgt der Transfer impliziten Wissens, wie Lullies u. a. (1993) aufgrund betrieblicher Untersuchungen zu Entwicklungsvorhaben festgestellt haben, nicht in erster Linie entlang der zumeist starren Regeln zur Projektorganisation, sondern vor allem über persönliche Kontakte als Bestandteil informeller Beziehungen. Offener kooperativer und kollegialer Wissenstransfer, so die Autoren, wird nur im Rahmen von Vertrauensbeziehungen praktiziert. Vertrauensbeziehungen müssen zwar wachsen und setzen persönlichen Kontakt und positive Erfahrungen hinsichtlich des Umgangs mit dem dabei veräußerten Wissen voraus. Ihre Entwicklung kann aber durch das Schaffen geeigneter Rahmenbedingungen begünstigt werden.

Im Rahmen von Innovationsprozessen zur Reorganisation bestehender Abläufe nimmt die Bedeutung von Macht zur Strukturierung eines Handlungsfeldes typischerweise zu. Erklären läßt sich dieses Phänomen mit Hilfe der soziologischen Spieltheorie (vgl. Crozier/Friedberg 1979). Danach werden beispielsweise formale Regeln zur Koordination von Abläufen zumeist nicht eins zu eins in ein entsprechendes Verhalten übersetzt, sondern abgewandelt oder zumindest zeitweise ausgesetzt, um sich etwa einen Wissensvorsprung zu sichern oder den eigenen Dispositionsspielraum zu erhalten. Obschon sie zu informellen Strukturen führen, welche – häufig mit Billigung des Managements – vom offiziellen Organigramm abweichen, bewerten Crozier/Friedberg (1979) diese Form der Aneignung von Regeln als notwendig. Andernfalls gerieten diese entweder zur bloßen Formalie oder würden als 'Dienst nach Vorschrift' ausgelegt werden, wie das auch in unserem Fallbeispiel zu beobachten war. Ihre Zusammenarbeit innerhalb, wie zwischen Gruppen oder Abteilungen regeln Akteure als Abfolge aneinander gegliederter Spiele, die Ortmann (1995) als Routinespiele bezeichnet. Im Rahmen von Routinespielen etablieren sich relativ konstante Machtbalancen und Motivations- und Sanktionsmechnismen, welche die Aufrechterhaltung eingespielter Regeln, Standards und Interpretationsschemata ermöglichen. Der ordnende Charakter von Routinespielen ist jedoch erstens stets lokaler Natur, da ein Bedarf an regelmäßigem Austausch Voraussetzung ist (vgl. Friedberg 1995). Er bleibt zweitens das Abbild von Interessen, die sowohl persönlich wie fachlich bedingt sein können (vgl. Weltz/Ortmann 1992) und zur Entwicklung beruflich eigensinniger Identität führen. Innovationsprozesse, die Ortmann (1995) als Innovationsspiele charakterisiert, setzen die Gültigkeit lokaler Ordnung außer Kraft. Bei Innovationsspielen handelt es sich um Metaspiele, in denen „die Regeln, Einsätze und Gewinnmöglichkeiten für Routinespiele neu definiert werden" (Ortmann 1995: 59).

Da sie für alle Beteiligten ein erhebliches Maß an Unsicherheit hinsichtlich ihrer Gewinn- Verlustbilanz mitbringen, sind sie besonders umkämpft. Implizites Wissen, das an das personale Arbeitsvermögen gebunden ist (vgl. Lullies u. a. 1993) und Informationstransfer gelten als zentrale Machtressourcen (vgl. Crozier / Frieberg 1979), die im Rahmen von Innovationsspielen nicht beliebig preisgegeben, sondern, als Trümpfe ausgespielt werden. Unser Fallbeispiel zeigt, daß das implizite Erfahrungswissen der Fertigungsplaner als eine wichtige Machtressource für das Scheitern der beabsichtigten Integration spezialisierter Kompetenzen mitverantwortlich ist. Diese wird von den Fertigungsplanern genutzt, um ihren Status abzusichern und um die mit der Entwertung ihres „Könnens" verbunden Kränkungen ihrer symbolischen Identität zu mildern. Obwohl ihr Verhalten letztlich ausschlaggebend für das Scheitern der Maßnahme gewesen sein dürfte, ist es als unter den gegebenen sozialen Bedingungen und aus ihrer Perspektive machtstrategisch rational und sinnvoll zu bewerten.

Soll die kooperative Integration spezialisierter Wissensbestände erfolgreich verlaufen, muß sie deshalb stets durch einen institutionellen Lernprozeß vermittelt sein, der den „Erwerb neuer Beziehungsmodelle, neuer Denkweisen (...) und neuer kollektiver Fähigkeiten durch die jeweils betroffenen Akteure" (Crozier / Friedberg 1979: 246) unterstützt.

Die systematische Weiterentwicklung der organisatorischen Wissensteilung läßt sich also alleine durch die räumliche und lediglich an instrumentellen Erfordernissen der Koordination ausgerichteten Maßnahmen nicht realisieren. Sie erfordert vielmehr ein ganzheitliches Wissensmanagment, das als Vorausetzung für die Akzeptanz neuer Strukturen eine gezielte Organisationsentwicklung zur Unterstützung institutioneller Lernprozesse betreibt. Letztere sind insbesondere dann unverzichtbar, wenn bislang nur lose gekoppelte Prozesse des Wissenstransfers reorganisiert, also zu einem neuen sozialen 'Kooperationsnetz' zusammenwachsen sollen. Ganzheitliches Wissensmanagement bezeichnet ein Bündel von Maßnahmen, das allen Mitarbeitern und Arbeitskollektiven Entwicklungs- und Lernmöglichkeiten eröffnet, das den Austausch von Sichtweisen und das Verständnis für unterschiedliche Perspektiven unterstützt, und bei dem institutionelle Lernprozesse mit den Zielen des Innovationsvorhabens verbunden sind. Konkret unterstützt ganzheitliches Wissensmangement diesen Prozeß sowohl durch das Schaffen von Anreizen als auch durch die direkte Beteiligung der Mitarbeiter bei der Entwicklung der organisatorischen Bedingungen zur Realisierung eines Innovationsvorhaben. Im einzelnen tragen folgende Maßnahmen hierzu bei:

- Materielle und immaterielle Motivationsmechanismen sind für den Prozeß des Erlernens von Verhaltensweisen wichtig und begünstigen die Entwicklung formloser Institutionen in den Köpfen (vgl. North 1992). Hierzu zählen sowohl Karriere-, Laufbahn- und Gratifizierungssysteme, die nicht am einzelnen Mitarbeiter sondern auf die gemeinsame Zielerreichung ausgerichtet sind, als auch die Anerkennung der Leistungen durch die Betriebsleitung und durch Kollegen. Auch gezielte personalpolitische Maßnahmen, die es den Mitarbeiten ermöglichen, den Austausch von Wissen mit ihren persönlichen Interessen und Zielen in Einklang zu bringen, motivieren zur Preisgabe impliziten Wissens (vgl. Lullies u. a. 1993). Wie auch unser Fallbeispiel zeigte, sind solche Anreize gerade für jene Gruppen, die eine Entwertung ihres Status erfahren, von großer Bedeutung.

- Ein beteiligungsorientierter Gestaltungsprozeß, der sich strategisch an der Verbesserung bestehender Kooperationsmuster orientiert und für den das Management die Rolle des Promotors im Sinne eines „sozialen Unternehmers" (Friedberg 1995: 346) übernimmt, welcher strukturiert und lenkt, ist Voraussetzung für den Erfolg von Innovationsvorhaben.[8] Direkte Beteiligung ist wichtig für das Engagement der Mitarbeiter und stellt sicher, daß berufliche und in Abteilungen und Gruppen tradierte Identitäten in das Innovationsvorhaben eingehen. Über verschiedene Modalitäten zur Projektgestaltung lassen sich die Ziele eines Innovationsvorhabens mit der dafür notwendigen Organisationsentwicklung verbinden. Hierzu zählen die Analyse sozial bedingter Problemursachen, die Ermöglichung von darauf aufbauenden Lernprozessen und die Konkretisierung des weiteren Vorgehens entlang der Ergebnisse einer Problemanalyse (vgl. Friedberg 1995). Auch sind situationsgerecht entwickelte Leitlinien, die eine realistische Projektbearbeitung ermöglichen und keine Doppelstruktur nach sich ziehen (vgl. Lullies u. a. 1993), sowie ein Vorgehen anhand von Leitbildern, das die Kompromißfindung bei divergierenden Sichtweisen, Interessen und tradierten Orientierungen und die Identifikation mit der Lösung unterstützt (vgl. Maucher 1998), von kaum zu unterschätzender Bedeutung. Insgesamt ist ein evolutionäres Ablaufverfahren zu favorisieren, das offen für Modifikationen ist und Raum für ungeplante und neue Aspekte bietet, mit denen im Rahmen von Innovationsvorhaben immer gerechnet werden muß (vgl. Floyd u. a. 1997; Lullies u. a. 1993). Das Engagement aller Beteiligten, die Bereitschaft zur Verständigung und

---

[8] Vgl. hierzu Weltz u. a. 1992; Lullies u. a. 1993; Friedberg 1995; Gabriel u. a. 1995; Ortmann 1995; Floyd u. a. 1997; Maucher 1998

Kompromißfindung zwischen verschiedenen Gruppen und die Berücksichtigung der symbolische Ebene ist, wie unser Fallbeispiel verdeutlicht, insbesondere im Falle bereichsübergreifender Reorganisations-
maßnahmen notwendig, bei denen die Akteure zu einem neuen und
besser funktionierenden Kooperationsnetz zusammenwachsen sollen.

Rekapitulierend läßt sich zusammenfassen, daß ein ganzheitliches Wissensmanagement Verständigungsprozesse unterstützt, soziale Barrieren
durch die kollektive Entwicklung neuer Spielregeln und deren gezielte
Stabilisierung durch personalpolitische Maßnahmen zu überwinden sucht
und darauf achtet, daß die Gewinn- und Verlustbilanz zwischen verschiedenen Akteursgruppen ausgewogen bleibt. Wenn genau dies bei den beiden Planergruppen nicht der Fall war, so verdeutlicht unser Beispiel, daß
sich ganzheitliches Wissensmanagement nicht ganz abstrakt auf die Zusammenführung kognitiver Wissensbestände reduzieren kann, sondern
einen sozial gestalteten Prozeß institutionellen Lernens voraussetzt, der
die vorfindliche Wissensteilung weiterzuentwickeln gestattet.

Literatur

Baecker, D., 1998: Zum Problem des Wissens in Organisationen. In: Organisationsentwicklung, 3/98: 4-21.

Crozier, M./Friedberg, E., 1979: Die Zwänge kollektiven Handelns, Königstein.

Clark, K. B./Fujimoto, T., 1992: Automobilentwicklung mit System. Strategie, Organisation und Management in Europa, Japan und USA, Frankfurt/New York.

Drüke, H., 1997: Kompetenz im Zeitwettbewerb: Politik und Strategien bei der Entwicklung neuer Produkte, Berlin/Heidelberg.

Floyd, C./Krabbel, A./Ratuski, S./Wetzel, I., 1997: Zur Evolution der evolutionären
Systementwicklung: Erfahrungen aus einem Krankenhausprojekt. In: Informatik
Spektrum 20, H.1: 13-20.

Friedberg, E., 1995: Ordnung und Macht. Dynamiken organisierten Handelns, Frank-
furt/New York.

Gabriel, R./Krebs, S./Knittel, F./Maucher, I., 1995: Einsatz und Bewertung von In-
formations- und Kommunikationstechniksystemen aus Anwender- und Benutzer-
sicht. In: Wirtschaftsinformatik, Jg.37, H.1: 24-32.

Hartmann, M., 1996: Aktion statt Reaktion – Fragen, Thesen und Anregungen für den
Erfolg von Unternehmen in turbulentem Umfeld. In: Hartmann, M. (Hg.):
DYNAPRO. Erfolgreich produzieren in trubulenten Märkten, Stuttgart: 11-37.

Lippert, I./Jürgens, U./Drüke, H., 1996: Arbeit und Wissen im Produktentstehungsprozeß. In: Managementforschung 6/1996, hg. von Schreyögg, G. und Conrad, P.,
Berlin/New York: 235-261.

Lippert, I. / Jürgens, U., 1997: Schnittstellen des deutschen Produktionsregimes. Innovationshemmnisse im Produktentstehungsprozeß. In: Naschold, F. u. a. (Hg.): Ökonomische Leistungsfähigkeit und institutionelle Innovation. Das deutsche Produktions- und Politikregime im globalen Wettbewerb, WZB-Jahrbuch 1997, Berlin: 65-94.

Luhmann, N., 1984: Soziale Systeme. Grundriß einer allgemeinen Theorie, Frankfurt.

Luhmann, N., 1997: Die Gesellschaft der Gesellschaft, Frankfurt.

Lullies, V. / Bollinger, H. / Weltz, F., 1993: Wissenslogistik. Über den betrieblichen Umgang mit Wissen bei Entwicklungsvorhaben, Frankfurt / New York.

Maucher, I., 1998: Leitbilder zur Gestaltung von Informations- und Kommunikationssystemen. In: Maucher, I. (Hg.): Wandel der Leitbilder zur Entwicklung und Nutzung von PPS-Systemen, München / Mehring: 129-181.

North, D. C., 1992: Institutionen, institutioneller Wandel und Wirtschaftsleistung, Tübingen.

Ortmann, G., 1995: Formen der Produktivität. Organisation und Rekursivität, Opladen.

Ortmann, G. / Sydow, J., 1999: Grenzmanagement in Unternehmungsnetzwerken: Theoretische Zugänge. In: Die Betriebswirtschaft, Jg.59, H. 2: 205-220.

Polanyi, M., 1985: Implizites Wissen, Frankfurt.

Preissler, H. / Roehl, H. / Seemann, P., 1997: Haken, Helm und Seil: Erfahrungen mit Instrumenten des Wissensmanagements. In: Organisationsentwicklung 2 / 97: 4-16.

Probst, G. J. / Romhardt, K., 1997: Bausteine des Wissensmanagements – ein praxisorientierter Ansatz. In: Handbuch Lernende Organisation: Unternehmens- und Mitarbeiterpotentiale erfolgreich erschließen, hg. von Dr. Wieselhuber & Partner, Wiesbaden: 129-143.

Rammert, W., 1997: Innovation im Netz. Neue Zeiten für technische Innovationen: heterogen verteilt und interaktiv vernetzt. In: Soziale Welt 48, Heft 4: 397-416.

Reinhardt, R. / Pawlowsky, P., 1997: Wissensmanagement: Ein integrativer Ansatz zur Gestaltung organisationaler Lerprozesse. In: Handbuch Lernende Organisation: Unternehmens- und Mitarbeiterpotentiale erfolgreich erschließen, hg. von Dr. Wieselhuber & Partner, Wiesbaden: 145-156.

Sattelberger, T., 1991: Die lernende Organisation: Konzepte für eine neue Qualität der Unternehmensentwicklung, Wiesbaden.

Schreyögg, G. / Noss, C., 1997: Zur Bedeutung des organisationalen Wissens für organisatorische Lernprozesse. In: Handbuch Lernende Organisation: Unternehmens- und Mitarbeiterpotentiale erfolgreich erschließen, hg. von Dr. Wieselhuber & Partner, Wiesbaden: 67-76.

Schüppel, J., 1996: Wissensmanagement: organisatorisches Lernen im Spannungsfeld von Wissens- und Lernbarrieren, Wiesbaden.

Stewart, T. A., 1998: Der vierte Produktionsfaktor. Wachstum und Wettbewerbsvorteile durch Wissensmanagement, München / Wien.

Waibel, M. C., 1997: „Knick leicht durch Holm drücken": Lokales Wissen in der betrieblichen Lebenswelt. Studien zur Wissensentwicklung in Praxisgemeinschaften der industriellen Fertigung, Bremen (Diss.).

Wehner, T. / Clases, C. / Endres, E., 1996: Situiertes Lernen und kooperatives Handeln in Praxisgemeinschaften. In: Endres, E. / Wehner, T. (Hg.): Zwischenbetriebliche Kooperation. Die Gestaltung von Lieferbeziehungen, Weinheim: 71-85

Weick, K. E., 1985: Der Prozeß des Organisierens, Frankfurt.

Weltz, F. / Ortmann, R. G., 1992: Das Softwareprojekt. Projektmanagement in der Praxis, Frankfurt / New York.

Willke, H., 1996: Dimensionen des Wissensmanagements – Zum Zusammenhang von gesellschaftlicher und organisationaler Wissensbasierung. In: Managementforschung 6/1996, hg. von Schreyögg, G. und Conrad, P., Berlin / New York: 263-304.

Willke, H., 1998: Organisisierte Wissensarbeit, in: Zeitschrift für Soziologie, Jg.27, H.3: 161-177.

Womack, J. P. / Jones, D. T. / Roos, D., 1991: Die zweite Revolution in der Autoindustrie, Frankfurt / New York.

Brödner, P. / Helmstädter, E. / Widmaier, B. (Hg.):
Wissensteilung. Zur Dynamik von Innovation und kollektivem Lernen,
München und Mering: Hampp 1999

193

Dorit Jaeger

Erfahrungswissen der Produktionsarbeiter als Innovationspotential

1 Einleitung

Wissen ist mittlerweile in den hochproduktiven Wirtschaftsbereichen zum wichtigsten Produktionsfaktor geworden. Besondere Bedeutung für die Bewältigung der hohen Dynamik und Komplexität betrieblicher Abläufe besitzt erfahrungsgeleitetes Handeln sowie die Nutzung von Erfahrungswissen, das nicht im Rahmen einer formalen Ausbildung, sondern in der Auseinandersetzung mit der konkreten betrieblichen Praxis erworben wird. Dies gilt gleichermaßen für Produktinnovationen als auch für die damit verbundenen Prozeß- und Verfahrensinnovationen.

In Industriezweigen mit niedriger Wertschöpfung, die einen großen Anteil angelernter Arbeitskräfte in meist ausgeprägt arbeitsteiligen Strukturen beschäftigen, wird die Bedeutung des im Betrieb vorhandenen Erfahrungswissens für die Sicherung der Innovations- und Wettbewerbsfähigkeit dagegen bislang kaum erkannt, geschweige denn ausgeschöpft. Erfahrungswissen existiert meist nur in den Köpfen von einzelnen Mitarbeitern, wird nirgendwo festgehalten und findet deshalb meist nur in einem sehr engen, arbeitsplatzbezogenen Kontext Anwendung. Darüber hinaus wird es von anderen betrieblichen Akteuren weder gefördert noch genutzt.

Die geringe Bedeutung, die dem Erfahrungswissen der Mitarbeiter über den unmittelbaren Arbeitsplatz hinaus beigemessen wird, hängt damit zusammen, daß in diesen Betrieben der Fokus meist einseitig auf Strategien zur Kostensenkung gerichtet ist, während Produktinnovationen oder die Erweiterung von Service nur marginale Themen darstellen.[1]
Angesichts der Internationalisierung des Wettbewerbs ist jedoch kaum zu

---

[1] Die Strategie dieser Unternehmen entspricht der „low road of innovation". Vgl. hierzu den Beitrag von Brödner in diesem Band.

erwarten, daß sich die Marktanteile in diesen Segmenten zukünftig halten lassen, wenn es in den Betrieben nicht zu einer Erhöhung der Wertschöpfung und Steigerung der Produktivität über eine konsequente kundenorientierte Erweiterung und Erneuerung der Produkt- und Leistungspalette kommt.

Da Produktinnovationen eng mit Prozeß- und Verfahrensinnovationen verknüpft sind, besteht bei einer solchen Strategie der Transformation „einfacher" in „intelligente" Produkte durch Vergrößerung des Wissens- und Dienstleistungsanteils die realistische Chance, daß eine Erhöhung der Produktivität und nicht zwangsläufig zu einem Abbau von Arbeitsplätzen im Produktionsbereich führt, sondern daß Arbeitsplätze – und dabei eben auch solche, mit bislang geringen Qualifikationsanforderungen – nicht nur gesichert, sondern auch aufgewertet werden könnten. So kann z. B. die Erweiterung und intensive Nutzung des Produktionswissens der Mitarbeiter dazu beitragen, Flexibilität und Kundenorientierung zu erhöhen sowie Zeit und Kosten bei der Entwicklung und beim Neuanlauf von Produkten und der Beschaffung von Produktionsmitteln durch die Optimierung von Prozessen, Verfahren, Fertigungseinrichtungen und Abläufen senken.

Eine solche Strategie der Transformation „einfacher" Produkte in „wissensintensive" Produkte und Dienstleistungen, verbunden mit einer konsequenten Kundenorientierung erfordert ein systematisches Wissensmanagement, d. h. eine Identifizierung, Verfügbarmachung, Bündelung und Nutzung innovationsrelevanten Wissens, aber auch die gezielte Schaffung von Bedingungen für die Erweiterung vorhandener Wissensbestände sowie ihre Verbindung mit externem Wissen. Dabei sind von den Mitarbeitern und Führungskräften neue Kompetenzen gefordert, deren Kern in der engen Verknüpfung von Erfahrungswissen, Fachwissen und Prozeßwissen mit Sozial- und Organisationskompetenz besteht, um vermehrt neue Erfahrungen entstehen zu lassen, diese zu explizieren, mit anderen Wissenselementen zu verknüpfen und dieses neue Wissen wieder in die Praxis einmünden zu lassen.

Im folgenden möchte ich zur Klärung der Frage beitragen, wie eine Ausschöpfung des im Erfahrungswissen liegenden Innovationspotentials ermöglicht werden kann. Hierzu gehe ich zunächst auf die Eigenheiten dieser besonderen Wissensart ein, um dann zu betrachten, auf welche Weise Erfahrungswissen – also emprisch gewonnenes, nicht standardisiertes Wissen über Maschinen, Prozesse, Produkte und Abläufe – in explizites Wissen umgewandelt, mit anderen Wissensarten verknüpft und damit über den einzelnen Arbeitsplatz und die unmittelbare Produktionstätigkeit hinaus für betriebliche Innovationsprozesse fruchtbar gemacht werden kann. Abschließend geht es darum, welche Barrieren gegenwärtig einer breiteren Nutzung des Erfahrungswissens entgegenstehen und welche Faktoren und Rahmenbedingungen sich dagegen fördernd auf die Entstehung und Umwandlung von Erfahrungswissen auswirken. Dabei werde ich mich besonders auf die Bedingungen der Angelerntentätigkeit im Produktionsbereich beziehen.

Den empirischen Hintergrund bilden Untersuchungen im Rahmen verschiedener Projekte, die sich mit der Rolle und den Aufgaben von Meistern in neuen Produktionskonzepten sowie der Qualifizierung von An- und Ungelernten beschäftigen.[2]

2 Erfahrungswissen als Ausgangspunkt der Wissensgenerierung

Der Entstehungspunkt neuen Wissens ist die praktischen Auseinandersetzung des einzelnen Individuums mit seiner Umwelt durch Handeln. In seiner ursprünglichsten Form ist neues Wissen daher Erfahrungswissen, das sich auf praktisches Können, Fähigkeiten und Fertigkeiten bezieht. Erst wenn diese Erfahrung durch Begriffsbildung ins Bewußtsein gehoben und in einem kognitiven Prozeß geordnet und expliziert wird, nimmt Wissen die Form von Theorien an, kann also über seinen unmittelbaren Entstehungskontext hinaus verallgemeinert und damit auch von anderen verstanden und angewendet werden.

Erfahrungswissen ist eine besondere Wissensart, die im Unterschied zu reinem Fachwissen durch ein besonderes Gespür für den Prozeß und die Materie gekennzeichnet ist und daher gleichermaßen einen sinnlichen wie geistigen Vorgang darstellt. Erfahrungsgeleitetes Handeln entsteht weder nur aus rein rationalen Überlegungen, noch wird nur „aus dem Bauch heraus" eine Entscheidung getroffen. Vielmehr sind Gefühl und Verstand eng miteinander vernetzt in die Wahrnehmung und Entscheidungsfindung einbezogen. Dies erfordert ein eher assoziatives Denken, wobei man sich an ähnliche, früher aufgetretene Erfahrungen erinnert. Diese „Springen" zwischen verschiedenen Ereignissen bedeutet aber nicht einfach nur eine Übertragung von Erfahrungen – oft produziert die Fähigkeit zum assoziativen Denken auch neue überraschende Lösungen.

---

[2] Projekt: „Untersuchung Rolle des Meisters in neuen Arbeits- und Produktionskonzepten. Fallstudien aus den Bereichen Maschinenbau, Gießerei-Industrie und Automobilzulieferer." Gefördert vom BMBF im Rahmen des Programms Arbeit und Technik. Projekt: „Qualifizierung des operativen Managements für neue Produktionskonzepte". Gefördert vom BMBF im Rahmen des Programms „Produktion 2000". Projekt „Umlernen – Lernen im Betrieb". Gefördert im Rahmen des Quatro-Programms.

Ebenso wie sich Schwimmen oder Fahradfahren nicht über das Studium von Handbüchern erlernen läßt, kann Erfahrungswissen nur sehr unzureichend in sprachlicher Form dargestellt werden. Am ehesten sind bildhafte Vorstellungen wie Metaphern oder Analogien dazu geeignet, den Inhalt von Erfahrungswissen auszudrücken: Im Produktionsbereich spricht man zum Beispiel davon, daß jemand das „richtige Gefühl" für die Anlage hat, daß es „weh tut", wenn der Bohrer falsch läuft, daß man „spürt", wenn das Material aufeinander reibt oder daß man hört, daß etwas „rund" läuft.

Um die Eigenart des Erfahrungswissens herauszuarbeiten, möchte ich auf die Unterscheidung von Polanyi (1985) zwischen explizitem und implizitem Wissen zurückgreifen:

Explizites Wissen
• ist objektbezogen, beinhaltet Fakten;

• kann in Wort und Schrift kommuniziert werden;

• ist unabhängig vom Anwendungszusammenhang.

Implizites Wissen
• ist handlungsbezogen und wird durch Erfahrung erworben;

• wird eher über Metaphern, Modelle oder Analogien kommuniziert;

• ist an den Anwendungszusammenhang gebunden.

Stellt die Aneignung von explizitem Wissen vor allem einen kognitiver Prozeß dar, so entspringt implizites Wissen aus der unmittelbaren Erfahrung. Es handelt sich dabei um nachhaltiges Lernen, das sich gleichermaßen im Kopf und im Körper vollzieht. Es ist „learning by doing", entspringt aus „trial and error".

Während sich explizites Wissen problemlos in Worten, Zahlen oder auch Zeichnungen darstellen und in Form von Regeln, Formeln, Vorgehensweisen oder Dokumentationen übermitteln läßt, ist implizites Wissen etwas sehr Persönliches und entzieht sich dem formalen Ausdruck. Wie am Beispiel des Maschinenführers deutlich wird, fallen unter dieses Wissen subjektive Einsichten, Ahnungen und Intuitionen, aber auch individuelle Überzeugungen und Wertesysteme.

Im Unterschied zu explizitem Wissen schließt implizites Wissen das Können ein. Können bezieht sich auf handwerkliche Fertigkeiten und Geschick im Sinne von „Körperwissen" und „Know-how", das durch praktisches Handeln erworben wurde. Ein solcher Experte ist oft nicht dazu in der Lage, die technisch-wissenschaftlichen Grundlagen seines Könnens zu benennen. Gleichzeitig besitzt implizites Wissen aber auch eine kognitive

Dimension. Diese beinhaltet mentale Modelle im Sinne von Bildern und Visionen, Paradigmen und Perspektiven, Vorstellungen und Überzeugungen, mittels derer sich Menschen durch Erzeugung und Handhabung von Analogien in der Welt zurechtfinden. Derartige implizite Modelle, die aufgrund ihrer scheinbaren Selbstverständlichkeit oft kaum bewußt als solche vom Individuum wahrgenommen werden, spiegeln die Wirklichkeitsauffassung des Einzelnen wieder und formen seine Wahrnehmung und Beschreibung der Welt.

Erfahrungswissen ist demnach eindeutig dem impliziten Wissen zuzuordnen, so daß beide Begriffe im folgenden synonym verwendet werden können. Implizites Wissen bildet die Grundlage von Handlungskompetenz. Es bedeutet, daß in komplexen Situationen eine Vielzahl von Daten sinnlich erfaßt, interpretiert und so vernetzt wird, daß daraus blitzschnelle Entscheidungen getroffen werden können. Wesentlich ist dabei, daß dieser Vorgang intuitiv erfolgt, die einzelnen Informationen also nicht systematisch abgerufen und durchgecheckt werden müssen. Erfahrene Anlagenführer oder Maschinenbediener können auf diese Weise beispielsweise eine Störung bereits erahnen, bevor sie tatsächlich eintritt bzw. angezeigt wird.

Implizites Wissen beruht auf einer bestimmten Methode des Arbeitens, der praktischen Auseinandersetzung mit der Materie, die sich deutlich von dem unterschiedet, was man im allgemeinen unter kognitiv-rationalem oder systematisch-planvollem Handeln versteht. In der Produktion sind Fachwissen und Erfahrungswissen, systematisches und erfahrungsgeleitetes Handeln gleichermaßen wichtig. Gefordert ist ein Bewußtsein über Unsicherheiten, das Bewußtsein darüber, daß nicht alles planbar ist, daß ein Rest an Unsicherheit bleibt, und daß man bestimmte Methoden braucht, um mit diesen Unsicherheiten zurecht zu kommen. Das bedeutet aber auch, daß die Grenzen der technischen Beherrschbarkeit klar erkannt werden.

Nicht nur im sozialen, sondern auch im technischen Bereich können immer wieder Ereignisse auftreten, von denen man zwar weiß, daß sie grundsätzlich auftreten können – ob sie aber im konkreten Fall eintreten, ist nicht vorhersehbar. So spielen – anders als unter Laborbedingungen – im konkreten Produktionsprozeß eine Unzahl verschiedener Einflußfaktoren wie Luftfeuchte, Raumtemperatur oder Verschleiß eine Rolle, die nicht exakt in ihren Wirkungen gemessen und kontrolliert werden können. Aufgrund dieser eingeschränkten Reproduzierbarkeit der Rahmenbedingungen treten Unregelmäßigkeiten in den Abläufen auf, die vom Maschinenbediener oder Anlagenführer erkannt und wieder korrigiert werden müssen.

Je komplexer die Fertigungstechnik, um so weniger reicht rein technisch vermitteltes Wissen aus, um damit umzugehen. Erforderlich ist die unmittelbare sinnliche Erfahrung vor Ort mit einem bestimmten Produktspektrum, bestimmten Produktionsmitteln und bestimmten Materialien. Erst die komplexe sinnliche Wahrnehmung ermöglicht ein Verständnis der vielschichtigen technischen Vorgänge. Ein Modell zu entwikkeln und zu glauben, die Abläufe seien allein damit bereits steuerbar ist schlichtweg praxisfremd. Je komplexer also die Fertigungstechnik ist, je vernetzter technische Systeme werden, umso eher treten Ereignisse auf, die nicht vorhersehbar sind. Erfahrungswissen ermöglicht, sich auf dieses Nicht-Planbare einzustellen.

Konkrete Produktionsprozesse laufen also meist viel unregelmäßiger ab und enthalten viel mehr Überraschungen, als das vielen, die diese Systeme nur von außen sehen, bewußt ist. Dies betrifft sowohl die Entwickler selbst, als auch diejenigen, die im Anwenderbetrieb die Investitionsentscheidungen treffen.

Komplexe technische Systeme sind in ihren Eigenschaften in gewisser Weise mit lebenden Organismen vergleichbar. „Erfahrene" Arbeiter haben sich darauf eingestellt und reagieren auch auf unerwarteten Ereignissen situationsadäquat. Erfahrungswissen und erfahrungsgeleitetes Handeln impliziert eine bestimmte Art und Weise, sich mit den Dingen auseinanderzusetzen. Hierzu zählt eine sehr komplexe und vielfältige sinnliche Wahrnehmung der Arbeitssituation durch Sehen, Hören, Riechen, Erfassen mit den Händen, körperliches Spüren von Vibrationen etc. Entscheidend ist dabei, daß Dinge wahrgenommen werden, die nicht exakt gemessen, bestimmt oder definiert werden können. So ist ein Maschinenbediener zum Beispiel dazu in der Lage, am Geräusch zu erkennen, ob eine Pumpe defekt ist oder ob sich eine Störung andeutet. Desgleichen werden abstrakte Darstellungen auf Monitoren oder Displays nicht nur rein technisch interpretiert, sondern lösen beim „Erfahrenen" eine sinnliche Vorstellung konkreter prozessualer Gegebenheiten aus. Man könnte hier von einer Art „abstrakter Sinnlichkeit" sprechen.[3]

Erfahrungsgeleitetes Handeln unterscheidet sich erheblich von systematischem Handeln. Während bei letzterem zunächst eine Analyse der Situation vorgenommen wird, Lösungsalternativen erwogen werden und dann erst gehandelt wird, arbeitet sich das erfahrungsgeleitete Handeln im praktischen Dialog mit dem Arbeitsmitteln und Arbeitsgegenstand vor. Bei einer solchen Art des Arbeitens kann sich das „richtige Gespür" nur entwickeln, wenn man nicht nur mit dem Kopf, sondern auch mit dem Körper und den Gefühlen bei der Sache ist, sich also auf die Materie

---

[3] Vgl. hierzu Böhle / Milkau 1988 sowie Böhle / Rose 1992.

einläßt. Die Sicherheit dieses „spürmäßigen" Erfassens von Zusammenhängen und das Vertrauen auf die eigene Intuition bilden den Kern von Erfahrungswissen. Während sich allmählich ein Bewußtsein darüber herausbildet, daß komplexe sinnliche Erfahrung, subjektives Empfinden und ein assoziativ anschauliches Denken gerade auch bei geistiger Arbeit wichtig ist, beinhaltet umgekehrt die körperliche Arbeit ein hohes Maß an bislang kaum erkanntem und anerkanntem Wissen.

3 Die Umwandlung von Erfahrungswissen in explizites Wissen

Innovationen erfordern Wissen, das erst über die Verknüpfung von Wissenselementen unterschiedlicher Bereiche und Akteure hergestellt werden kann. Dazu müssen die notwendigen Wissensbestände identifiziert, zusammengeführt und allen relevanten Akteuren zugänglich gemacht werden. Es geht dabei um die gemeinsame Aneignung von Wissen, um die Entstehung von neuem Wissen innerhalb eines kollektiven Lernprozesses und schließlich um die Einmündung dieses Wissens in eine neue Praxis, aus der wiederum neues Wissen entsteht. Für diesen Prozeß stellt das im Produktionsbereich vorhandene und beständig neu entstehende Erfahrungswissen eine wichtige und häufig unzureichend genutzte Ressource dar.

Wie kann nun das Innovationspotential dieses Erfahrungswissens aktiviert werden?

Jeder, der bestimmte Fertigkeiten wie Skifahren oder Autofahren – oder eben auch die Bedienung einer Maschine, die Herstellung eines bestimmten Produktes oder die Durchführung eines bestimmten Arbeitsganges – beherrscht, weiß, daß sich dieses praktische Können nicht allein durch das Lesen von Handbüchern vermitteln läßt, wenngleich ein theoretisches Grundwissen sowie die Anwendung bestimmter Regeln dabei durchaus hilfreich oder sogar erforderlich sein kann. Letztlich lernt man Skifahren aber eben nur auf der Piste, und wenn der Skilehrer einen korrekten Parallelschwung vorführt, so ist das für den Anfänger erheblich aufschlußreicher als die theoretischen Erklärungen und Erörterungen der zugrundeliegenden physikalischen Gesetze.

Nun geht es bei der Fruchtbarmachung von Erfahrungswissen für Innovationsprozesse allerdings weniger darum, ein praktisches Können weiterzugeben, als darum, aus diesem Können bestimmte Schlußfolgerungen und Erkenntnisse abzuleiten, welche für die mit Produkt- oder Prozeßinnovationen verbundenen Fragestellungen relevant sind. Um für Innovationsprozesse von Nutzen zu sein, die über seinen unmittelbaren Anwendungszusammenhang hinausgehen, muß Erfahrungswissen deshalb vor einem breiteren Hintergrund und übergreifenderen Fragestellungen reflektiert, durch Begriffsbildung geordnet und in explizites Wissen in Form von Konzepten, Empfehlungen, Vorgehensweisen, Handlungsanleitungen, Dokumentationen oder dergleichen verwandelt werden. Erst dann kann es mit neuen Wissenselementen verknüpft werden und in einen neue Praxis einmünden, die wiederum neues Erfahrungswissen entstehen läßt.

Der Schlüssel zur Wissensgenerierung besteht nach Nonaka / Takeuchi (1997) in der wechselseitigen Umwandlung von implizitem und explizitem Wissen. Im Gesamtprozeß der Schaffung und Anwendung neuen Wissens werden vier Formen der Wissensumwandlung unterschieden:

- Sozialisation: von implizit zu implizit
- Explikation: von implizit zu explizit
- Kombination: von explizit zu explizit
- Internalisierung: von explizit zu implizit

Diese vier Formen bilden den Mechanismus, über den individuelles Wissen artikuliert, verstärkt, im Unternehmen verbreitet und damit Bestandteil der organisationalen Wissensbasis wird.

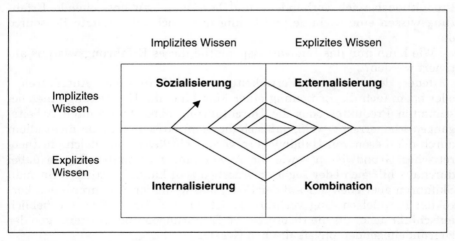

Abbildung 1: Formen der Wissensumwandlung nach Nonaka / Takeuchi (1997)

Sozialisation ist demnach ein Erfahrungsaustausch, aus dem implizites Wissen in Form gemeinsamer mentale Modell oder technischer Fertigkeiten entsteht.

Externalisierung meint den Prozeß der Transformation von implizitem Wissen in explizite Konzepte über die Bildung von Metaphern, Analogien, Modell oder Hypothesen, der durch Dialog und kollektive Reflexion ausgelöst wird.

Kombination bildet die Erfassung von Konzepten in einem bestimmten Wissenskomplex oder unter einer bestimmten Fragestellung, wobei verschiedene Elemente expliziten Wissens miteinander verknüpft werden.

Internalisierung bezieht sich darauf, daß das in explizite Konzepte transformierte und kombinierte Wissen nun wieder in eine neue Praxis einmünden muß.

Die Interaktion zwischen implizitem und explizitem Wissen erfordert also einen sozialen Rahmen, ein soziales „Interaktionsfeld", indem sich über kollektive Lernprozesse beide Wissensarten sich in quantitativer wie qualitativer Weise verändern. Nonaka und Takeuchi beschreiben diesen Prozeß als „Wissensspirale", wobei die Wechselwirkung zwischen implizitem und expliziten Wissen von der Ebene des Individuums über die Ebene der Gruppe bis auf die Ebene der Organisation getragen wird, um von dort wieder bis zur Ebene des Individuums herabzusteigen.

Derartige Lernprozesse lassen sich nicht allein über individuelle Lerntheorien und neurobiologische Erkenntnisse erklären, sondern stellen eine neue Qualität dar. Gruppenprozesse und gemeinschaftliche Problemlösungsprozesse weisen eine Eigendynamik auf, die nicht nur für einen Beobachter von außen, sondern auch für die Gruppenmitglieder selbst oft nur schwer zu erklären ist.

Im Unterschied zu individuellen Lernprozessen ist kollektives Lernen durch die Generierung einer gemeinsamen, von allen Mitglieder des Kollektivs geteilten Realitätssicht und eines gemeinsamen Bezugsrahmens gekennzeichnet. Eine wichtige Voraussetzung dafür, daß kollektive Lernprozesse zustande kommen und deren Ergebnisse festgehalten und verankert werden können, ist die Entwicklung einer gemeinsamen Sprache. Gruppen bilden oft einen gemeinsamen Sprachschatz heraus, der nur von den „Insidern" verstanden wird. Bestimmte Termini stehen dabei als Kürzel für komplexe Zusammenhänge und kollektiv geteilte Erfahrungen.

Im folgenden soll untersucht werden, wie das praktische Wissen von Produktionsmitabeitern diesen Prozeß durchlaufen kann, dabei in explizites Wissen umgewandelt wird und in Verbindung mit theortischem Wissen für Innovationen fruchtbar gemacht werden kann. Dabei werden vier Abschnitte unterschieden, deren Übergänge in der Praxis jedoch fließend sind und zusammengenommen einen Kreisprozeß darstellen. Innerhalb dieses Prozesses entsteht aus praktischem Handeln Erfahrungswissen, das mit anderem Erfahrungswissen ausgetauscht, in explizites Wissen umgewandelt, mit anderen expliziten Wissenselementen verknüpft wird und schließlich in eine neue Praxis einmündet, aus der wiederum neues Erfahrungswissen entsteht (vgl. Abbildung 2).

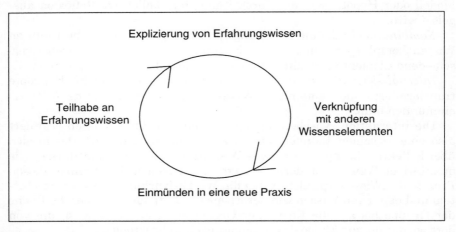

Abbildung 2: Transformation von Wissen

3.1 Erste Stufe: Teilhabe an Erfahrungswissen

Erfahrungswissen ist zunächst das persönliche Wissen eines Einzelnen. Der erste Schritt, dieses Wissen zu verbreiten und aus seinem unmittelbaren Entstehungszusammenhang herauszulösen, besteht darin, Erfahrung innerhalb einer Praxisgemeinschaft mit anderen Individuen zu teilen, die über den gleichen oder zumindest einen ähnlichen Erfahrungshintergrund verfügen. Bezogen auf die Produktionsarbeit findet dies in der Arbeitsgruppe, im Team oder – bei Einzelarbeit – einfach auch mit den Kollegen an den benachbarten Arbeitsplätzen statt. Eine derart homogen zusammengesetzte Gruppe erleichtert die Verständigung aufgrund des gemeinsamen Erfahrungshintergrundes, aber auch durch die Entwicklung eines eigenen sprachlichen Codes, welcher die Explikation und Kommunikation von Erfahrungen ermöglicht. Darüber hinaus können durch die unmittelbare Nähe zum Arbeitsplatz bestimmte Elemente des Erfahrungswissens Einzelner in nonverbaler Form „vor Ort" demonstriert und damit in direkter Weise auch von anderen erfahren werden.

Geteiltes Erfahrungswissen als erster Schritt des Explikationsprozesses bewegt sich jedoch immer noch auf der Stufe des impliziten Wissens (Sozialisation). Implizites Wissen kann nonverbal vermittelt werden durch Zusammenarbeit in der Gruppe oder durch Anlernen am Arbeitsplatz. Partizipatives Lernen bildet in der Praxis eine wichtige Form der Teilhabe an implizitem Wissen, in der Erfahrungswissen sowohl erworben als auch weitergegeben werden kann wie zum Beispiel durch Zeigen oder Vormachen. Als Ergebnis einer solchen Teilhabe am Erfahrungswissen entsteht ein erweitertes Handlungswissen, das sich auf angewendete Praktiken und Verfahrensweisen bezieht und Erkenntnisse über Ursache-Wirkungs-Zusammenhänge oder Ereignisketten beinhaltet. Es handelt sich um eine Art von Prozeßwissen darüber, wie man etwas tut, wodurch Probleme entstehen und wie diese gelöst werden können. Es bezieht sich zum Beispiel darauf, wodurch sich eine bestimmte Maschinenstörung ankündigt, bei welchen Produkten besondere Vorkehrungen getroffen werden müssen, wie ein bestimmtes Qualitätsproblem verhindert werden kann, oder an welchen Produktionseinrichtungen unter welchen Umständen welche Schwierigkeiten auftreten.

Die Voraussetzung der Teilhabe an Erfahrungswissen bildet der gemeinsam geteilte Erfahrungskontext, aus dem heraus eine Sprache entsteht, die sich von der Sprache anderer Gruppen unterscheidet. Hinter derartigen sprachlichen Codes verbergen sich oft komplexe Zusammenhänge, die sich nur für den entschlüsseln, der in der gleichen Erfahrungswelt zu Hause ist. Solche Codes stellen damit eine erste Form der Begriffsbildung und damit die Voraussetzung der Explizierung von Erfahrungswissen dar und dienen der Verständigung innerhalb einer Gruppe. Da sie aber den gleichen oder zumindest einen ähnlichen empirischen Hintergrund voraussetzen, um in ihrem Bedeutungsgehalt verstanden zu werden, sind sie in der Regel noch nicht dazu geeignet sind, Wissen über den unmittelbaren Anwendungszusammenhang hinaus für andere Akteure verständlich und für weiterreichende Prozesse nutzbar zu machen.

3.2 Zweite Stufe: Explizierung von Erfahrungswissen

Erfahrungswissen entsteht in der praktischen der Auseinandersetzung mit Arbeitsmitteln und Arbeitsgegenstand als Ergebnis eines Lernprozesses, der eher selbstorganisierenden Prinzipien folgt und daher nur schwer beschreibar und auch kaum direkt steuerbar ist. Die Umwandlung dieses impliziten, also an einen bestimmten Anwendungszusammenhang gebundenen Wissen in explizites, also kontextunabhängiges Wissen wird begünstigt durch Fragestellungen, die über seinen unmittelbaren Entstehungszusammenhang hinausweisen.

Während ein Erfahrungsaustausch so gut wie überall in irgend einer Form informell praktiziert wird, aber selten über den unmittelbaren Anwendungskontext hinaus reicht, sind Optimierungsteams wie zum Beispiel

KVP[4]-Teams oder Qualitätszirkel besonders gut dazu geeignet, die Erfahrungen von Produktionsmitarbeitern zu reflektieren und über Diskussion und Dialog in einen größeren Zusammenhang zu stellen.

Im Unterschied zur reinen Teilhabe an den Erfahrungen anderer steht hier die Umwandlung von implizitem Wissen in explizites Wissen in Form von Modellen, der Deutung und Erklärung von Ursache-Wirkungs-Zusammenhängen, Handlungsanleitungen und Konzepten im Vordergrund. Während beim Erfahrungsaustausch der Erfahrungshintergrund der einzelnen Akteure identisch oder jedenfalls sehr ähnlich ist, kommen die Mitglieder eines Optimierungsteams dagegen oft aus unterschiedlichen Bereichen. So setzen sich solche Teams z. B. aus Produktionsmitarbeitern der verschiedenen Abschnitte einer Prozeßkette sowie Fachkräften der Arbeitsvorbereitung, Instandhaltung und Qualitätssicherung zusammen.

Am Beispiel einer Produkt- oder Prozeßinnovation könnte es sich dabei um ein interdisziplinär zusammengesetztes Entwicklungsteam bzw. um ein schnittstellenübergreifend zusammengesetztes Optimierungsteam handeln. Entscheidend ist dabei der *gemeinsame Blick* auf ein bestimmtes Thema bzw. ein bestimmtes Problem bei *unterschiedlichem Erfahrungshintergrund* der Einzelnen. Produktionsmitarbeiter können hier zum Beispiel wertvolle Beiträge zu der Frage leisten,

- ob für ein neues oder modifiziertes Produkt vorhandene Produktionseinrichtungen genutzt bzw. umgebaut werden können,

- welche Erfahrungen mit der Verarbeitung bestimmter Werkstoffe gemacht wurden,

- welche Auslegung eine neu zu beschaffende Maschine haben sollte oder

- welche Änderungen für produktionsgerechte und damit kostensparende Konstruktion erforderlich sind.

Im Unterschied zum reinen Mitteilen von Erfahrungen sind hier die Akteure dazu gezwungen, ein Begriffswissen zu entwickeln, mit dem sie die für das jeweilige Thema relevanten Schlußfolgerungen, die sie aus ihrem individuellen Erfahrungswissen ziehen, ausdrücken und anderen verständlich machen können, die nicht über den gleichen Erfahrungshintergrund verfügen. Im Mittelpunkt steht die intensive Auseinandersetzung mit den unterschiedlichen impliziten und expliziten Wissensbeständen innerhalb der Gruppe. Dabei findet eine Selektion derjenigen Wissensanteile statt, die schließlich in den gemeinsamen Wissensbestand aufgenommen werden.

---

4   Kontinuierlicher Verbesserungsprozeß.

Diese Stufe bildet den Kernprozeß der Nutzbarmachung von Erfahrungswissen, da hier implizites in explizites Wissen und damit in eine Form verwandelt wird, die auch von Akteuren mit unterschiedlichem empirischen Background verstanden und mit anderen expliziten Wissensbeständen verknüpft werden kann. Bei der Umwandlung von impliziten in explizites Wissen ist die Verwendung von Metaphern hilfreich, da diese das intuitive Begreifen eines Sachverhaltes durch die bildliche Vorstellung eines anderen ermöglichen. Durch dieses intuitive Begreifen ist es Menschen aus verschiedenen Erfahrungswelten möglich, miteinander zu kommunizieren.

Die Umwandlung von Erfahrungswissen in Konzepte, Vorgehensweisen oder Regeln über Metaphern und Analogien erfordert einen intensiven Interaktionsprozeß innerhalb einer Gruppe oder eines Teams. Hierbei können sich bei den einzelnen Akteuren neue Standpunkte und Sichtweisen herausbilden, die bestehende Prämissen in Frage stellen oder die eigenen Erfahrungen in neue Sinnzusammenhänge stellen. Erfahrungswissen kann aber auch in Form von Ergebnissen und Schlußfolgerungen eingebracht werden. Darunter fallen zum Beispiel Hinweise, daß die Roh- oder Hilfsstoffe, die über einen neuen Lieferanten bezogen werden, sich schlechter verarbeiten lassen und zu Qualitätsproblemen führen oder Vorschläge für den Umbau einer Maschine, für die Lagerung bestimmter Materialien oder die Vereinfachung organisatorischer Abläufe.

Neues Wissen entsteht hier, indem die Wissensbestände der einzelnen Akteure so miteinander verbunden werden, daß das Resultat ein Delta enthält, also mehr ist, als die Summe seiner Teile. Voraussetzung dafür, daß die Gruppe als Gruppe neues Wissen produziert, ist der Dialog: Im Unterschied zu einem bloßen „Schlagabtausch" von Argumenten fließt hier Wissen, daß sich erst allmählich entwickelt und keinem Gruppenmitglied direkt zugeordnet werden kann. Damit hat einerseits die Gruppe kollektiv gelernt, gleichzeitg hat aber auch jedes einzelne Mitglied einen individuellen Lernprozeß vollzogen, indem das kollektive Wissen in den induviduellen Wissenbestand übernommen wurde.

Zu berücksichtigen ist allerdings, daß eine Auswahl „olympia-reifer" Mitarbeiter keineswegs automatisch ein gutes Team bildet – von kollektiven Lernprozessen ganz zu schweigen. Die Qualität der Beziehungen ist hier wichtiger als das Wissen des Einzelnen. Erst die Interaktion und Kommunikation zwischen den Mitgliedern ermöglicht, daß das eigene Wissen anderen zugänglich wird. Vertrauen, Offenheit und Kommunikationsfähigkeit sind also Grundlagen dafür, daß ein Team funktioniert, der Wissensbestand innerhalb des Teams vergrößert und neues Wissen generiert werden kann, das kein einzelner zuvor in dieser Art und Weise angedacht hat.

Auf dieser Grundlage entsteht über einen kollektiven Lernprozeß auf Gruppenebene neues Wissen, das sich in Empfehlungen, Handlungsanweisungen, Checklisten, Modellen sowie Vorgehensweisen für Verbesserungsstrategien oder Problemlösungen niederschlagen kann. Im Unterschied zum impliziten Handlungswissen der ersten Stufe kann dieses explizites Wissen der zweiten Stufe nun dokumentiert und weitergegeben werden.

3.3 Dritte Stufe: Verknüpfung von expliziertem Erfahrungswissen mit anderen Wissenselementen

Die dritte Stufe umfaßt die Kombination von Wissen über die Erfassung von Konzepten in einem bestimmten Wissenskomplex oder unter einer bestimmten Fragestellung, wobei verschiedene Elemente expliziten Wissens miteinander verknüpft werden.

Diese Verknüpfung von expliziertem Erfahrungswissen mit anderen expliziten Wissensbeständen bedarf einer entsprechenden gemeinsamen Intention sowie eines geeigneten Interaktionsfeldes. Es geht dabei um die kollektive Aneignung von Wissen, um daraus eine neue Praxis zu entwerfen. Vorausgesetzt ist dabei der Fokus auf einen gemeinsamen Gegenstand und die Entwicklung eines gemeinsamen Problemverständnis. So arbeiten im Rahmen einer integrierten Produktentwicklung Fachleute aus verschiedenen Bereichen zusammen, indem sie – ausgehend von einem bestimmten Entwicklungsauftrag – ihre unterschiedlichen Perspektiven und Expertisen in einem gemeinsamen Lernprozeß zusammenführen und im Sinne der Entwicklungsaufgabe aufeinander abstimmen.

Neues Wissen entsteht auf dieser Stufe durch die Kombination von expliziten Wissensbeständen unterschiedlicher Herkunft sowie durch Verbindung von neugeschaffenem expliziten mit vorhandenem expliziten Wissen. Während es sich auf der zweiten Stufe noch um die Bildung von Wissen in Gruppen handelt, wird dieses Wissen auf der dritten Stufe aus seinem „Insel-Dasein" herausgehoben und in Organisationswissen überführt. Kennzeichnend für diesen Prozeß ist, daß

- latent vorhandenes Wissen für organisationale Entscheidungsprozesse verfügbar,

- aktuell vorhandenes Wissen zu verändert bzw. verbessert und

- durch „Fortentwicklung" des organisationalen Wissen eine höhere Entwicklungsstufe der organisationalen Wissensbasis erreicht wird.

Im Rahmen von Projektteams kann dabei eine Vielzahl von Wissenselementen unterschiedlicher interner oder externer Herkunft miteinander zu einem Ganzen verwoben werden. So erfolgt zum Beispiel im Rahmen eines bestimmten Investitionsvorhabens eine enge Zusammenarbeit zwischen den Planern und Produktionsverantwortlichen des Anwenderbetriebes, dem Anlagenbauer, dem Hersteller der Steuerung und möglicherweise dem Lieferanten der zu verarbeitenden Rohstoffe. Hinzu kommen Sicherheitsfachkräfte und Umweltschutzbeauftragte. Zu einem späteren Zeitpunkt werden Produktionsmitarbeiter, die Erfahrungen mit bestimmten Produkten, Verfahren und Maschinen haben, zusammen mit den Instandhaltern, Vorarbeitern und Meistern in die Erstellung des Feinkonzeptes einbezogen und ein konkreter Ablaufplan für die Inbetriebnahme der Anlage erstellt. Schließlich müssen – gemeinsam mit den Mitarbeitern aus der Produktionsplanung und -steuerung – die organisatorischen Abläufe überprüft und gegebenenfalls angepaßt, das Bedienungspersonal ausgewählt, der Schulungsbedarf ermittelt und entsprechende Qualifizierungsmaßnahmen eingeleitet werden.

Während in der zweiten Stufe die einzelnen Wissensbestandteile noch auf verschiedene Gruppen oder verteilt waren, wird dieses Wissen nun in der dritten Stufe zusammengeführt. Dabei verhindert die Implementierung und Integration der einzelnen Wissenselemente in die organisationale Wissensbasis, daß die neu gefundenen Lösungen auf isolierte Wissensinseln beschränkt bleiben. Statt dessen stehen sie allen Akteuren prinzipiell zur Verfügung und kann damit in Prozeß- oder Produktinnovationen umgesetzt werden.

3.4 Vierte Stufe: Einmünden des kombinierten Wissens in eine neue Praxis

Der letzte Schritt besteht darin, daß das explizierte, mit anderen Wissensbeständen verknüpfte Erfahrungswissen in eine neue Praxis einmündet, welche wiederum neues Erfahrungswissen generiert. Dies kann sich beispielsweise auf die Herstellung eines neuen oder modifizierten Produktes, auf bestehende Produktionseinrichtungen oder in Verbindung mit der Einführung neuer Herstellungsverfahren, Maschinen oder Rohstoffe auf die Optimierung einzelner Arbeitsplätze oder ganzer Prozeßketten beziehen.

Wenn zum Beispiel im Rahmen von Produktinnovationen neue Produktionseinrichtungen beschafft werden, entsteht vom ersten Probelauf einer neuen Maschine oder Anlage bis zur Serienfertigung – ein Prozeß der sich über Wochen und manchmal sogar Monate erstrecken kann – ei-

ne ungeheure Fülle von Erfahrungswissen bei den Maschinenbedienern
und Instandhaltern, Vorarbeitern und Meistern.

Hier kann bereits schon im Vorfeld der Beschaffung durch die Einbeziehung des Produktionspersonals bei der Besichtigung von Referenzan-
lagen und in die Feinplanung das vorhandene Erfahrungswissen genutzt
werden, um Zeit und Kosten beim Einfahren der Produktionseinrichtungen zu sparen. Darüber hinaus können sich Produktionsmitarbeiter auf
diese Weise bereits vor der Inbetriebnahme explizites Wissen aneignen,
wodurch wiederum der Lernprozeß in der Einfahrphase und das Entstehen von Erfahrungswissen intensiviert und beschleunigt wird.

Ein intensiver Austausch zwischen Produktionsmitarbeitern und den
am Beschaffungsprozeß beteiligten Planern, Konstrukteuren und Ingenieuren sowohl des Hersteller- wie des Anwenderbetriebes ermöglicht
wiederum die Explizierung des im Produktionsprozeß gewonnenen Erfahrungswissens in Form von Schwachstellenanalysen und Verbesserungsvorschlägen, welches wiederum in Gestalt von Optimierungsmaßnahmen
in den Prozeß zurückfließt. Gleichzeitig wird damit auch die Wissensbasis
des Anlagenherstellers wie auch der internen Planungsabteilungen bereichert. Konstrukteure und Ingenieure sammeln auf diese Weise ihrerseits
wertvolles Erfahrungswissen, daß wiederum in die Entwicklung und Beschaffung neuer Maschinen einfließt.

Praktisches Wissen kann auf diese Weise eine fruchtbare Verbindung
mit theoretischem Wissen eingehen, wenn Individuen dazu bereit sind,
ihre Sichtweisen und Wissensbestände in intensive Interaktionsprozesse
einzubringen, eine gemeinsame Sprache zu entwickeln sowie voneinander
und miteinander zu lernen um gemeinsam neues Wissen zu generieren.

4   Barrieren für die Nutzung von Erfahrungswissen

Erfahrungsgeleitetes Handeln ist auf den ersten Blick meist nicht besonders spektakulär. Wieviel Erfahrung allein zur Aufrechterhaltung des
normalen Produktionsablaufes erforderlich ist, wird betrieblichen Entscheidungsträgern oft erst dann bewußt, wenn die Wissensträger im Zuge
der durch Kostenreduzierungsstrategien verordneten „Schlankheitsku-
ren" das Unternehmen verlassen haben.

In vielen Betrieben wird das Innovationspotential des Erfahrungswissens im Bereich der „einfachen" Produktionsarbeit gegenwärtig kaum erkannt, geschweige denn ausgeschöpft und die Fähigkeiten und Fertigkeiten der Produktionsmitarbeiter – vor allem dann, wenn diese nicht über
eine Facharbeiterqualifikation verfügen und die Fertigung stark arbeitsteilig strukturiert ist – kaum über den unmittelbar arbeitsplatzbezogenen

Kontext hinaus genutzt. Dafür gibt es vielfältige Gründe, die von mangelnder Identifizierung und Anerkennung dieses Erfahrungswissens im Rahmen ausgeprägt arbeitsteiliger Strukturen, über hierarchisch ausgerichtetes Führungsverhalten bis zu den Schwierigkeiten der Explizierung und Verfügbarmachung von Erfahrungswissen reichen. Diese Hindernisse stehen wiederum in einem engen Zusammenhang mit stark arbeitsteiligen Organisationsstrukturen, einer tayloristisch geprägten Unternehmenskultur und entsprechenden Sanktionssystemem. Hinzu kommt das mikropolitische Gefüge von Macht und Status sowie die hierarchische Ausprägung der Informations- und Kommunikationswege. Die wichtigsten Hindernisse werden im folgenden näher betrachtet.

4.1 Arbeitsorganisatorische Barrieren: Der Stellenwert des Erfahrungswissen wird von den Wissensträgern selbst nicht erkannt

Angelernte Produktionsarbeiter werden oft in einem sehr engen inhaltlichen Kontext innerhalb hochgradig arbeitsteiliger Prozesse beschäftigt, der von festgefahrenen Routinen und Gewohnheiten durchzogen ist. Oft fehlt der Überblick über den gesamten Produktionsablauf und damit auch die Möglichkeit, die eigene Arbeitstätigkeit sowie die Anforderungen von anderen Bereiche adäquat einzuordnen. Die Bedeutung des eigenen Wissens und Handelns über die unmittelbaren Arbeitsplatzanforderungen hinaus ist den Wissensträgern daher in vielen Fällen selbst nicht bewußt, noch können sie ihre Fähigkeiten in einen übergreifenden betrieblichen Zusammenhang einordnen und in einer nachvollziehbaren Sprache beschreiben. Routinen und der fehlende Überblick über den Gesamtablauf verhindern, daß Stellenwert und Nutzen des eigenen Wissens für andere betriebliche Akteure und Entscheidungsprozesse transparent wird und eingeschätzt werden kann.

Darüber hinaus führen tayloristisch geprägte Arbeitsstrukturen dazu, daß nur wenig Möglichkeiten für den Austausch und die Explikation von Erfahrungswissen bestehen. Durch das Fehlen von Gruppen oder Teams auf der Produktionsebene bleibt die Teilhabe am Erfahrungswissen anderer auf informelle Kontakte und das Anlernen neuer Mitarbeiter beschränkt. Desgleichen sind aufgrund der eingeschränkten Handlungsspielräume auch die Möglichkeiten zu Generierung neuen Wissens begrenzt.

4.2 Kulturelle Barrieren: Der Stellenwert des Erfahrungswissens wird von den Entscheidungsträgern nicht erkannt

In vielen Betrieben ist das Wissenspotential der Produktionsarbeiter auch für die Führungskräfte eine unbekannte Größe. Oftmals scheint beim Management kaum eine Vorstellung darüber zu bestehen, daß dieses Erfahrungswissen überhaupt existiert. So findet man bei den Entscheidungsträgern in Betrieben mit – formal gesehen – niedrig qualifizierter Produktionsarbeit oft die Vorstellung, daß Mitarbeiter problemlos ausgetauscht oder ersetzt werden könnten. Wie wichtig Erfahrungswissen allein zur Aufrechterhaltung des Normalbetriebes ist, wird meist erst dann deutlich, wenn Wissensträger aus dem Produktionsbereich im Zuge von Kostenreduzierungsstrategien „abgebaut" wurden.

Die Ursachen für diese Blindheit liegen in der bestehenden Unternehmenskultur, also in festgefügten Sichtweisen, Erwartungshaltungen und nicht zuletzt einem tayloristisch geprägten Menschenbild. So gibt es etwa Vorstellungen über den „idealen" Gießereiarbeiter, der nach Möglichkeit kräftig, belastungsresistent und intellektuell anspruchslos zu sein hat. Bei einer solchen Sichtweise von Produktionsarbeit als „primitiver" Arbeit verwundert es nicht, wenn das Erfahrungswissen von Produktonsmitarbeitern nicht in der Definition der für das Unternehmen „relevanten" Wissensbereiche auftaucht. Hinzu kommen sprachliche Barrieren, die dazu führen, daß das Wissen von Mitarbeitern oder Gruppen, die nicht die dominierende Geschäftssprache sprechen, nicht erkannt wird.

4.3 Politische Barrieren: Die betriebliche Macht- und Interessenkonstellation verhindet die Nutzung des Erfahrungswissens

Oftmals wird das im Produktionsbereich vorhandene Know-how und Erfahrungswissen von anderen betrieblichen Akteuren aber auch bewußt ignoriert. So werden angelernte Produktionsmitarbeiter nicht mit in die Beschaffung von Produktionsmitteln einbezogen, wozu zum Beispiel die Feinplanung sowie Besuche beim Hersteller oder bei Referenzfirmen zählen. Dies ist ein heikler Punkt, der eng mit Fragen von Macht und Status der Planungsabteilungen zusammenhängt. So wird von den Werkern – und selbst von Meistern – häufig moniert, daß man ihnen eine Maschine einfach hinstelle, und sie dann sehen müßten, wie sie damit zurecht kämen. Dabei entstände oft ein enormer Aufwand, der doch erheblich geringer hätte sein können, wenn bestimmte fertigungsbedingte Gesichtspunkte beim Kauf und bei der konkreten Auslegung Maschine berücksichtigt worden wären. Ähnliches gilt für die Entwicklung von Produkten. So kritisiert etwa ein Montagearbeiter, daß eine bestimmte Komponente acht verschiedene Schraubentypen erfordere und dazu zudem die Bohrlöcher so unzugänglich angebracht seien, daß man das Teil nur unter ungeheuren Körperverrenkungen überhaupt einbauen könne. Kommentar: „Den, der das konstruiert hat, müßte man zur Strafe hier mal drei Monate arbeiten lassen!"

Charakteristisch für solche Betriebe ist das Fehlen von Feedback-Schleifen zwischen Entwicklung, Planung und Produktion, das durch Überschätzung der eigenen (fertigungsbezogenen) Kenntnisse und die Angst vor dem Verlust des Expertenstatus bei Konstrukteuren, Planern oder Linienvorgesetzten bedingt ist. Probst u. a. schreiben hierzu: „Neben dem generellen Beharrungsvermögen in Bezug auf die Anwendung altvertrauten Wissens existieren dabei oft geheime Spielregeln, welche die Nutzung von fremdem Wissen blockieren. Durch die Anforderung und Nutzung fremden Wissens begibt sich der Nachfrager in eine Position der Verwundbarkeit. Er gesteht eine Wissenslücke ein, und meint, oft sogar berechtigterweise, dadurch bei anderen Mitarbeitern in schlechterem Licht zu erscheinen."[5] Dies trifft vor allem dann zu, wenn Konstruktions- oder Planungsfehler zu Zeitverlusten und Kosten in der Fertigung führen. Die Folge sind oft eine Vertuschung der Ursachen oder das Abschieben von „Schuld" auf andere. Eine weitere Nutzungsbarriere kann schließlich darin bestehen, daß Erfahrungswissen als „Gebrauchstheorie" im Widerspruch zur offiziellen Handlungstheorie des Unternehmens steht. Nach dem Motto „es kann nicht sein, was nicht sein darf" können diese Widersprüche lange Zeit ignoriert und damit gemeinsames Lernen sowie die Entstehung neuen expliziten Wissens verhindert werden.

4.4 Kommunikative Barrieren: Erfahrungswissen kann nicht ohne weiteres verfügbar gemacht werden

An anderer Stelle wurde bereits ausgeführt, daß Erfahrungswissen als solches sprachlich nur sehr eingeschränkt kommunizierbar ist. Es muß erst über Metaphern oder Analogien expliziert, in Form von Schlußfolgerungen in einen breiteren Kontext eingeordnet und mit anderen anderen Wissenselementen verknüpft werden, bevor es in Form von Regeln oder Handlungsempfehlungen dokumentiert bzw. von anderen betrieblichen Akteuren, die nicht über den entsprechenden empirischen Hintergrund

---

[5] Probst u. a. 1998: 269 f.

verfügen, verstanden und genutzt werden kann. Dies ist jedoch nicht nur von der Kommunikationsfähigkeit und dem Sozialverhalten des Wissensträgers sowie seiner Kenntnis übergeordneter Kontexte abhängig, sondern ebenso von den kulturellen und strukturellen Rahmenbedingungen. So bilden – wie oben dargestellt – funktionierende Gruppen oder Teams eine wichtige Voraussetzung, um individuelles Erfahrungswissen zu externalisieren und in kollektive Wissensbestände zu überführen.

4.5 Motivationale Barrieren: Wissensträger befürchten negative Konsequenzen bei der Weitergabe ihres Erfahrungswissen

Erfahrungswissen ist an Individuen gebunden. Seine Weitergabe kann daher nur auf freiwilliger Basis erfolgen. Die fehlende Bereitschaft von Produktionsmitarbeiter, ihr Wissen weiterzugeben, liegt zum einen in der Befürchtung negativer Konsequenzen begründet. So bestehen – oft sicher berechtigte – Bedenken, daß die Weitergabe von Wissen an andere betriebliche Akteure dazu beiträgt, den eigenen Arbeitsplatz wegzurationalisieren, Freiräume innerhalb des Produktionsablaufes zu eliminieren oder über eine Reduzierung der Vorgabezeiten Lohneinbußen zur Folge hat. Eine weitere Ursache bilden Frustration und Resignation – vor allem dann, wenn in der Vergangenheit Verbesserungsvorschläge ignoriert wurden. Schließlich kann bei Produktionsmitarbeitern auch die Angst vor einem eigenen Macht- und Statusverlust oder einer Offenlegung von Fehlern zur Zurückhaltung von Wissen führen.

Zum anderen fehlt in vielen Betrieben ein positives Sanktionssystem sowie lernfreundliches Klima, wodurch die Kreativität, Experimentierfreudigkeit sowie die Entwicklung und Umsetzung von Verbesserungsvorschlägen unterstützt und honoriert werden. Wie die Praxis zeigt, reicht hierzu das betriebliche Vorschlagswesen allein nicht aus.

5 Wie kann die Entstehung, Umwandlung und Nutzung von Erfahrungswissen gefördert werden?

Das Erfahrungswissen von Produktionsmitarbeitern ist nicht nur eine Grundvoraussetzung für die Abwicklung des Tagesgeschäftes, sondern enthält darüber hinaus Bestandteile die für Innovationsprozesse von hoher Relevanz sind. Dies betrifft vor allem solche Bereiche wie die

- fertigungsgerechte Konstruktion von Produkten,
- Beurteilung von Herstellungsverfahren,
- Auswahl von Roh- und Hilfsstoffen,
- Beschaffung von neuen Produktionseinrichtungen (Detailplanung und Feinkonzept),
- Optimierung von Maschinen, Anlagen, Verfahren, Prozessen, Abläufen und Produkten,
- Erkennung von Ursachen und den Möglichkeiten der Beseitigung von Qualitätsmängeln,
- Verringerung von Stillstandszeiten,
- Erhöhung der Kundenorientierung durch kürzere Lieferzeiten und besseren Service.

Aus den oben aufgeführten Nutzungsbarrieren können wichtige Hinweise abgeleitet werden, wie die Entwicklung und Verfügbarmachung von Erfahrungswissen unterstützt werden kann.

5.1 Die Anerkennung von des Erfahrungswissens von Produktionsmitarbeitern als „relevantes" Wissen

Die Grundvoraussetzung für eine systematische Förderung und Nutzung des Erfahrungswissens von Produktionsmitarbeitern besteht darin, daß dieses Wissen auf der strategischen Ebene des Unternehmens als relevantes Wissen betrachtet und offiziell als solches auch deklariert wird. Nur wenn die Geschäftsführung den Stellenwert des vorhandenen Erfahrungswissens erkennt und anerkennt, können überhaupt entsprechende Maßnahmen eingeleitet werden, die eine Förderung, Umwandlung und Verbreitung dieses Wissen im Unternehmen begünstigen.

Die explizite Würdigung des Erfahrungswissens im Produktonsbereich impliziert gleichzeitig einen Lernprozeß, der auf der Ebene des Managements vollzogen werden muß. Sie beinhaltet das Zugeständnis, daß letztlich nicht alles planbar ist und die rein technische Lösung eines Problems nur einen kleinen Ausschnitt der betrieblichen Realität darstellt.

5.2 Optimierungsteams als Foren kollektiven Lernens und der Umwandlung von Erfahrungswissen

Gruppen und Teams bilden den geeigneten Rahmen für kollektive Lernprozesse und damit für den Austausch und die Explizierung von Erfahrungswissen. Was bedeutet dies nun aber für Betriebe mit stark arbeitsteiligen Organisationsstrukturen, die mittelfristig nicht dazu in der Lage sind, ihre Fertigung auf Gruppenarbeit umzustellen?

Befragungen von Produktionsmitarbeitern aus Betrieben mit traditioneller Arbeitsorganisation haben gezeigt, daß nicht nur bei den Vorarbeitern und Einrichtern, sondern auch bei vielen angelernten Maschinenbedienern eine klares Bewußtsein darüber besteht, welche alltäglichen Behinderungen im Arbeitsablauf auftreten und Überlegungen angestellt werden, auf welche Weise einzelne Arbeitsschritte besser, reibungsloser und zeitsparender durchgeführt werden könnten. Gleichzeitig herrscht eine hohe Frustration darüber, wenn sich das Management weder für diese Probleme und Vorschläge interessiert, noch die Mitarbeiter bei Entscheidungen einbezieht, die ihren Arbeitsbereich betreffen. Von einem großen Teil der Befragten wurde der Wunsch geäußert, „doch endlich mal gehört zu werden" oder sich zu einem bestimmten Thema mit dem Meister und den Kollegen „mal zusammenzusetzen".

Eine solche Haltung kann durch die Schaffung von teamförmigen Strukturen, welche die normale Aufbau- und Ablaufstruktur überlagern, ohne diese aber zu ersetzen, konstruktiv aufgegriffen werden. Hierzu zählen zum Beispiel

- Optimierungsteams wie KVP-Teams oder Qualitätszirkel, die sich mit der Optimierung von Arbeits- und Produktionsabläufen oder der Verbesserung der Prozeß- und Produktqualität befassen.

- Schnittstellenübergreifend besetzte Teams entlang der Prozeßkette zur Vermeidung bzw. Reduzierung von Schnittstellenproblemen.

- Teams, die projektbezogen für eine bestimmte Aufgabe und über einen befristeten Zeitraum ins Leben gerufen werden. Hierunter fallen beispielsweise die Behebung eines bestimmten Qualitätsproblems, die fertigungsgerechten Gestaltung neuer Produkte, die Feinplanung bei der Beschaffung neuer Produktionseinrichtungen oder organisatorische Veränderungen.

Über eine solche Infrastruktur wird die Explizierung und Verbreitung des Erfahrungswissens sowie der Aufbau von Wissensnetzwerken gefördert. Gleichzeitig werden damit Foren kollektiven Lernens geschaffen, in denen neues Wissen entsteht, das wiederum in den Wissensfluß des Unternehmens integriert werden kann.[6] Wesentlich ist dabei, daß diese Strukturen vom Management wirklich gewollt sind, und den Meistern auch der zeitliche Rahmen dafür eingeräumt wird. Derartige Teams haben – sofern sie funktionieren – eine hochgradig motivierende Funktion. Sie ermöglichen den einzelnen Mitarbeitern, ihre Erfahrungen und Vorstellungen zu explizieren und in einem größeren Zusammenhang zu reflektieren. Eine wichtige Rolle für das Funktionieren von Teams auf der Fertigungsebene kommt dem Meister zu: Er muß dazu in der Lage sein, Optimierungsteams zu initiieren, zu betreuen und zu – zumindest am Anfang – zu moderieren. Darüber hinaus ist er der primäre Ansprechpartner für das Team, wenn es darum geht, sinnvolle Verbesserungsvorschläge umzusetzen, oder den Kontakt mit anderen betrieblichen Akteuren herzustellen.

5.3 Verknüpfung von Fachwissen, Erfahrungswissen und Prozeßwissen

Da die Entwicklungen im Umfeld der Unternehmen nur noch sehr eingeschränkt prognostiziert werden können und die Reaktionszeiten sich bei gleichzeitig wachsender Komplexität verkürzen, werden auch von angelernten Mitarbeitern zunehmend neue Kompetenzen gefordert. Das „Neue" besteht vor allem in der engen Verknüpfung von Erfahrungswissen mit Fachwissen und Prozeßwissen in Verbindung mit Organisationsfähigkeit, Sozial- und Methodenkompetenz. Hierdurch kann die Entstehung, Deutung und Explikation von innovationsrelevantem Erfahrungswissen gefördert und beschleunigt werden:

- Fachkompetenz hat einen wesentlichen Einfluß auf die Bewußtmachung, Deutung und Erklärung und damit auf die Fähigkeit zur Explizierung der gemachten Erfahrungen.

- Prozeßkompetenz[7] umfaßt das Verständnis von Prozeßabläufen und Prozeßzusammenhängen. Der Überblick über den gesamten betrieblichen Produktonszusammenhang sowie regelmäßige Informationen über das aktuelle Geschehen im Unternehmen ermöglichen es dem Einzelnen, die Bedingungen und Abhängigkeiten seiner eigenen Tätigkeit zu reflektierten und die Anforderungen anderer Bereiche adäquat einzuschätzen. Prozeßwissen macht Entscheidungskriterien transpa-

---

[6] Vgl hierzu auch Probst u. a. 1998: 239.

[7] Müller u. a. 1999.

rent und ermöglicht es, mit anderen betrieblichen Akteueren sinnvoll
zu kommunizieren.

• Sozial-, Methoden- und Organisationskompetenzen stellen wichtige
Grundlagen dar, um in Gruppen oder Teams zu arbeiten und sich mit
anderen in intensiver Interaktion auseinanderzusetzen. Sie bilden die
Voraussetzung für die Verwandlung von impliziten in explizites Wissen im Rahmen kollektiver Lernprozesse.

Die Prozesse der Wissensentstehung und -umwandlung beschleunigen
sich, wenn Mitarbeiter darin unterstützt und bestärkt werden selbstständig Defizite zu erkennen und neue Dinge auszuprobieren. Wichtig ist dabei vor allem ein lernfreundliches Klima, das Fehler in erster Linie als
Chance betrachtet, etwas besser zu machen, wie auch die entsprechenden
zeitlichen, organisatorischen und materiellen Rahmenbedingungen.

5.4 Qualifizierung vor Ort – neue Formen des Lernens

Einfache Arbeiten im Produktionsbereich, die ohne längeres Anlernen
verrichtet werden können, werden in Zukunft weiter an Bedeutung verlieren. Dies bedeutet zwar nicht, daß bei allen Tätigkeiten eine Facharbeiterausbildung erforderlich ist, doch werden – wie bereits dargestellt –
auch bei Anglernten in höherem Umfang als bisher fachliche, soziale, und
organisatorische Fähigkeiten gefordert. Damit könnten die Voraussetzungen für die Entstehung und Transformation von Erfahrungswissen deutlich verbessert werden.

An- und Ungelernte werden bei betrieblichen Weiterbildungsmaßnahmen bislang jedoch allenfalls am Rande berücksichtigt. Dies liegt unter
anderem daran, daß der Produktionsausfall bei einer mehrtägige Weiterbildung der Produktionsmitarbeiter für viele kleine und mittlere Betriebe
höchstens in Ausnahmenfällen tragbar ist. Zudem ist das traditionelle
Weiterbildungsangebot in der Regel nicht auf die Zielgruppe An- und Ungelernter zugeschnitten. So werden extern besuchte Seminare von den
Teilnehmern oft als zu theoretisch und zu betriebsfremd empfunden, so
daß der Inhalt nicht auf den Arbeitsalltag übertragen werden kann.

Dagegen sind arbeitsplatznahe und prozeßorientierte Formen des Lernens für die Qualifizierung von Produktionsmitarbeitern gut geeignet.
Gegenüber den herkömmlichen Seminaren weisen diese neuen Lernformen entscheidende Vorteile auf:

- Der Lerninhalt ergibt sich aus den konkreten betrieblichen Anforderungen. Es wird also nur das gelernt, was im Betrieb auch gebraucht wird.

- Das Gelernte ist unmittelbar praxisrelevant. Das Problem des Lerntransfers entfällt, weil es keine Trennung mehr zwischen dem Lernen und dem Anwenden des Gelernten in der Praxis gibt.

- Die Lernmotivation der Mitarbeiter ist erheblich höher, weil die Lernprozesse unmittelbar an den konkreten Problemen ihrer betriebliche Alltagsrealität anknüpfen und der Nutzen des Gelernten klar ersichtlich ist.

- Individuelle Lernprozesse sind mit kollektiven Lernprozessen verknüpft. Da es keine Trennung mehr zwischen Lernen und Anwenden gibt, sind auch die Personen, die an den Prozessen des Lernens und Umsetzens beteiligt sind, nicht mehr getrennt, sondern in einem gemeinsamen Lernprozeß zusammengebunden.

- Dem finanziellen und zeitlichen Aufwand steht ein erheblich größerer betrieblicher und individueller Nutzen gegenüber.

Über neue Formen des Lernens wird zur Zeit breit diskutiert. In einem Projekt zur Qualifizierung von An- und Ungelernten[8] wurde ein hierzu Ansatz erprobt, bei dem Lerninhalte im Rahmen sog. „LIB-Ecken" (Lernen im Betrieb) in gut visualisierter Form aufbereitet werden. LIB-Ecken sind Stellwände, auf denen Lernkarten angebracht sind, die in bestimmten zeilichen Abständen jeweils ein betrieblich relevantes Lernthema behandeln. Hierzu zählen zum Beispiel Qualitätsfragen, der Umgang mit Meß- und Prüfmitteln oder die Lagerung von Materialien und Werkzeugen. Die Darstellung der betrieblichen Abläufe bewirkt, daß sich das bereichsübergreifende Denken der Mitarbeiter entwickelt und Konflikte an den Schnittstellen deutlich entschärft werden.

Die LiB-Ecken wurden im Produktionsbereich gut sichtbar aufgestellt und entwickelten sich zu einem sozialen Treffpunkt. Durch die ständige Präsenz des Themas, die Erläuterung durch die Meister sowie die Gespräche mit Kollegen prägte sich den Mitarbeitern der Inhalt ein. Wichtig ist dabei, daß ein solches Instrument von den Vorgesetzten aktiv mitgetragen und entsprechend eingesetzt wird. So konnte zum Beispiel die jährliche Inventur in einem Unternehmen schneller und mit deutlich weniger Fehlern durchgeführt werden, nachdem das Thema „Inventur" in den LiB-Ecken behandelt wurde.

---

[8] „Umlernen – Lernen im Betrieb". Gefördert im Rahmen des Quatro-Programms.

LiB-Ecken stellen ein Instrument dar, mit dem individuelle wie auch kollektive Lernprozesse initiiert werden können und das sich gut zum Austausch, zur Reflexion und zur Explikation des Erfahrungswissens der Mitarbeiter sowie zur Kommunikation mit anderen betrieblichen Akteuren eignet.

5.5 Die Rolle der Meister im Wissensmanagement

Das operative Management steht im Schnittpunkt der horizontalen und vertikalen Informationsströme und stellt damit die Verbindung zwischen der strategischen Ebene und der produktiven Basis des Unternehmens her. Als „Kern" des operativen Managements haben vor allem die Meister eine wichtige Funktion für die Nutzung des Innovationspotenitals, das im Erfahrungswissen ihrer Mitarbeiter liegt:

* Meister sind wichtige Multiplikatoren einer lern- und wissensfördernden Unternehmenskultur. Durch ihr Führungsverhalten nehmen Meister Einfluß darauf, ob Mitarbeitern dazu motiviert sind, Neues auszuprobieren und sich mit andern auszutauschen, oder ob sie ihr Wissen ängstlich zurückhalten. Die Entscheidungsspielräume der Mitarbeiter sowie die Möglichkeiten des formellen und informellen Erfahrungsaustausches können von den Meister stark beeinflußt werden.

* Durch die Möglichkeiten der Arbeitsgestaltung und Arbeitseinteilung wirken Meister darauf ein, welche Mitarbeiter sich in welchen Bereichen welches Wissen aneignen und wo sie dieses Wissen einbringen und weitergeben. Bei der Qualifizierung der Mitarbeiter – insbesondere im Rahmen neuer, arbeitsplatznaher Formen des Lernens – haben Meister eine wichtige Rolle bei der Ermittlung des Lernbedarfs sowie der Initiierung und Koordinierung von Lernprozessen.

* Meistern obliegt die Vermittlung von „Prozeßkompetenz". Ohne Überblick über die gesamtbetrieblichen Abläufe fällt es den Mitarbeitern an der Basis oft schwer, die Flut ihrer spezifischen Erfahrungen in nützliches Wissen umzusetzen. Gerade un- und angelernte Mitarbeiter sind oft zu sehr in ihrer engen arbeitsplatzbezogenen Perspektive gefangen, so daß sie den größeren Kontext und damit die Bedeutung ihres Wissens für den Betrieb aus den Augen verlieren. Selbst wenn zu Einsichten gelangen, die für Innovationsprozesse von erheblicher Bedeutung sind, können sie deren Tragweite allein oft nur schwer erkennen geschweige denn anderen vermitteln.

- Meister können nicht nur die Entstehung von Erfahrungswissen fördern, sondern darüber hinaus den Mitarbeitern helfen, ihre Erfahrungen zu explizieren, in einen größeren Zusammenhang zu stellen und
sie schließlich über die Einbindung in entsprechende Teams und Wis-
sensnetzwerke in Kontakt mit dem Wissen anderer betrieblicher Akteure zu bringen. Dabei haben die Meister eine zentrale Rolle als
„Übersetzer" zwischen verschiedenen Beschäftigtengruppen bzw. zwischen Angehörigen unterschiedlicher Hierarchieebenen und betrieblicher Bereiche, für die sie aufgrund ihrer Schnittstellenposition und
der damit zusammenhängenden „Mehrsprachigkeit" prädestiniert
sind. So verstehen Meister die Sprache ihrer Mitarbeiter, können sich
aber ebenso mit Ingenieuren oder Planer verständigen. Vielfach ist eine direkte Kommunikation zwischen Produktionsmitarbeitern und
anderen betrieblichen Akteuren – beispielsweise aus den Bereichen
Planung oder Entwicklung – aufgrund der Verschiedenheit der Erleb-
niswelten und der verwendeten sprachlichen Codes kaum möglich.
Dem Meister kommt dabei die Aufgabe zu, die Sinn- und Bedeutungs-
zusammenhänge einzelner Fragen und Aussagen dem jeweils anderen
Gesprächspartner zu erklären und deren Anwendungskontext transparent zu machen.

Meister können damit einen wichtigen Beitrag zum Wissensmanagement
auf der Shop-floor-Ebene leisten. Aufgrund ihrer Schnittstellenfunktion
kennen sie die Produktionsabläufe sowie die Anforderungen der anderen
betrieblichen Bereiche, vor allem aber kennen sie ihrer Mitarbeiter, können deren Stärken und Schwächen einschätzen und verstehen deren
Sprache. Als direkte Vorgesetzte beeinflussen sie die Förderung, Explikation, Weitergabe und Nutzung des vorhandenen Erfahrungswissens. Vorausgesetzt ist dabei allerdings ein Führungsverständnis, bei dem das
Wissen der Arbeiter nicht als Bedrohung der eigenen Position, sondern
als wichtige Ressource angesehen und Wissensmanagement ausdrücklich
als Führungsaufgabe verstanden wird.

Literatur

Böhle, F. / Milkau, B., 1988: Vom Handrad zum Bildschirm – eine Untersuchung zur
sinnlichen Erfahrung im Arbeitsprozeß, Frankfurt, New York.
Böhle, F. / Rose, H., 1992: Technik und Erfahrung – Arbeit in hochautomatisierten Systemen, Fankfurt, New York.

Brockhagen, A. / Flüter-Hoffmann, C., 1999: Mitarbeiterportential aktivieren – Unternehmen stabilisieren: Qualifizieren für die Zukunft. Institut der Deutschen Wirtschaft Köln. Beiträge zur Gesellschafts- und Bildungpolitik 230. 1 / 1999. Köln.

Dreyfus, U.L. / Dreyfus, S. E., 1987: Künstliche Intelligenz. Von den Grenzen der Denkmaschinen und dem Wert der Intuition, Reinbek bei Hamburg.

Gültenberg, S., 1998: Wissensmanagement und Wissenscontrolling in lernenden Organisationen, Wiesbaden.

Müller, K. / Böhle, F. / Bolte, A. / Pfeiffer, S., 1999: Auf welche Anforderungen müssen sich die Unternehmen einstellen. Thesenpapier zum Aktionsgespräch „Industrielle Fachkräfte für das 21. Fahrhundert" in Berlin am 15. Juli 1999.

Nonaka, I. / Takeuchi, H., 1997: Die Organisation des Wissens. Wie japanische Unternehmen eine brachliegende Ressource nutzbar machen, Fankfurt / New York.

Pautzke, G., 1989: Die Evolution der organisatorischen Wissensbasis: Bausteine zu einer Theorie des organisatorischen Lernens, München.

Polanyi, M., 1985: Implizites Wissen, Frankfurt am Main.

Probst, G. J. / Raub, S. / Romhardt, K., 1998: Wissen managen: Wie Unternehmen ihre wertvollste Ressource optimal nutzen. 2. Aufl., Frankfurt / M.

Probst, G. J. / Büchel, B., 1994: Organisationales Lernen. Wettbewerbsvorteil der Zukunft, Wiesbaden.

Sackmann, S., 1992: Culture and Subcultures: An Analysis of Organisational Knowledge. In: Administrative Science Quaterly, 32/1992: 140-161.

Tolman, E. C., 1949: Purpose Behaviour in Animal and Men, New York.

Wagner, P., 1999: Lernprojekt statt Seminar. In: ZfO 3/1999.

Brödner, P. / Helmstädter, E. / Widmaier, B. (Hg.):
Wissensteilung. Zur Dynamik von Innovation und kollektiven Lernen,
München und Mering: Hampp 1999

Lothar Beyer / Brigitte Micheel

Vom Laden-Hüter zum Dienstleistungspartner - Muß der Handel das Verkaufen neu lernen?

1 Innovationslücke im Einzelhandel

Der Handel befindet sich jetzt seit geraumer Zeit in einer schwierigen Lage: Der Umsatz im Einzelhandel tritt seit mehr als fünf Jahren auf der Stelle; und selbst das Erreichen des Vorjahresumsatzes wird in der Branche inzwischen als ehrgeiziges Ziel angesehen. Selbst der HDE bewertet die derzeitige Situation nicht nur als eine vorübergehende Erscheinung, sondern als „Beginn eines längerfristig wirksamen down-sizing-Prozesses im Einzelhandel, der durch stagnierende Umsätze, beschleunigte Unternehmenskonzentration, Verringerung der Zahl der Einzelhandels-Betriebe und weitere Anteilsverluste beim privaten Verbrauch verbunden ist".[1] Die Unternehmen reagieren auf die Entwicklung überwiegend mit Beschäftigungsabbau. Nicht nur die absolute Zahl der Beschäftigten ist rückläufig; zugleich finden erhebliche Verschiebungen von der Vollzeit- zur Teilzeit- und geringfügigen Beschäftigung statt. Für die Zukunft sind weitere, eventuell sogar dramatische Beschäftigungseinbrüche zu befürchten.

Der Personalabbau als wesentliches Instrument einer Strategie der Kostenminimierung[2] gerät aber nicht nur, wie mittlerweile selbst innerhalb der Branche offen diskutiert wird, immer mehr in Konflikt mit der notwendigen Erweiterung von Service und Beratungsqualität. In dem Maße, wie der Handel seine Leistungen für die Kunden auf den bloßen

---

[1] Handelsjournal 2/97: 44 f.

[2] „Kostensenkung", warnt Brödner in diesem Band die Industrieunternehmen, „ist gefährlich für Ihren Wohlstand!" Der Handel steht vor einer ganz ähnlichen Alternative zwischen einem „unteren Weg", der sich auf die Rationalisierung der logistischen Kette konzentriert und einem „oberen Weg" der kundenorientierten Erneuerung von Produkten und Leistungen.

„Abverkauf" reduziert, sinkt zwangsläufig auch sein Anteil im Rahmen
der Wertschöpfungskette. Niemand erwartet, daß sich dies etwa kompensieren ließe, indem schlicht mehr Waren verkauft würden. Neue Wert-
schöpfungspotentiale dürften sich darum in absehbarer Zukunft vor allem
über den Weg einer Innovation der Kerntätigkeit des Handels ergeben.
Neue Ideen scheinen sich in dieser Hinsicht in der Branche aber nur in
bescheidenem Umfang durchzusetzen, so daß der Eindruck entsteht, der
Handel sei in eine depressive Lethargie verfallen. Abwarten heißt die De-
vise, anstatt innovative Ideen zu entwickeln und umzusetzen.

Wir fragen im folgenden nach Lösungsmöglichkeiten. Innovationen im
Handel, so die zugrundeliegende These, können nur entstehen, wenn die
Qualität der Unternehmenskulturen und die Kompetenz des Personals –
Führungskräfte ebenso wie das Team von Mitarbeiterinnen und Mitarbeitern – gestärkt werden. Nur so läßt sich auch die Dienstleistungsfunktion
des Handels erweitern, der Anteil von aufgewandter Dienstleistungsar-
beit und von angebotenem Dienstleistungsnutzen erhöhen, der dem Kunden zugute kommt und seine Zufriedenheit mit den Leistungen des Handels wieder erhöhen kann. Eine solche Entwicklung wird vermutlich auch
positive Beschäftigungswirkungen zur Folge haben.

Die Voraussetzungen, die dafür auf der Seite der Qualifizierung notwendig erscheinen, diskutieren wir im Kontext der gemeinsamen Fragestellung des vorliegenden Bandes: Welche Rolle spielen bei den notwendigen Innovationsprozessen Wissen und Lernen? Was ist an individuellen
bzw. an organisationalen Wissenselementen notwendig? Wie sind die erforderlichen Lernprozesse zu organisieren? Welche Aufgaben und Funktionen übernehmen dabei Führungskräfte? Wie lassen sich Lern- und Innovationsfähigkeit im Einzelhandelsunternehmen institutionell absichern
und unterstützen?

Die Skizze der Problemsituation und der Innovationsperspektiven, mit
der wir die folgende Darstellung beginnen, beruht auf einem Gutachten
zur Beschäftigung im Handel[3], das wir gemeinsam mit Josef Hilbert für
die Enquête-Kommission „Zukunft der Erwerbsarbeit" des Landtags von
Nordrhein-Westfalen erstellt haben. Die daran anknüpfenden Überlegungen zur Qualifizierung und Personalentwicklung stützen sich (ohne damit
den Anspruch auf eine systematische Untersuchung der gesamten Einzelhandelslandschaft zu erheben) auf einige ergänzende Recherchen, insbesondere auf Gespräche mit Personalverantwortlichen der Firmen Kar-
stadt/Hertie, der Galeria Kaufhof Warenhaus AG sowie der Markthaus
Recycling Kaufhaus gGmbH, denen wir an dieser Stelle für bereitgestellte

---

[3]   Beyer/Hilbert/Micheel 1998.

Materialien, vor allem aber für ihre Gesprächsbereitschaft danken möchten.

2 Strukturwandel und Strukturkrise des Einzelhandels

Die heute vorzufindende Einzelhandelslandschaft ist das Ergebnis eines massiven Strukturwandels, der sich in den letzten Jahrzehnten vollzogen hat. Die Entwicklungen und Strukturveränderungen, die auf der Angebotsseite vor allem durch einen hohen Preis- und Wettbewerbsdruck, auf der Nachfrageseite hauptsächlich durch ein verändertes Verbraucherverhalten („hybrider" Konsument, „smart shopper")[4] ausgelöst wurden, lassen sich mit einiger Schlagworten kurz charakterisieren. Zu nennen sind hier:

- die wachsende Vielfalt der Vertriebstypen,

- der Trend zur Filialisierung,

- die wachsende Konzentration und

- der Auftritt neuer in- und ausländischer Konkurrenten am Markt.

Unter den am Markt befindlichen Akteuren hat ein harter Verteilungskampf um den Umsatzkuchen eingesetzt, der vor allem über Preis, Sortiment und Verkaufsfläche als Aktionsparameter ausgetragen wird. Selbstbedienung wurde dabei lange als wichtigstes Erfolgsrezept zur Kostenminimierung betrachtet. Insgesamt ist aus der bis in die Mitte des vergangenen Jahrhunderts typischen Betriebsform der von einem selbständigen Eigentümer geführten Gemischtwarenhandlung eine breite Palette an neuartigen Betriebstypen im Konsumgütereinzelhandel entstanden. Der Verbraucher findet heute

- „vom traditionellen Tante-Emma-Laden bis zum großflächigen SB-Warenhaus,

- vom Discounter bis zum Delikatessengeschäft,

- vom Kleinpreiskaufhaus bis zum Weltstadtwarenhaus,

- vom Jeansladen bis zur Edelboutique,

- vom Haushaltswarengeschäft bis zum Heimwerkerfachmarkt,

- vom Blumengeschäft bis zum Garten-Center,

- vom Möbelfachmarkt bis zum Einrichtungshaus"[5]

---

[4] Vgl. ausführlicher Beyer / Hilbert / Micheel 1998: 69 ff.

[5] Glaubitz / Wiedemuth / Zöller 1992: 652 f.

(fast) jede denkbare Variante vor. Daneben entstehen Fachmarkt- und Einkaufszentren, seit neuestem auch sogenannte Factory-Outlet-Center als künstliche Agglomerationen und neue Konkurrenten der Innenstädte auf der grünen Wiese. So kann leicht der Eindruck entstehen, der Handel habe sich bestens auf die Kundenwünsche eingestellt und der Verbraucher könne seinen Bedarf stets zu seiner vollen Zufriedenheit decken. Schaut man allerdings etwas genauer hin, ist eher ein starker Polarisierungstrend der Betriebsformen und damit auch der über den Handel zu beziehenden Produktpalette entstanden. Der Kunde findet im allgemeinen nur noch billige Waren mit Selbstbedienung oder teure Waren mit Beratung vor. Zwischen diesen beiden Varianten wird, obwohl manche Betriebsformen auch neue Kombinationen von Selbstbedienung und Beratung anstreben[6], der Abstand immer größer.

Neben der angewachsenen Vertriebstypenvielfalt ist ein Trend zur Integration ehemals selbständiger Einzelhändler in die Vertriebsketten der verschiedenen Handelssysteme in immer größerem Maßstab festzustellen. Kooperations-, Franchising- und Filialunternehmen haben entgegen der Gesamtentwicklung der Branche Konjunktur. Die Anzahl der steuerpflichtigen Unternehmen im Einzelhandel ist zwar zwischen 1980 und 1990 deutlich auf nahezu 400.000 gestiegen,[7] 90 % des westdeutschen Einzelhandelsumsatzes werden jedoch bereits von Kooperationen, Filialketten und Franchise-Unternehmen erwirtschaftet. Der Anteil des nichtorganisierten Einzelhandels ist dementsprechend gesunken.[8] Gegenüber den Filialisten hat der selbständige Fachhandel heute kaum noch eine Überlebenschance. Der Kampf um den Umsatzkuchen hat zu Selektionsprozessen geführt, die im Ergebnis vor allem den in ein Großunternehmen eingebundenen Betrieben zu einem Boom verholfen haben: Vorwiegend sind dies discountorientierte Großflächenanbieter an Stadtrandlagen, wie etwa Verbraucher-, Fachmärkte oder SB-Warenhäuser. Der Mittelstand allerdings gerät auf diese Weise zunehmend ins Abseits. Arbeits- und Ausbildungsplätze gehen unweigerlich verloren. Auch für die Zukunft

---

[6]   Dies gilt etwa für die Baumärkte. Aber auch hier droht immer wieder die beschriebene Negativspirale. So hat der Marktführer Praktiker im vergangenen Jahr sein Filialnetz ausgeweitet und zugleich die Zahl der Beschäftigten reduziert. Nun muß man aufgrund von Kundenbefragungen feststellen, daß die Märkte bei den Kriterien „Kompetenz der Beschäftigten" und „Verfügbarkeit von Ansprechpartnern" schlechter abschneiden als die Konkurrenz, zit. nach Frankfurter Rundschau vom 8.4.1999: 14.

[7]   Vgl. Monopolkommission 1994: 33.

[8]   Vgl. Hatzfeld 1996: 35.

wird in allen Branchen ein steigender Anteil der Filialisten erwartet.[9] Das hat fatale Auswirkungen auf die Beschäftigungssituation im Handel. Als weitere Folge der beschriebenen Strukturentwicklungen ist darüber hinaus ein Konzentrationsprozeß in Gang gekommen, durch den völlig neue Unternehmensgebilde entstehen: Praktisch alle Produkt- und Vertriebslinien sind unter einem Konzerndach vereinigt, vom Cash & Carry-Markt bis zum Warenhaus, vom Verbrauchermarkt bis zum Möbelfachgeschäft. Als Paradebeispiel für diese Entwicklungen kann hier der Aufstieg der Metro-Gruppe genannt werden, aber auch der Niedergang der Coop-Gruppe ist ein besonders spektakulärer Fall. Für jedes Jahr der neunziger Jahre lassen sich weitere Beispiele bringen: 1994 etwa war von Übernahmen im Warenhausbereich gekennzeichnet; Karstadt und Hertie sowie Kaufhof und Horten fusionierten. Das Jahr 1995 war von der Neuorganisation des Metro/Asko-Konzerns geprägt. 1998 wird die Familie Schickedanz (Quelle) zum Hauptaktionär bei Karstadt, und Metro kündigt die Übernahme von Allkauf an.[10] Im April 1999 wird die endgültige Fusion von Karstadt und Quelle eingeleitet.

Neue in- und ausländische Konkurrenten verschärfen den Verteilungskampf im Einzelhandel noch zusätzlich: So will zum einen eine Reihe von Herstellern die Distributionsfunktion des Handels zurückerobern, darum wächst der Direktverkauf durch die Hersteller. Vorwärts- wie Rückwärtsintegration, aber auch Electronic Commerce als ein neuer Vertriebsweg gefährden die klassische Distributionsfunktion des Einzelhandels. Zum anderen versuchen ausländische Konkurrenten den deutschen Markt zu erobern.

Die Entwicklungen, als Ergebnis der Reaktionen der Einzelhändler nicht ohne betriebswirtschaftliche Rationalität, haben aber den Wettbewerbsdruck nicht gemildert, sondern verstärkt und weitere Probleme geschaffen. Begleitet wird der Strukturwandel nun seit geraumer Zeit von einer stagnierenden oder rückläufigen Umsatzentwicklung: Nach einer Krise zu Beginn der 80er Jahre liefen die Geschäfte in der zweiten Hälfte dieser Dekade zunächst wieder gut. Dann kam die Wiedervereinigung mit einem enormen Nachholbedarf der ostdeutschen Bürger, und der Handel profitierte, wie kaum eine andere Branche, in ganz überdurchschnittlichem Umfang von dieser politischen Entscheidung. Jedoch bereits im Jahre 1992 begann die bis heute andauernde konjunkturelle Flaute. Seither stagniert der nominale Umsatz des bundesdeutschen Einzelhandels,

---

[9] Vgl. die Prognose iwd Wochenbericht vom 15.5.1997: 2.

[10] Pellinghausen 1998, 66 f; RN vom 3.3.1998.

was preisbereinigt erhebliche Einbußen bedeutet.[11] Im Jahre 1998 sollte
der Umsatz zum ersten Mal seit 1992 wieder steigen, aber die erwartete
Rate von plus 0,2 %[12] kann wohl in keiner Weise als nachhaltige Umkeh-
rung des Negativtrends gedeutet werden.

Allein schon die langjährige Dauer der Stagnation zeigt, daß es sich
bei den schrumpfenden Umsätzen nicht um konjunkturell bedingte Effekte handeln kann. Noch deutlicher zeigt sich die strukturelle Dimension
der Krise, wenn man den abnehmenden Anteil betrachtet, den der klassische Einzelhandel am gesamten „Kuchen" des privaten Verbrauchs für
sich verbuchen kann: 1978 ließen die Deutschen von 100 DM im Schnitt
46 DM in Supermärkten und Kaufhäusern – heute sind es nur noch 40
Mark[13].

Die schlechte Geschäftsentwicklung hatte nicht zuletzt negative Auswirkungen auf die Beschäftigung: Von 1970 bis 1992 ist etwa die Zahl der
im Einzelhandel Erwerbstätigen in den alten Bundesländern noch um gut
500.000 Personen angewachsen. Seither entwickelt sich dieser Wert langsam, aber stetig zurück. Und auch im Jahre 1996 ist die Zahl der mittlerweile nicht einmal mehr ganz 2,5 Millionen Erwerbstätigen im Einzelhandel weiter zurückgegangen (-1,1 %).[14] Daneben kam es zu einer starken Verschiebung von Vollzeit- zu Teilzeitbeschäftigten. Inzwischen hat
fast die Hälfte aller im Einzelhandel Beschäftigten einen Teilzeit-
Arbeitsvertrag (47,6 %).[15] Daß diese Beschäftigungsverhältnisse in ganz
überwiegendem Umfang mit weiblichen Arbeitskräften abgeschlossen
werden, ist eine bekannte Tatsache. Der Anteil der sozialversicherungspflichtig beschäftigten Frauen betrug 1996 gut 67 %. Das waren rund 1,5
Mio. Arbeitnehmerinnen.

---

[11] Fünf aufeinanderfolgende Jahre brachten Umsatzrückgänge von real jeweils 0,6 %
(1993), 1,4 % (1994), 0,2 % (1995), 0,8 % (1996) und zuletzt sogar 2,0 % (1997).
Reale Umsatzveränderung im Einzelhandel (ohne Kraftfahrzeughandel, Tankstellen und Apotheken) nach Angaben des Hauptverbandes des Deutschen Einzelhandels HDE, zit. nach Wolfsgruber 1998: 58. Dabei war die Entwicklung des Einzelhandels in den neuen Bundesländern tendenziell noch etwas günstiger als in
den alten, vgl. auch Lambertz 1996: 572.

[12] Schätzung des Statistischen Bundesamtes, zit. nach Frankfurter Rundschau vom
13.11.1998: 13.

[13] Wirtschaftswoche 49 / 1996: 78.

[14] Vgl. Lambertz 1997: 175 ff. Dieser Rückgang war sogar stärker als der des Umsatzes.

[15] Lambertz 1997: 178.

Hinzu kommt der Trend zur geringfügigen Beschäftigung. Im Einzelhandel werden solche geringfügig Beschäftigten vor allen Dingen zur Entlastung des Stammpersonals in den späteren Abendstunden und samstags eingesetzt. Insbesondere im Lebensmitteleinzelhandel treten diese Arbeitsverhältnisse immer mehr an die Stelle sozialversicherungspflichtiger Beschäftigung. In einigen Großunternehmen sind es bereits mehr als 35 % der Belegschaft.[16] Genaue Angaben zur derzeitigen Anzahl und zur Entwicklung der geringfügig Beschäftigten stehen für den Einzelhandel nicht zur Verfügung. Nach Schätzungen des Hauptverbandes des deutschen Einzelhandels (HDE) liegt die Zahl der geringfügig Beschäftigten im Einzelhandel bei 215.000[17], nach Schätzung der Gewerkschaft HBV bei ca. 500.000[18]. Eine im Auftrag des Bundesministers für Arbeit und Sozialordnung durchgeführte Studie ermittelte sogar eine Zahl von 764.000[19].

Tabelle 1: Erwerbstätige[1) im Groß- und Einzelhandel

	1970	1980	1990	1991	1992	1993	1994	1995	1996
Großhandel[2)	1.370	1.349	1.373	1.451	1.492	1.481	1.452	1.437	-
Einzelhandel	1.978	2.163	2.354	2.446	2.500	2.493	2.480	2.457	-
Handel (alte Länder)	3.348	3.512	3.727	3.897	3.992	3.974	3.932	3.894	3.865
Handel (Gesamt Deutschland)	-	-	-	4.603	4.657	4.649	4.639	4.613	4.583

Anmerkungen: [1)Zu den Erwerbstätigen zählen alle abhängig Beschäftigten, also auch die geringfügig Beschäftigten, und alle Selbständigen; in Tausend. [2)Einschließlich Handelsvermittlung.
Quelle: Statistisches Bundesamt, verschiedene Jahrgänge; eigene Berechnungen.

Die wirtschaftliche Entwicklung des Einzelhandels ist somit in quantitativer wie in qualitativer Hinsicht zu Lasten der Beschäftigung gegangen, und dieser Trend wird sich wohl auf kurze und mittlere Sicht in dieser

---

[16] Vgl. Glaubitz 1996: 31.

[17] Vgl. HDE 1997.

[18] Vgl. Glaubitz 1996: 30.

[19] Institut für Sozialforschung und Gesellschaftspolitik (ISG), zit. nach Angaben des HDE, http://www.einzelhandel.de / stichwort / GERINFBE.htm.

Form weiter fortsetzen. Ein Spiegelbild hat diese Entwicklung in der wachsenden Unzufriedenheit der Beschäftigten im Handel. So sind nach einer Untersuchung, die die Oberhausener Centro-Service-Akademie durchführte, nur 20 von 100 Beschäftigten im Handel mit ihrem Job zufrieden. 82 % der Befragten wollten eigentlich nicht im Handel arbeiten. 75 % würden lieber heute als morgen einen anderen Beruf ergreifen.[20] So ist es auch nicht verwunderlich, wenn jedes Jahr viele der angebotenen Ausbildungsplätze im Handel frei bleiben: Allein 1996 blieben mehrere Tausend Lehrstellen unbesetzt.[21] Der Einzelhandel verliert dadurch immer mehr Fachkräfte an andere Branchen. Auch die durch diese Fluktuation frei werdenden Arbeitsplätze werden häufig in Teilzeitjobs umgewandelt und neue „flexiblere" Arbeitsplätze geschaffen[22]. Dem Einzelhandel droht dadurch eine Entprofessionalisierung auf breiter Front, und nicht zuletzt droht ein Verkümmern der kommunikativen Fähigkeiten der Verkäufer. Soziale Kompetenzen werden weder gefordert noch gefördert.

Wenn sich diese Trends – negatives Image und rückläufige Ausbildungsquote – fortsetzen, wird sich die Qualifikationsstruktur in den Betrieben immer weiter verschlechtern. Diese Entwicklung verbunden mit der oben beschriebenen ständigen Abwanderung von Fachpersonal dehnt sich – auch nach Meinung von Handelsexperten – zu einem wachsenden strukturellen Hemmnis für den gesamten Handelssektor aus. „Verkaufsstrategien, die auf qualifizierte Beratung setzen, also ein fachlich hohes Niveau der Warenkunde, kombiniert mit 'kommunikativer Kompetenz' voraussetzen, sind ohne entsprechendes Personal nicht zu verwirklichen. Aber auch weniger beratungsintensive Bereiche würden ohne Nachwuchs bei gleichzeitiger Abwanderung auf mittlere Sicht veröden!"[23]

---

[20]   Zu den Angaben vgl. WAZ vom 10.10.1996.

[21]   Vgl. HDE 1997: 47. Hier bessert sich allerdings die Situation allmählich. Für 1997 meldet der HDE ein Plus von gut 6 % neu abgeschlossenen Ausbildungsverträgen auf nunmehr über 60.000. In den Berufsgruppen Kaufmann/Kauffrau und Verkäufer/Verkäuferin habe die Zunahme sogar 9 % betragen.

[22]   Vgl. Glaubitz 1996: 31.

[23]   Glaubitz/Wiedemuth/Zöller 1992: 656.

3 Innovation als Chance zur Profilierung des Handels

Um zukünftig wieder erfolgreicher zu sein, muß der Handel zunächst aus seiner Lethargie erwachen und versuchen, neue Wege zu gehen. Das vernichtende Urteil – „Deutschland hat die reichsten Verbraucher, aber die schlechtesten Läden"[24] –, das eine britische Studie über den deutschen Lebensmitteleinzelhandel im europäischen Vergleich abgab, darf nicht als ein unabänderliches Faktum akzeptiert werden. Die Einzelhandelsgeschäfte – in einem umfassenden Sinne – müssen besser werden, die Qualität muß steigen.

Besser zu werden, dies kann bedeuten, und dieser Weg wurde in der Vergangenheit stark und einseitig in den Vordergrund gerückt, auf Innovation durch neue Techniken zu setzen. Aber aus der Perspektive der Beschäftigung droht damit eher eine Problemverschärfung. Nicht umsonst ist der Einzelhandel (neben dem Bankgewerbe) diejenige Branche, in der viele Analytiker für die nähere Zukunft die massivsten Rationalisierungseffekte erwarten. So sagt eine Studie der Würzburger Wissenschaftler Rainer Thome und Boris Kraus voraus, daß von den 3,4 Mio. untersuchten Arbeitsplätzen im Handel 1,7 Mio. (51 %) eingespart werden könnten[25]. Gestützt wird diese Prognose auf die Entwicklungspotentiale neuer informationstechnischer Lösungen, insbesondere auf die Annahme, daß viele Arbeitsplätze durch automatisierte Kassen, elektronische Zahlungsmöglichkeiten und Internet-Einkäufe ersetzt werden könnten.

Als Warnung sollte ein solches dramatisches Szenario durchaus ernst genommen werden. Die Zukunft der Beschäftigung im Handel wird in der Tat entscheidend von den Rationalisierungspotentialen abhängen, die durch neue Technologien gegeben sind. Vielleicht zeigt sich aber, wenn hier sozusagen die Schließung von Warenhäusern nur aufgrund der Shopping-Malls im Internet an die Wand gemalt wird, doch eine Überschätzung der technischen Rationalisierungspotentiale und eine zu eindimensionale Betrachtung der Kundenbedürfnisse. Arbeitsplatzabbau, dies wäre hier aus grundsätzlicher Sicht einzuwenden, kann nie eine direkte Konsequenz aus der Verfügbarkeit neuer technischer Lösungen sein. Er wird aber die Folge sein, wenn andere Innovationschancen nicht genutzt werden.

---

[24] Zitiert nach handelsjournal 10/1997: 16.

[25] Kraus 1997: 125; 130 f. Auf die 877.000 Beschäftigten im nordrhein-westfälischen Groß- und Einzelhandel umgerechnet, würde dies also einen Verlust von fast 450.000 Arbeitsplätzen allein in diesem Bundesland bedeuten.

Wenn die reine Vermittlerfunktion des Handels zunehmend bedroht ist, so legt dies die Konsequenz nahe, daß der Handel seinen Kunden neue bzw. bessere Leistungen und mehr Nutzen bringen muß. Innovationspotentiale müssen dafür erkannt und genutzt werden. Dazu bieten sich durchaus erfolgversprechende Ansatzpunkte:

Die Dimension des „Erlebnisses" ist eine Möglichkeit, einen solchen Zusatznutzen zu schaffen. „Wir Händler müssen künftig die Schulbank drücken, um Theater zu lernen. Wir müssen einfach bessere Dramaturgen werden."[26] Dies ist eine der Strategien, die in der aktuellen Diskussion empfohlen werden. Weitere, handfestere Leistungselemente können und müssen hinzukommen. Die Prognostiker sagen: „Erfolge verzeichnen künftig vor allem jene Händler, die der Kundschaft diverse Extras mitverkaufen. Handel, Handwerk und andere Dienstleistungen verschmelzen. Immer neue Anbieter drängen auf den Einzelhandelsmarkt. Tankstellen mutieren zum Drugstore oder Service-Center, Bahnhöfe und Flughäfen werden Versorgungszentren, Bäckereien mausern sich zu umfassenden Ernährungslieferanten, Post-Shops erweitern die Dienstleistungen."[27] Weitere Chancen, Handel stärker mit Dienstleistung anzureichern, bietet das Feld der Lieferdienste, vor allem, wenn diese zielgruppenspezifisch (Berufstätige, ältere Menschen) positioniert werden.

Ein erhebliches Potential für Innovation liegt beispielsweise auch in der Einsicht, daß umweltgerechtes Wirtschaften nicht lästiger Kostenfaktor, sondern der Erwerb von Schlüsselkompetenzen für die Innovation ist, die sich letztlich auch „rechnen" und zu einem Motor für Wachstum und Beschäftigung werden können. Gerade für den Handel bedeutet das Konzept einer Kreislaufwirtschaft die Chance, sein Aktionsfeld ganz wesentlich zu erweitern: Dem Kunden können über das heute bereits realisierte Maß hinaus Entsorgung bzw. Rücknahme als Dienstleistung angeboten werden; daraus ergeben sich entsprechende weitere Verknüpfungen zu Großhandel und Industrie, die die Kette zum Kreislauf schließen. Eine andere „öko-intelligente" Strategie, die die Tätigkeit des Handels verändern und mit Dienstleistungsanteilen anreichern könnte, ist die vermehrte gemeinsame Nutzung von Gütern im Sinne des Leihens, Teilens oder Mietens. Denkbar ist in diesem Zusammenhang ferner ein erheblich vergrößerter Sektor des Second-Hand-Verkaufs ebenso wie eine breite Palette von Verknüpfungen zwischen Handel und Reparaturdienstleistungen.

Die Vermittlerrolle des Handels zwischen Herstellern und Verbrauchern könnte gestärkt werden, indem er daran mitwirkt, die Kommunikation in beiden Richtungen zu verbessern. Der Handel könnte seine Rolle

---

[26] Zit. nach Der Handel 9 / 1996: 40.

[27] Wirtschaftswoche 49 / 1996: 78.

mehr als bisher im Sinne eines 'Informationsbrokers' verstehen. Dies gilt
für Informationen, die die Kunden, und nur sie, geben können: Beschwer-
demanagement ist unverzichtbarer Bestandteil eines jeden Qualitätsma-
nagements. Und dies gilt für Informationen, die die Kunden benötigen,
von der Aufklärung über Qualität und Herkunft eines Produkts bis hin
zur Vermittlung von Handhabungswissen.

Und, last but not least, ließe sich als ein innovativer Ansatz allein der
Verkaufsvorgang wieder stärker in den Mittelpunkt des Geschehens rük-
ken: Die oben beschriebenen Strukturentwicklungen wirken sich nämlich
auch negativ auf den Verkaufsvorgang, also die Kernfunktion des Handels, aus. Im Zuge der Entwicklung discountorientierter Großflächenanbieter, die die Selbstbedienung in den Mittelpunkt ihrer Geschäftsidee
stellten, ist diese Orientierung in den letzten Jahren stark vernachlässigt
worden: Für den Versorgungseinkauf scheint diese Ausrichtung der Betriebe den Bedürfnissen der Kunden in weiten Teilen entgegenzukom-
men, für den weitaus größeren Anteil des Konsums geht diese Entwicklung aber an den Wünschen der heutigen Verbraucher vorbei. Die Unzufriedenheit der Konsumenten mit dem Einzelhandel wächst. Dadurch
werden erhebliche Chancen verspielt: Forschungen zur Kundenloyalität
zeigen, daß nur 14 % der Kunden abspringen, weil das Produkt schlecht
ist, aber mehr als zwei Drittel wegen der schlechten Bedienung[28].

Kundenwünsche und -erwartungen zu erfüllen, ist im Handel aber
wegen seiner großen Abhängigkeit vom Kunden und Verbraucher von
zentraler und überlebenswichtiger Bedeutung für die Unternehmen.[29]
Kundenzufriedenheit könnte somit zum herausragenden Schlagwort für
die strategische und operative Ausrichtung von Unternehmen des Einzelhandels werden. Auch im Rahmen eines Kooperationsprojektes, das der
Hauptverband des Deutschen Einzelhandels und der Fachbereich Betriebswirtschaft der Fachhochschule Worms durchführten,[30] kam eine solche Rückbesinnung des Handels auf seine ursprünglichen Aufgaben zum
Vorschein: 80 % der 50 personalverantwortlichen Führungskräfte des
Einzelhandels, die schriftlich befragt wurden, sahen die Stärkung der
Kundenzufriedenheit als das wichtigste Thema an, mit dem sich Führungskräfte des Einzelhandels künftig auseinandersetzen müssen. Umsatzsteigerungen könnten also vermutlich auch über die Gewinnung neuer Kunden und die Steigerung ihrer Zufriedenheit mit der Gesamtlei-
stung des Unternehmens erreicht werden.

---

[28] Schlesinger / Heskett 1991: 74.

[29] Vgl. Mühlemeyer / Malcher 1997: 160.

[30] Vgl. Mühlemeyer / Malcher 1997: 160.

Die Reihe neuer Ideen für den Einzelhandel ließe sich problemlos fortsetzen. Deutlich wird dabei aber vor allem: Anknüpfungspunkte für Innovationen gibt es in Hülle und Fülle. Die entscheidende Frage, die es in
diesem Zusammenhang zu beantworten gilt, lautet folglich: Warum werden diese Ideen nicht[31] aufgegriffen und umgesetzt?

4 Entwicklung der Innovationsfähigkeit im Einzelhandel – das Ziel „Beratungsqualität"

Auf der Suche nach einer Antwort läßt sich zunächst feststellen: Innovationen werden auch heutzutage noch oft als ein Zufallsprodukt betrachtet,
das sich weder systematisch initiieren noch organisieren läßt. Daß diese
Ansicht nicht nur auf einem weit verbreiteten Irrtum beruht, sondern
auch in eine Sackgasse führt, ist im Rahmen dieses Bandes verschiedent-
lich erläutert worden. Dieser Sachverhalt trifft gerade auch für den Einzelhandel zu. Innovationen entstehen aber gerade durch den kreativen
Umgang mit veränderten Anforderungen und Rahmenbedingungen. Ein
solches Verhalten kann und muß jedoch bewußt angestoßen und organisiert werden.

Innovationen erfordern neues Wissen und Lernen und darüber hinaus
regelmäßige Kommunikation und Reflexion über die betriebliche Situation und die zugrunde liegenden betrieblichen Abläufe. Innovationsbereitschaft und -fähigkeit kristallisiert sich dabei in dem ständigen Bemühen
um Veränderung bei allen beteiligten Akteuren – bei Führungskräften,
Mitarbeiterinnen und Mitarbeitern. Innovation besitzt damit keinen statischen Charakter sondern ist dynamischer Natur: Um die nötigen Innovationen regelmäßig erzeugen zu können, ist es erforderlich, einen Prozeß
der ständigen Erneuerung in Gang zu bringen. Ein Kreislauf muß organisiert werden, um Innovationen immer wieder anzustoßen und neue Innovationspotentiale ausfindig zu machen. Und in diesen Kreislauf muß vor
allem das Wissen „von unten"[32] immer wieder eingespeist werden.

---

[31] Daß es durchaus Ausnahmen gibt, die sich um Veränderungen und Innovation erfolgreich bemühen, wird in Kapitel 5 ausführlich behandelt werden.

[32] Ein Beispiel, das sowohl die Stärken als auch die Schwächen der innerbetrieblichen Informationsflüsse beleuchtet, fanden wir in einem Warenhaus. Hier müssen
alle Führungskräfte jedes Jahr 14 Tage im Verkauf arbeiten, und dabei stellte sich
unter anderem heraus, daß die Kassentische zu hoch waren und die Kassiererin
immer den Kunden aus dem Blick verlor, wenn sie sich zur Kasse hinunterbeugte.
So beispielhaft dieses Modell der „job rotation" ist, so bedenklich stimmt doch, daß
es ihrer überhaupt bedurfte, weil die Erfahrungen der Kassiererinnen offensichtlich nicht artikuliert oder nicht aufgenommen werden.

Auch diese eher theoretischen Zusammenhänge wurden im Rahmen dieses Bandes bereits mehrfach dargestellt und sollen darum an dieser Stelle anhand des Einzelhandels lediglich noch einmal exemplarisch veranschaulicht und vertieft werden. Die Frage „Vom Wissen bis zur Innovation" durch alle oben aufgeführten Innovationsbereiche hindurch zu verfolgen (Wissen über ökologische Aspekte der Produktionskette, Stadtpläne für die City-Logistik usw.) würde allerdings den Rahmen sprengen. Im folgenden greifen wir beispielhaft lediglich einen Zielkomplex heraus und konzentrieren uns auf die „Steigerung der Bedienungsqualität" – oder anders formuliert auf die Kernkompetenz „Verkaufen".

Die Bedeutung der Bedienungs- bzw. Beratungsqualität stellt sich bei den Akteuren der Branche bisher durchaus noch ambivalent dar: Während die Produkte, Sortimente oder gar Preise in den Geschäften nahezu austauschbar geworden sind und sie sich damit als Differenzierungspotential gegenüber der Konkurrenz als ungeeignet erweisen, verbleibt die persönliche, vertrauensvolle und damit unverwechselbare Beziehung zwischen Kunden und Verkaufspersonal zwar als eine – wenn nicht sogar die alleinige – Profilierungschance im Handel. Diese Einsicht scheint sich allgemein durchgesetzt zu haben. Allerdings ist man noch wenig bereit, hier zu investieren: Verbesserungen der Beratungsqualität sollen möglichst nichts kosten, und ohnehin ist der Erfolg derartiger Bemühungen noch schwer nachprüfbar.

Besserer Service löst natürlich nicht alle Probleme des Einzelhandels: In dem polarisierten/aufgefächerten Angebot bleibt auch in Zukunft viel Platz für Selbstbedienung und für Discountangebote mit geringer Beratung. Aber für viele Branchen des Einzelhandels, besonders des Facheinzelhandels, liegt hier durchaus ein Schlüsselproblem. Als Gründe für diese Einschätzung lassen sich die folgenden anführen:

- Im Zuge der Unternehmenspolitik der vergangenen Jahre, die darum bemüht war, einseitig die Kostensenkungspotentiale auszuschöpfen, wurde das Verkaufen von einem kommunikativen und daher auch personalintensiven Vorgang zu einem reinen Abverkauf von Waren degradiert. Die Verkaufskompetenzen des Personals verkümmerten durch diesen Prozeß.

- Die Produktvielfalt am Markt steigt aber, und damit wächst der Informations- und Beratungsbedarf der Kunden.

- Auch die Informationsvielfalt wächst und hat zur Folge, daß der Entscheidungsprozeß des Kunden für oder gegen ein Produkt an Komplexität zunimmt. Richtige Entscheidungen zu treffen, wird risikoreicher und erfordert mehr und individuellere Unterstützung.

- Das Kundenprofil ist heutzutage erheblich differenzierter als früher: Jeder Kunde möchte als individuelle Persönlichkeit wahr- und ernst genommen werden. Der Beratungsvorgang muß darauf eingestellt und entsprechend differenziert werden.

Wir betrachten diesen Innovationsbereich deshalb als einen besonders erfolgversprechenden Lösungsweg, um die derzeitige Krisensituation im Einzelhandel meistern zu helfen. Als eine erste Konsequenz ergibt sich daraus: Das Verkaufen, als ein den Kunden unterstützender, beratender Vorgang, muß wieder in den Mittelpunkt des Interesses der Einzelhändler gerückt werden. Das Beratungsangebot des Handels muß sich, um den Anforderungen der Konsumenten in Zukunft wieder gerecht werden zu können, den wandelnden Bedürfnissen seiner Kundschaft regelmäßig anpassen. Die Beratungsqualität muß also im Sinne einer stärkeren Kundenorientierung steigen.

Um dieses Ziel erreichen zu können, müssen die Akteure des Einzelhandels ein neues Verständnis vom Verkaufen entwickeln. Alle im Handel tätigen Mitarbeiterinnen und Mitarbeiter sollten sich zur Erfüllung dieser Aufgabe als umfassende Dienstleister verstehen: Von der Betreuung über die Beratung des Kunden, von der Sortiments- über die Preisgestaltung, von der Präsentation der Waren über Werbekampagnen bis hin zu einem umfassenden Serviceangebot – die Interessen des „neuen Konsumenten" sollten dabei vorrangig Beachtung finden. Verkaufen heißt dann nicht mehr nur Abverkauf von Waren, sondern Problemlösung für den Kunden. Händler und Verkäufer werden dabei zum kompetenten Partner des Verbrauchers, zum „Kundenberater"[33], zum Dienstleistungspartner.

Grundbedingung dafür ist aber qualifiziertes Personal, und hier liegt offenkundig eine Wurzel des Problems der letzten Jahre. Selbst von den Führungskräften des Einzelhandels, die im Jahre 1995 für den GDI-Monitor befragt wurden, nannten immerhin 12 % Fehler im Personalmanagement als eines der bedeutendsten Defizite in der Vergangenheit.[34] Schwachpunkte seien dabei insbesondere die Personalqualität im Verkauf, die falsche Personalauswahl und die Aus- und Weiterbildung sowie die Personalentwicklung. Als strategische Reaktion auf die Folgen der

---

[33]   Baethge / Grimm / Oberbeck 1992: 74.

[34]   Zentes 1996: 29 ff.

bisher überwiegend betriebenen Personalpolitik in den Einzelhandelsge-
schäften ist darum nicht, wie es im Mainstream der Branchenentwick-
lung immer noch versucht wird, eine Strategie des Neotaylorismus, der
Verfestigung und Fortschreibung hierarchischer Strukturen sowie der
Organisation des Personaleinsatzes zu verkaufsstarken Zeiten erfolgver-
sprechend. Gefordert ist vielmehr eine „Kompensation durch Kompetenz"[35]. Den Wettbewerbsfaktor „Personal", seine Qualifikationen und
Kompetenzen, gilt es deshalb zu stärken. Wir konzentrieren uns darum
im folgenden auf die Frage, wie Qualifizierung zu besserem Service beitragen kann.

4.1 Wissen, Lernen, Kompetenzen

Qualifizierung bedeutet in diesem Zusammenhang die Vermittlung oder
Aneignung und die Umsetzung von neuem oder von im Unternehmen verstreut vorhandenem Wissen in den Verkaufsalltag. Welches Wissen muß
heutzutage in einem Einzelhandelsunternehmen vorhanden sein? Was
müssen die Beschäftigten im Verkauf wissen, um besser beraten zu können als bisher? Welche Kompetenzen sind für den Beratungsvorgang und
seine Weiterentwicklung wichtig?
Der Fragenkomplex verdeutlicht die unterschiedlichen Arten und
Ebenen von Wissen, um die es hier geht. Wissen ist an alle betrieblichen
Akteure und an das Unternehmen selbst geknüpft – jeder Beschäftigte
für sich, das Team, die Abteilung, der Betrieb als ganzes. Wissen existiert
auf der Mitarbeiter- und auf der Führungsebene. Wissen ist formales, zer-
tifiziertes Sach- und Fachwissen oder informelles Erfahrungswissen jedes
einzelnen Mitarbeiters. Alle Formen sind notwendig und zum Teil bereits
vorhanden, aber erst das Zusammenführen und Nutzen des gesamten
Wissenspotentials können zum unternehmerischen Erfolg führen:
Auf der individuellen und formalen Ebene ist zunächst das Fachwissen angesiedelt. Es wird in der Regel über die Erstausbildung oder die
Weiterbildung vermittelt: Wissen über Waren und Produkte, über allgemeine Arbeitsabläufe sowohl im Einkauf als auch im Verkauf, über wirt-
schaftliches und effizientes Handeln, über die Vielfalt der Kunden und
deren spezifische Konsumvorstellungen, Bedürfnisse und Verhaltensweisen oder etwa Grundkenntnisse der Verkaufspsychologie, diese Wissensbereiche bilden die Basis für einen kompetenten Verkaufsvorgang. Sie
sollten, um Anknüpfungspunkte für Innovationen zu liefern, im Rahmen
der Ausbildungsordnungen regelmäßig modernisiert, das heißt aktuellen

---

[35] Faber 1996: 54.

Trends und Entwicklungen möglichst zeitnah angeglichen werden. Als Beispiel sei hier der Bereich der Neuen Medien und seine Bedeutung für Handel und Verbraucher genannt.

Vor allem die im Verkaufsbereich benötigten Fähigkeiten und Fertigkeiten rücken im Zuge der Fehlentwicklungen der vergangenen Jahre zunehmend in den Vordergrund von Qualifizierungsbemühungen. Auf der individuellen Wissensebene treten darum als ganz wesentlicher, nicht neuer, aber wiederentdeckter Bestandteil die geforderten sozialen Kompetenzen[36] zu den Sach- und Fachkenntnissen hinzu. Bereits in der Ausbildung müssen solche Verhaltensqualifikationen – insbesondere die Kommunikationsbereitschaft und -fähigkeit als auch die Servicebereitschaft und -fähigkeit – entwickelt, trainiert und gestärkt werden. Neben den warenkundlichen Kenntnissen wird von den Beschäftigten heute zu Recht und mehr denn je ein verkaufsförderlicher Umgang mit den Kunden eingefordert.[37] „Den" Kunden – den „Otto Normalverbraucher" – gibt es schließlich schon lange nicht mehr: Jeder einzelne Kunde ist schwieriger geworden, weil er in seinem Verhalten stärker situationsbezogen agiert und sich weniger an gruppenspezifischen Verhaltensstandards orientiert. „Bezogen auf das Qualifikationsprofil des Verkäufers/der Verkäuferin stellen sich erhöhte Anforderungen an die Aufmerksamkeit und Sensibilität in der Wahrnehmung von Situationen und an die kommunikative Kompetenz, auch an das fachliche Wissen, das aber vom Personalmanagement als relativ gut und ohne gravierende Probleme eingeschätzt wird, während die Mängel in den Verhaltensqualifikationen zum neuralgischen Punkt geworden zu sein scheinen."[38]

Auf der individuellen, aber informellen Ebene geht es um die persönlichen Erfahrungen jedes einzelnen Beschäftigten und das daraus gewonnene Erfahrungswissen: Der kompetente Beschäftigte[39] im Verkaufsbereich weiß nicht nur, wie man Kunden im allgemeinen anspricht, sondern er weiß auch, wie er den gerade zu bedienenden Kunden verkaufsförderlich anspricht, wie er *seinen* Bedarf erfragt, wie er angemessen reagiert und ihm Vorschläge zur Lösung *seines* „Kaufproblems" anbietet. Je nach

---

[36] Hier wird sozusagen auf der Shop-floor-Ebene nachvollzogen, was für die Ebene der Führungskräfte schon länger als gesichertes Wissen galt. Bei diesen gehen Personalberater davon aus, „daß Erfolg zu 85 Prozent aus Persönlichkeit und zu 15 Prozent aus fachlicher Qualifikation entsteht", zit. nach Frankfurter Rundschau vom 30.4.1999: A 29.

[37] Vgl. Baethge/Grimm/Oberbeck 1992: 59.

[38] Baethge/Grimm/Oberbeck 1992: 71.

[39] Zu Qualifikationskriterien für die Beschäftigten des Einzelhandels vgl. im folgenden Kock 1999: 13 ff.

der Art und Dauerhaftigkeit der Kundenbeziehung müssen beim Beratungsvorgang Unterschiede gemacht werden: Bei Stammkunden sind komplexe Abstimmungsprozesse möglich; bei Laufkunden muß der Kontakt auf Anhieb klappen. Der kompetente Verkäufer kennt auch alle Arbeitsabläufe seiner Abteilung, die logistischen Rahmenbedingungen des Unternehmens, er erkennt Zusammenhänge zu jedem spezifischen Verkaufsvorgang, zieht Schlüsse daraus und agiert eigenverantwortlich im Sinne des Kunden.

Es geht also um die individuelle und situative Anpassungsfähigkeit jeder einzelnen Mitarbeiterin und jedes einzelnen Mitarbeiters. Benötigt werden Empathie und auch Fachwissen, besonders wichtig dabei aber ist, was zwischen den beiden Polen liegt, bzw. die sinnvolle Verbindung beider: Der Verkäufer, der nur lächelt, aber nichts weiß, nützt dem Kunden wenig – ebensowenig aber der, der nur sein vorgefertigtes Angebot vertreten kann. Er muß nicht nur in der Lage sein, sich in die Situation des Kunden hineinzuversetzen und dies im eigenen Verhalten zu berücksichtigen. Er muß auch Freude dabei entwickeln, gemeinsam nach einer zufriedenstellenden Lösung zu suchen. Erst diese praxisgerechte Anwendung des gesamten ihm zu Verfügung stehenden Sach- und Erfahrungswissen im Verkaufsalltag macht ihn zu einem kompetenten Partner des Kunden.

Das Votum der Weiterbildungspraktiker[40] ist darum ziemlich klar: Es geht um Können, um Fähigkeiten und Fertigkeiten, Wissen allein reicht nicht aus. Ein weiterer Baustein im betrieblichen Innovationsprozeß ist darum Lernen und Training: sich neues Wissen aneignen, die Anwendung einüben und sich im Alltag bewähren, damit aus Wissen Können wird.

Solche Lernprozesse erfolgen allerdings nicht automatisch, sondern müssen organisiert werden. Hier entsteht eine neue und komplexe Führungsaufgabe im Innovationsprozeß.

4.2 Führung und Führungskompetenzen im Wandel

Die Führungskräfte des Handels stehen zunächst vor dem Problem, wie die gewünschten, überwiegend sozialen Qualifikationspotentiale erschlossen werden können. Das neue Verständnis vom Verkaufen, das gemeinsam mit allen Mitarbeiterinnen und Mitarbeitern entwickelt werden muß, findet darum sein Pendant in einem neuen Verständnis von Führung, von der Rolle der Führungskraft als Trainer und Coach, der im Team (Pro-

---

[40] Vgl. dazu die Fallbeispiele unter 5.

blem-) Bewußtsein schafft, seine Mitglieder zur Reflexion befähigt und damit Verhaltensänderungen und Innovationen bewirkt.

Im Rahmen einer solchen Neuorientierung werden die Mitarbeiter und Mitarbeiterinnen der Betriebe auch wieder zur wichtigsten Ressource des Einzelhandels, in die es sich lohnt zu investieren. Mittelbar läßt sich das Ziel der Kundenorientierung nämlich in erster Linie über den „methodischen Umweg"[41] der Erhöhung der Mitarbeiterzufriedenheit erreichen: Denn nur zufriedene Mitarbeiter schaffen zufriedene Kunden. Das zweitwichtigste Thema bei der bereits genannten Expertenbefragung[42] war darum die Motivation von Mitarbeitern, die Gruppenarbeit und Teamführung sowie die Aus- und Weiterbildung der Beschäftigten.

Dieser Prozeß des Umdenkens zeigt sich besonders deutlich in einem veränderten Verständnis von den Aufgaben des Personalmanagers. Gerade hier wird neues Wissen und auch Können verlangt. Einige Indizien für diese Entwicklung gibt auch hier die Untersuchung des HDE und der FHS Worms: In der Befragung wird die Führungskraft von morgen nahezu durchgängig – von 86 % der Befragten – als „Moderator, Coach und Konfliktmanager" typisiert. Es findet demnach, zumindest auf der Konzeptebene, eine deutliche Kompetenzverlagerung von den fachlichen Fähigkeiten zu den sozialen Kompetenzen statt, und das nicht nur im Umgang mit den Mitarbeitern, sondern auch im Umgang mit Lieferanten, Kunden und Medien.[43]

Als ein Ergebnis dieser Untersuchung werden darum auch andere Prioritäten bei den geforderten Fähigkeiten für die Führungskraft der Zukunft als noch in der Vergangenheit genannt. Die Liste der gewünschten Kompetenzen aus der Sicht eines Personalmanagers gestaltet sich demnach folgendermaßen:

1. Menschenführung und Motivierung von Mitarbeitern,

2. Übernahme von Verantwortung,

3. Kommunikationsfähigkeit und -bereitschaft,

4. Marktorientierung,

5. Lernfähigkeit und Flexibilität,

6. strategisches Denken und Handeln und

7. Kooperations- und Kompromißfähigkeit. Erst zum Schluß wird

8. die fachliche Sachkompetenz genannt.

---

[41] Faber 1996: 57.

[42] Vgl. Mühlemeyer / Malcher 1997: 160.

[43] Vgl. Mühlemeyer / Malcher 1997: 159.

Betrachtet man diese Liste als eine realistische Einschätzung des Qualifizierungsbedarfs von Führungskräften im Einzelhandel, wird ein weiteres Problem in der Personalpolitik der Handelsbetriebe offenkundig: ein Defizit bei den Leitungs- und Steuerungskapazitäten.[44] Das vorhandene Leitungspersonal ist noch immer an einer eher traditionellen Geschäftspolitik ausgerichtet. Modernes Management und moderne Führungskonzepte sind im Handel im wahrsten Sinne des Wortes „Mangelware". Es stellt sich darum auch die Frage, wie sich die gewünschten Führungskompetenzen vermitteln lassen. Auch hier gilt prinzipiell die Antwort: durch Mitarbeiterorientierung. Darum fordert ein Drittel der Befragten eine Ausweitung der Investitionen in Weiterbildung um bis zu 50 %.[45] Gerade auch die Führungskräfte im Einzelhandel benötigen also Fachwissen über neue Führungskonzepte, Möglichkeiten, persönliches Erfahrungswissen in diesem Bereich zu sammeln und damit das neue Wissen in neue Kompetenzen umzusetzen.

Die Unternehmen stehen damit vor der Aufgabe, durch die Umgestaltung der Arbeitsstrukturen die Entwicklung auch von Leitungskompetenzen zu fördern. Als Bausteine lassen sich nennen: teamorientierte Arbeitskonzepte wie Gruppenarbeit mit Delegationsprinzip, Zielvereinbarungen, erweiterte Handlungsspielräumen, Einbeziehen der Kreativitätspotentiale der Mitarbeiter, Akzeptanz von Fehlern als Quelle konstruktiver Lernerfahrungen, Offenheit für Kritik und Akzeptanz von Querdenkern. Hier werden von den Befragten auch die größten Defizite bei den derzeitigen Führungseigenschaften von Managern gesehen. Für die Zukunft wird trotz – oder gerade wegen – der prekären Lage im Handel von einem steigenden Bedarf an Führungskräften ausgegangen. Um dieser Entwicklung gerecht werden zu können, ist darum von besonderer Bedeutung, die Attraktivität einer beruflichen Karriere als Führungskraft im Handel zu steigern. Ansatzpunkte, die Imageprobleme des Handels bei der Rekrutierung von Führungs- und Führungsnachwuchskräften anzugehen, sind beispielsweise eine systematische Berufsausbildung, Personalentwicklungskonzepte, regelmäßige Weiterbildung, Förderkreise für den Führungsnachwuchs oder die Kooperation mit Universitäten und Fachhochschulen.[46] Die Berufsausbildung im Einzelhandel mit anschließender Weiterbildung wird von Experten als „Königsweg" zu einer Karriere im Handel angesehen.[47]

---

[44] Vgl. auch Baethge / Grimm / Oberbeck 1992: 41.

[45] Vgl. Mühlemeyer / Malcher 1997: 160.

[46] Vgl. Mühlemeyer / Malcher 1997: 161.

[47] Vgl. Mühlemeyer / Malcher 1997: 162.

4.3 Unternehmensorganisation und Unternehmenskultur

Neues Wissen und Können auf der Ebene des Individuums – Mitarbeiter wie Führungskraft – reicht aber allein nicht aus, um Veränderungen zu bewirken. Erfolgreiche Lern- und Innovationsprozesse müssen das gesamte Unternehmen erfassen, sind nicht nur individuell sondern auch organisational.

Eine weitere entscheidende Variable für den Unternehmenserfolg wird darum heute nicht mehr nur im Qualifizierungsbedarf der Beschäftigten und in einem kooperativen und partnerschaftlichen Führungsstil sondern in der Entwicklung innovationsfördernder Unternehmensstrukturen und neuer „Firmenkulturen" gesehen. Fast 66 % der Befragten für den GDI-Handels-Monitor äußerten[48], daß das vorhandene Know-how der Mitarbeiter nur unzureichend genutzt werde. Daraus ergibt sich ein großes betriebsinternes Potential an Wissen und Erfahrung der eigenen Angestellten, das für den zukünftigen Unternehmenserfolg verstärkt genutzt werden könnte. Beim Abbau von Arbeitsplätzen in den Betrieben – so schätzen fast 63 % der Manager – gehen bis zu 25 % des Wissens verloren. Eng mit den Fehlern im Personalmanagement hängen die Mißerfolgsfaktoren zusammen, die mit fehlenden Spezialkenntnissen und -fähigkeiten verbunden sind. Fehleinschätzung der aktuellen Situation, Wunschdenken und Konzeptionslosigkeit seien Mängel, die häufig zu Profillosigkeit und mangelnder Unterscheidung von den Mitbewerbern führen.

Über 90 % der befragten Manager erwarten[49], daß in Zukunft statische Hierarchien durch die Verlagerung unternehmerischer Verantwortung an den einzelnen Arbeitsplätzen abgelöst werden. Ein Human Resource Management, das als eigentliche Kernkompetenzen eines Handelsbetriebes neues Wissen beschafft oder erzeugt und dieses dann sehr schnell kundennah vermarktet, wird darum auch als eine „Quelle der Exzellenz"[50] von Unternehmen angesehen. Ein gleich großer Anteil betont aus diesem Grund die besondere Bedeutung der Unternehmenskultur für den Unternehmenserfolg.

In diesem Zusammenhang geht es weniger um isolierte Wissenspakete, die es zu vermitteln und anzuwenden gilt, als vielmehr um Diskussion, um das Ingangsetzen eines abteilungs- und unternehmensbezogenen

---

[48]   Vgl. im folgenden Zentes 1996: 31 f.

[49]   Natürlich läßt sich aus dieser Aussage noch nicht ablesen, wie viele dieser Manager auch einen praktischen Beitrag dafür leisten, daß dies geschieht.

[50]   Zentes 1996: 30.

Kommunikationsprozesses[51], aus dem Verhaltensänderungen hervorgehen können. Ein solcher Prozeß benötigt innerhalb eines Unternehmens klare Strukturen – Freiräume und Grenzen, Verfahren und Regeln – die es jedem Beschäftigten erst ermöglichen, regelmäßig über die betrieblichen Belange und Abläufe ins Gespräch zu kommen, Ideen zu entwickeln, gegeneinander abzuwägen und Entscheidungen zu treffen. Als Lernorte können in diesem Zusammenhang regelmäßige Besprechungen auf und zwischen allen Ebenen und in unterschiedlichen Konstellationen dienen: Arbeitskreise und -treffen zu ausgewählten Themen seien hier nur als Beispiele genannt. Daneben können Methoden der Projektarbeit, der Reflexion, der Erfolgs- und Selbstkontrolle die Organisation von Innovationsprozessen im Unternehmen sinnvoll unterstützen.

Eine solche institutionelle Absicherung reicht allerdings nicht aus. Daneben ist es erforderlich, eine Gesprächskultur wachsen zu lassen – eine Atmosphäre, in der jeder Beschäftigte offen, ehrlich und vertrauensvoll mitreden und mitgestalten kann. Mit dem Ziel, die Gesamtheit aller Wissens- und Erfahrungsbestände des Unternehmens für alle Beschäftigten gleichermaßen und situativ verfügbar zu machen, sollten alle Gesprächs- und Arbeitsergebnisse dokumentiert und für jeden zugänglich gemacht werden. In einem solchen betrieblichen Kommunikationsprozeß wird auch neues Wissen, oder einfacher: werden neue Ideen generiert – sowohl individuell für den einzelnen Mitarbeiter / Mitarbeiterin als auch organisational für das gesamte Unternehmen. Der notwendige Kreislauf, der immer wieder neue Verbesserungspotentiale ausfindig macht und umzusetzen hilft, kann auf diese Weise entstehen, die notwendige Innovationsbereitschaft und -fähigkeit generiert und gepflegt werden.

Ansatzpunkte bieten hier moderne Konzepte der Organisationsentwicklung, in die auch neue Management-, Führungs- und Personalentwicklungskonzepte eingebettet werden. Ziel dieser Strukturmaßnahmen in den Handelsbetrieben ist es, über die Steigerung der Lernfähigkeit der Betriebe, also der Mitarbeiterinnen und Mitarbeiter eine Professionalisierung des Verkaufs und damit Umsatzsteigerungen zu bewirken.

---

[51] Zu diesen Überlegungen, die unter dem Stichwort „knowledge management" oder „Wissensmanagement" zunehmende Beachtung finden, vgl. auch Beyer 1999.

5 Praktische Ansätze: Neue Konzepte der Organisations- und Personalentwicklung im Warenhausbetrieb

In einigen wenigen Einzelhandelsunternehmen – darunter interessanterweise gerade auch Warenhausbetriebe, denen selbst von Handelsexperten seit Jahren der Untergang prophezeit wird[52] – wird mittlerweile versucht, die Zukunftsvorstellungen einer modernen Organisations- und Personalentwicklung Realität werden zu lassen. Im folgenden sollen drei Ansätze herausgegriffen und kurz dargestellt werden. Die Überlegungen stützen sich dabei im wesentlichen auf die Ergebnisse einiger Expertengespräche mit Personalverantwortlichen der Firmen Karstadt/Hertie, der Galeria Kaufhof Warenhaus AG sowie der Markthaus Recycling Kaufhaus gGmbH sowie die Auswertung der von ihnen zur Verfügung gestellten Materialien. Die Ausführungen erheben darum nicht den Anspruch einer systematischen Untersuchung, sondern dienen vor allen Dingen dazu, die geschilderten, eher theoretischen Zusammenhänge vor dem Hintergrund der bis heute gemachten Erfahrungen zu veranschaulichen.

5.1 Das „Lotsenteam" der Galeria Kaufhof Warenhaus AG

Der Handelskonzern Horten brachte im Jahre 1994 bei der Fusionierung mit der Kaufhof AG sein neues Organisations- und Personalentwicklungskonzept gleich mit.[53] Unter dem Motto „Durch gemeinsame Arbeit wächst man zusammen!" wurde die Hauptverwaltung Horten komplett aufgelöst, die Zuständigkeiten wurden gemischt, und gleich zu Beginn wurden gemeinsame Projekte zur Organisationsentwicklung angegangen. Als Hauptziel galt es, die Führungskräfte beider Unternehmen „'top down' in fachlicher, methodischer und sozialer Kompetenz zu qualifizieren, um Kommunikations- und Führungsfähigkeiten zu stärken; vor allem jedoch, um die strategischen Entwicklungsziele des Unternehmens prozeßorientiert in Pläne, Programme und Maßnahmen für alle Mitarbei-

---

[52] Auf die Tatsache, daß Innovationen oft erst dann erfolgen, wenn das Überleben des Unternehmens auf dem Spiel steht, hat bereits Rehfeld in diesem Band aufmerksam gemacht.

[53] Die folgenden Ausführungen beziehen sich auf Aussagen von Faber (1996: 55 ff.) zur Organisationsentwicklung bei Horten vor der Fusionierung sowie vor allem auf die Auskünfte aus unserem Expertengespräch mit Verantwortlichen des Kundenserviceteams bei der Galeria Kaufhof Warenhaus AG. Vor dem Zusammenschluß gehörten diese dem sogenannten Lotsenteam bei Horten an.

ter – vom Vorstand bis zum Auszubildenden – umzusetzen."[54] Der mit diesen Projekten angestoßene und im Zuge der Zusammenführung der beiden Unternehmen fortentwickelte Prozeß kann hier nicht im Detail nachgezeichnet werden; wir wollen aber die Schwerpunkte des Konzepts kurz skizzieren:

1. Zunächst wurde ein neues und integriertes Unternehmensleitbild Galeria Kaufhof „Ich bin dabei" entwickelt, für das Ziele, Aufgaben und Wege der angestrebten Unternehmensentwicklung in einem gemeinsamen Prozeß – mit Mitarbeitern und Mitarbeiterinnen aller hierarchischen Ebenen – erarbeitet und dokumentiert wurden.

2. Ein sogenannter Firmenleitungskreis, der mit den Zentraleinkäufern, den Bereichsleitern und Leitungen besetzt ist, formuliert nun regelmäßig in Kooperation mit dem sogenannten „Lotsenteam" – den internen Beratern für Führungskräfte – die zeitlichen und inhaltlichen Unternehmensziele. Auf der Ebene der Filialen werden diese in standortbezogene Entwicklungsziele transformiert; diese wiederum werden von den Abteilungen operationalisiert. Das Lotsenteam begleitet diesen Prozeß, durch den sämtliche Führungskräfte des Unternehmens spezifische Führungsqualifikationen wie Analyse, Planung, Umsetzung, Steuerung, Reflexion, Verhalten und Kommunikation erlernen. Daneben sind die Führungskräfte in ein sogenanntes „kollegiales Stützsystem" eingebunden, das praktische Erfahrungen diskutiert und berät. Mitte 1998 wurde ein dreitägiges Verkaufspraktikum in den Filialen für Führungskräfte der Hauptverwaltung eingeführt, das nun alle zwei Jahre obligatorisch ist.

3. Der dritte Schwerpunkt liegt in der Einbindung aller Mitarbeiterinnen und Mitarbeiter in Projekte und Mitarbeiterforen, auf denen die Ziele des Prozesses vermittelt, damit verbundene konkrete Probleme benannt und mit den Vorgesetzten diskutiert und bearbeitet werden. Sechs Kernthemen wurden und werden in diesem Zusammenhang identifiziert und bearbeitet: Führung, Kommunikation, Prozesse, Service/Kundenorientierung, Vergütungssysteme und Strategien. Darüber hinaus gibt es einmal wöchentlich obligatorische, arbeitsplatz- und aufgabenorientierte Mitarbeiterbesprechungen. Zur Unterstützung dieses Vorhabens wurde auch das sogenannte Kundenservice-Team eingerichtet, das als kontinuierlicher Berater für die Filialen und Abteilungen fungiert und bundesweit zu den Warenhäusern reist. Es hat die Aufgabe, die zentralen oder hauseigenen Vorschläge in die Betriebsabläufe einzupassen, ist interdisziplinär zusammengesetzt

---

[54] Faber 1996: 55.

und hält Kontakt zu Logistikern, zum Einkauf, zur Organisation und
zur Hauptverwaltung. Es soll Mitarbeitern wie Kunden helfen, bestehende Probleme schneller zu lösen.

Obwohl der Einkauf weiterhin zentral organisiert wird, wurde versucht,
den damit verbundenen Problemen der Filialen als reine Abverkaufsbe-
triebe durch einen größeren Gestaltungsspielraum bei der Verkaufsfunk-
tion Rechnung zu tragen. Die Autonomie des einzelnen Betriebes wurde
hier deutlich erhöht. Die Filiale entscheidet z. B. allein über die Instrumente und Wege zur Erreichung des Unternehmensziels, die Umsätze zu
steigern.[55] Auf diese Weise können Abteilungsleiter oder sogar die Erst-
verkäufer etwa die je nach Standort der Filialen und der sozialen Zusam-
mensetzung der Käuferschichten differierenden Kundenansprüche und
spezifische regionale Marktkonstellationen beim Abverkauf der Waren
berücksichtigen und so „den durch die starke Zentralisierung des Ein-
kaufs herbeigeführten Verlust an integrierter Planung von Ein- und Verkauf [...] kompensieren.“[56]

Die Zielkontrolle des Konzeptes wird konsequenterweise auf der Kun-
denseite durchgeführt: In organisierten Kundenforen diskutieren Konsumenten und Mitarbeiter Fragen zum Image, zur Ware und zum Dienstlei-
stungsangebot der Filiale. Das Wissen über die spezifischen Wünsche der
Kunden wird über dieses Verfahren regelmäßig aktualisiert und verbessert. Daneben gibt es Kundenbefragungen – Telefoninterviews, Befragungen im Laden oder von Passanten, die teilweise auch nach außen vergeben werden.

Neue Management- und Führungskonzepte sind demnach für Einzelhandelsunternehmen nicht mehr nur bloße Utopie, sondern es gibt durchaus erste konkrete Erfahrungen. Schon eine erste Evaluierung des Konzepts beim nun nicht mehr selbständig existierenden Horten-Konzern
durch die Befragung von insgesamt 416 beteiligten Führungskräften ergab eine hohe Akzeptanz: 70 % der Führungskräfte beurteilen den Grad
der praktischen Anwendbarkeit als hoch bis sehr hoch. Über 78 % stellten
eine Veränderung des eigenen Führungsverhaltens fest: Sie beziehen die
Mitarbeiterinnen und Mitarbeiter heute in Entscheidungsprozesse mit
ein und gehen besser auf ihre Vorstellungen und Wünsche ein.[57] Eine erste Mitarbeiterbefragung bei der Kaufhof Warenhaus AG erfolgte in der
zweiten Hälfte des Jahres 1997. Die hier identifizierten Schwachstellen in

---

[55]   Vgl. Faber 1996: 58.

[56]   Baethge / Grimm / Oberbeck 1992: 47.

[57]   Faber 1996: 59.

den Filialen und Bereichen sollen bis zur Mitte dieses Jahres abgearbeitet werden; für das Jahr 2000 ist die nächste Personalbefragung geplant.

5.2 Das Trainingssystem „TIP" bei Karstadt / Hertie

Bei der Hertie Waren- und Kaufhaus GmbH legte man den Schwerpunkt auf die Entwicklung von sozialen Kompetenzen der Beschäftigten. Dies ist nicht allein eine Frage der Aus- und Weiterbildung, sondern erfordert auch organisatorische und personalpolitische Maßnahmen, die auf eine stärkere Identifikation der Mitarbeiterinnen und Mitarbeiter mit ihren Aufgaben abzielen. Weiterbildung ist hier als ein integraler Bestandteil eines Personalentwicklungskonzeptes zu verstehen.[58] In diesem Sinne läßt sich der zu Beginn der 90er Jahre gestartete Versuch des Warenhauskonzerns Hertie, das Verkaufspersonal in ein kontinuierliches Schulungskonzept einzubeziehen, als ein neuer Akzent in der Weiterbildung des Einzelhandels ansehen, um „von einem spontanen, nur anlaßbezogenen zu einem stärker professionellen und systematischen Umgang mit Weiterbildung und dem Erhalt bzw. der Verbesserung der Qualifikation"[59] der Mitarbeiterinnen im Verkauf zu gelangen.

So hatte Hertie ein spezifisches Personalentwicklungssystem für Verkaufsmitarbeiter entwickelt und umgesetzt: „TIP – Täglich im Programm"[60]. Der Beitrag der Personalentwicklung zur Produktivitäts- und Qualitätsverbesserung der Mitarbeiterinnen und Mitarbeiter erhält somit einen zentralen Stellenwert. Das Ziel, die Bedienungs- und Beratungsqualität zu verbessern, soll innerhalb dieses Konzeptes über die folgenden Bausteine verwirklicht werden:

- „Aktivierung des Führungsprozesses und Überbrückung hierarchischer Schranken durch die Einbeziehung aller Führungskräfte und Mitarbeiter inklusive Teilzeit- und Pauschalkräfte;

- Systematisierung und Institutionalisierung des Dialogs zwischen Mitarbeiter und Führungskraft unter Nutzung des Ideen- und Kreativitätspotentials der Mitarbeiter;

- Fokussierung der Trainingsinhalte auf die aktuellen Probleme und die Praxisrelevanz der einzelnen Organisationseinheiten und kurzfristige Reaktion auf erkannte Defizite;

---

[58] Vgl. Baethge / Grimm / Oberbeck 1992: 83.

[59] Baethge / Grimm / Oberbeck 1992: 84.

[60] Vgl. im folgenden Faber 1996: 59 ff.

- Training als integrierter Bestandteil jedes Arbeitstages durch Ausrichtung der Trainingszeit auf die Gegebenheiten der Einzelabteilungen;

- Transfersicherung durch die Führungskraft."[61]

Zur Durchführung der Trainingseinheiten wurden die Weiterbildungsinhalte zunächst in Themenblöcke und weiter in kleine Lerneinheiten mit einem maximalen Zeitaufwand von 5 bis 10 Minuten unterteilt. Lernort ist der jeweilige Verkaufsraum, die Abteilungsleiter sind Trainer und Coach ihres Teams. Die Themenauswahl ist unmittelbar am aktuellen Bedarf orientiert. Veränderungswünsche und Verbesserungsvorschläge können ohne Umwege in das System eingebaut werden. „Das innovative Moment des Konzepts liegt primär im kontinuierlichen, abteilungsinternen und abteilungsübergreifenden Informationsfluß (...). Der tägliche Dialog ist integrierter Bestandteil des Betriebsablaufs, und seine Etablierung dient kontinuierlichen Verbesserungsprozessen im Verkauf."[62]

Durch das Zusammenfallen von Lernort und Anwendungsort entsteht darüber hinaus eine Reihe weiterer Vorteile für das Unternehmen: Die Kosten-Nutzen-Relation von Qualifizierung wird verbessert, die Bildungsinvestitionen erreichen kontinuierlich alle Beschäftigten einer Organisationseinheit, und das Personalwesen wird aktiv und kontrollierbar an der Entwicklung des Unternehmens beteiligt. Damit wird Personalentwicklung direkt mit der Organisationsentwicklung verknüpft.[63]

Im Zuge der Fusionierung der Unternehmen Karstadt und Hertie und der damit verbundenen Umstellung auf das Konzept der Organisations- und Personalentwicklung „Inspiriert" ist das hier vorgestellte Weiterbildungskonzept „TIP" etwas in den Hintergrund geraten. Hinzu kommt die Verlängerung der Ladenöffnungszeiten, die zu veränderten Personaleinsatzplänen geführt haben. Sie erschweren es, daß sich das vollständige Team einmal täglich zusammenfinden kann. Ein Ausweg wird über „Business-TV" gesucht, dessen Programm über Satellit überspielt wird. Die Beschäftigten können sich die Beiträge zu frei gewählten Zeiten ansehen, möglichst in kleinen Gruppen. Ziel ist es, den Informationsfluß im Unternehmen über Themen wie etwa Sortimentswechsel bei Mode und Sport, Vorstandsentscheidungen oder Werbekampagnen zu verbessern. Das Projekt läuft allerdings erst in Kürze an, und es muß sich erst zeigen, ob es in der Lage ist, ähnlich wie „TIP", einen kontinuierlichen und unternehmensweiten Kommunikationsprozeß in Gang zu setzen.

---

[61]   Faber 1996: 60.

[62]   Faber 1996: 62.

[63]   Vgl. Faber 1996: 66.

5.3 Aus TIP wird TAP: Recycling-Kaufhaus „Markthaus"

Was bei Karstadt/Hertie nur noch ein Baustein im Rahmen eines Ge-
samtprozesses ist, bildet im Recycling-Kaufhaus „Markthaus" einen ganz
entscheidenden Bestandteil des Konzepts zur Unternehmensentwicklung.
Das Unternehmen wurde 1996 im Auftrag des Arbeitsamtes Mannheim
gegründet. Kern des Konzeptes ist die Verbindung von Sozial- und Wirt-
schaftsbetrieb. Hauptziel ist die Bekämpfung von Arbeitslosigkeit bei
langzeitarbeitslosen und/oder schwerbehinderten Frauen und Männern,
die durch Beschäftigung, Qualifizierung sowie durch gezielte Förde-
rungsmaßnahmen in das Arbeitsleben und den Arbeitsmarkt integriert
werden sollen. Das Projekt stützt sich auf folgende Säulen:

- Beschäftigungsförderung,

- Qualifizierung/Weiterbildung/Wiedereingliederung,

- sozialpädagogische Betreuung der Beschäftigten,

- Wiederverwertung gebrauchter Konsumgüter,

- ökologische Produktlinien,

- Kooperation mit Shop in Shop-Partnern,

- Dienstleistung und Kundenorientierung,

- Abfallvermeidung und Entsorgung.

Das Sortiment des Recycling-Kaufhauses erstreckt sich von Gebraucht-
möbeln über Elektrogeräte, Computer und Second-Hand-Kleidung bis hin
zu Haushaltsartikeln, ökologischen Waren wie Öko-Wasch und -Putzmit-
tel, aber auch Lebensmittel und Frischgemüse aus kontrolliert biologi-
schem Anbau und Solartechnik-Artikel, um nur die wesentlichsten Artikel zu nennen. Das Warenangebot wird ergänzt durch eine Reihe kundenorientierter Dienstleistungen. Zu nennen sind hier etwa Wohnungs-
auflösungen, Umzüge, Abhol- und Bringdienste, Abfallentsorgung, Ände-
rungsschneiderei inklusive Stopfservice, Windelwaschservice, Fahrradre-
paraturen oder Computer-Umrüstungen.

Gesellschafter des Markthauses sind zwei Unternehmen, die selbst
jahrelange Erfahrung im Bereich der Beschäftigungsförderung und als
Träger der beruflichen Fortbildung gesammelt haben. Die Leitung des
neu gegründeten Unternehmens wurde parallel mit Kompetenzen aus der
beruflichen Fort- und Weiterbildung und mit Kompetenzen aus der Orga-
nisations- und Personalentwicklung eines Warenhausbetriebes ausgestattet. Der Projektleiter des Unternehmens hatte nicht nur jahrelange Erfahrungen aus einem Warenhaus einbringen können, sondern daneben

bereits in Kooperation mit der Gewerkschaft HBV und dem Wuppertal-Institut das sogenannte „Öko-Kaufhaus-Konzept" entwickelt, das im neugegründeten Unternehmen nun in die Praxis umgesetzt und weiterentwickelt werden soll.

Unter dem Namen „TAP" – Tägliche-Arbeits-Praxis – firmiert hier ein an das Konzept von Hertie angelehntes Personalentwicklungskonzept. Es dient, wie auch schon bei Hertie, der Unterstützung der Unternehmensziele, insbesondere der Verbesserung der Kundenorientierung, der dauerhaften Optimierung des Hausergebnisses, der Profilentwicklung und Positionierung am Markt als kompetentes öko-orientiertes Verkaufs- und Dienstleistungszentrum. Das Konzept wird begleitet und unterstützt durch ein teamorientiertes Arbeitszeit-System, ein Personalmanagementsystem, ein prämiertes betriebliches Vorschlagswesen, Ideen-Workshops, ein Leistungslohnsystem und ein Beschäftigungs-Beurteilungs-System.

Die täglichen Kommunikationsrunden werden abteilungsintern oder – bei Bedarf – auch abteilungsübergreifend angeboten. Der Kommunikationsbedarf, die Inhalte der Besprechungen sowie die genauen Terminabsprachen werden nach Rücksprache mit allen Beteiligten von den Führungskräften und von den eigens für die Umsetzung dieses Konzepts bestimmten TAP-Betreuern und -Betreuerinnen festgelegt.

Das System ermöglicht jedem Beschäftigten ein tägliches und systematisches Auseinandersetzen mit Themen, die den praktischen Arbeitsalltag betreffen, wie z. B.:

- Bewältigung von organisatorischen und administrativen Tätigkeiten,

- Austauschen von Informationen,

- Verbesserung der Kommunikation,

- Verbesserung des Wissensstandes,

- Auffrischen des Alltagswissens,

- tägliche Zielsetzungen,

- Verbesserung der Motivation,

- Entwickeln von Ideen für Verbesserungen und deren Umsetzung.

Diese Form der regelmäßigen und systematischen Qualifizierung verhilft Mitarbeiterinnen und Mitarbeitern zu einem sicheren Auftreten gegenüber den Kunden und damit auch einer kompetenten Beratung. Sie bietet jedem Beschäftigten die Möglichkeit, sich für die an ihn gestellten Anforderungen fit zu machen, sich fit zu halten und sein Erfahrungswissen laufend zu verbessern. Es hilft, Erfolg bei der Arbeit zu erleben und damit Freude an seinem anspruchsvollen und vielseitigen Berufsfeld zu empfinden. „Dies überträgt sich sichtbar und spürbar auch auf unsere Kunden...", so jedenfalls beschreibt die TAP-Konzeption die Vorteile des Systems. Als weitere positive Akzente werden Aktualität und Kundennähe, die unbedingte Praxisorientierung, das hohe Ausmaß der direkten Umsetzbarkeit, eine erhöhte Effizienz durch einen permanenten Lernprozeß, die Möglichkeiten des situationsgerechten, flexiblen Einsatzes, die Nutzung des Erfahrungs- und Ideenpotentials der Beschäftigten, das überzeugte Mittragen der formulierten Unternehmensziele, die Einbindung aller Beschäftigten – Mitarbeiter wie Führungskräfte. Insgesamt führt das Konzept zu einer verbesserten Zusammenarbeit auf allen Ebenen durch die Optimierung der vertikalen und horizontalen Information und Kommunikation, einer verbesserten Anpassungsfähigkeit des Unternehmens an dynamische und trendorientierte Marktentwicklung und unterstützt die Wiedereingliederung von Beschäftigten nach einer längeren Arbeitspause.

Die genannten Vorteile wurden im Rahmen von Personalgesprächen und Mitarbeiterbefragungen im wesentlichen bestätigt und sogar noch ergänzt. Es zeigte sich, um nur einige Aspekte zu nennen, daß mit TAP auch Verbesserungen im Führungsverhalten, bei der eigenen Profilierung, aber auch beim Sozialverhalten gegenüber Kolleginnen und Kollegen oder etwa der Konfliktfähigkeit im Team erreicht wurden.

Anhand der Personalentwicklungssysteme bei Karstadt/Hertie und Markthaus sollte verdeutlicht werden, daß Aus- und Weiterbildung allein nicht ausreichen, um dauerhafte Erfolge bei der Professionalisierung des Verkaufs zu bewirken. Demgegenüber kann mit Hilfe von Personalentwicklungskonzepten der besonderen Bedeutung der sozialen Kompetenzen für den Unternehmenserfolg auf ansprechende, effiziente und nachhaltige Weise Rechnung getragen werden.

Beide Konzepte sind im übrigen verhältnismäßig kostengünstig, sie sparen durch die schnelle Umsetzung neuer Ideen und das sofortige Abstellen von Mißständen sogar Kosten und sind unabhängig vom Betriebstyp und der Betriebsgröße anwendbar. Sie setzen allerdings ein Mindestmaß an Führungskompetenzen voraus: etwa die Fähigkeit zur Reflexion und zu strategischem Denken sowie Grundkenntnisse in Moderationstechniken, um Gespräche zu initiieren und konstruktiv zu leiten und zu begleiten. Daneben sind auch Mindestanforderungen an einen Lernort und unterstützende Materialien zu erfüllen.

6 Fazit: Innovation im Einzelhandel – eine Frage der Personalstruktur und nicht zuletzt ein Lern- und Kommunikationsprozeß

Innovation im Einzelhandel ist eine Aufgabe bei der mehrere dicke Bretter zu bohren sind: Es reicht nicht, das Vorhandene zu verbessern, sondern es müssen neue Strukturentwicklungen – von „Umwelt" bis „Erlebnis" – systematisch auf ihre Chancen zur Steigerung der Wertschöpfung abgeklopft werden. Die Verbraucher werden nicht die gute Absicht, sondern nur den echten Zusatznutzen honorieren.

Aber ohne Qualifizierung, die diese Ziele umsetzt und dafür sorgt, daß die neuen Strategien beim Kunden ankommen, wäre dies alles nichts. In diesem Sinne ist die etwas provokative Ausgangsfrage zu bejahen. In der Tat: Händler müssen das Verkaufen neu lernen – (be)ständig und immer wieder neu. Neue Organisations- und Personalentwicklungskonzepte wie die hier vorgestellten können den dazu erforderlichen Lern- und Kommunikationsprozeß in Gang bringen und kontinuierlich begleiten und unterstützen.

Kleine Schritte, dies muß abschließend gesagt werden, bringen zwar bereits Nutzen, aber sie reichen nicht aus. Ein nachhaltiges Umsteuern würde auch einen Bruch mit der bei Managern und Kunden gleichermaßen beliebten Maxime bedeuten, daß guter Service nichts (oder fast nichts) kosten darf. Verbesserte Personalentwicklung ist insofern nur ein Teil einer Lösung, die letztlich zu einer Verbesserung der Personalstruktur führen muß. In vielen Bereichen des Handels müßte erst einmal der Trend zum massiven Personalabbau gebrochen werden, bevor sich die Servicewüsten wieder beleben können. Und hier, wo es wirklich Geld kostet, liegt bislang noch die Crux.

Literatur

Baethge, M./Grimm, A./Oberbeck, H., 1992: Neue arbeits- und personalpolitische Konzepte im Groß- und Einzelhandel. In: Baethge, M./Oberbeck, H. (Hg.): Personalentwicklung im Handel. Frankfurt/M., New York: 11-107.
Beyer, L./Hilbert, J./Micheel, B., 1998: Beschäftigung im Handel. Erfordernisse und Ansatzpunkte für eine NRW-Handelspolitik. Gutachten für die Enquête-Kommission „Zukunft der Erwerbsarbeit" des Landtags von Nordrhein-Westfalen. Ersch, 1999.
Beyer, L., 1999: Vom Informationsmanagement zum Wissensmanagement – von der Binnenorientierung zur Vernetzung. In: Festschrift für Hans Brinckmann und Klaus Grimmer. Baden-Baden. Im Erscheinen.

Faber, C., 1996: Neue Organisationsformen in Dienstleistung und Verwaltung: Drei Versuche über Organisationsentwicklung durch Personalentwicklung im Einzelhandel. In: Braczyk, H.-J. / Ganter, H.-D. / Seltz, R. (Hg.): Neue Organisationsformen in Dienstleistung und Verwaltung. Stuttgart, Berlin, Köln: 53-67.

Glaubitz, J. / Wiedemuth, J. / Zöller, H., 1992: Zukunftsprogramm Einzelhandel der HBV. In: WSI Mitteilungen 10 / 1992: 652-660.

Glaubitz, J., 1996: Strukturwandel und Arbeitsbedingungen im Einzelhandel. Zwischen Deregulierung und Ladenschluß. In: WSI-Mitteilungen 1 / 1996: 26-35.

Glaubitz, J., 1997: Immer nur lächeln? In: Mitbestimmung 7+8 / 1997: 6-7.

Hatzfeld, U., 1996: Die Probleme des Handels sind die Probleme der Städte. Stand, Entwicklung und Prognose der Handlungsbereiche im „Überschneidungsbereich" zwischen Handel und Stadt. In: Ministerium für Stadtentwicklung, Kultur und Sport des Landes Nordrhein-Westfalen (Hg): Handel in der Stadt. Düsseldorf: 31-91.

HDE, 1997: HDE-Bilanz 1996. Konsumschub blieb aus. In: handelsjournal 2 / 1997: 44-48.

Kock, A., 1999: Qualifizierung der Beschäftigten im deutschen Einzelhandel im Sinne besserer Kundenorientierung und Innovation. Vortrag Quatro / Adapt-Projektkolloquium des RKW / NRW vom 25. / 26.3.1999, Bad Münstereifel. Ms.

Kraus, B., 1997: Arbeitsplatzeinsparungen. In: Thome, R. (Hg.): Arbeit ohne Zukunft? München: 117-138.

Lambertz, J. E., 1996: Entwicklung des Umsatzes im Einzelhandel im Jahr 1995. In: Wirtschaft und Statistik 9 / 1996: 566-572.

Lambertz, J. E., 1997: Entwicklung des Einzelhandels im Jahr 1996. In: Wirtschaft und Statistik 3 / 1997: 175-179.

Monopolkommission (Hg.), 1994: Marktstruktur und Wettbewerb im Handel. Sondergutachten. Baden-Baden.

Mühlemeyer, P. / Malcher, W., 1997: Welche Fähigkeiten werden in Zukunft verlangt? In: Arbeitgeber 6 / 1997: 158-163.

Pellinghausen, W., 1998: Das große Fressen. In: Wirtschaftswoche 11 / 1998: 66-68.

Schlesinger, L. A. / Heskett, J. L., 1991: The Service-Driven Service Company. In: Harvard Business Review 9-10 / 1991: 71-81.

Severing, E., 1994: Arbeitsplatznahe Weiterbildung. Betriebspädagogische Konzepte und betriebliche Umsetzungsstrategien. Neuwied, Berlin.

Stiegel, R. T., 1991: Innovationsfördernde Personalentwicklung in Klein- und Mittelbetrieben. Lernen vom Großbetrieb oder eigene Wege gehen? Neuwied, Berlin, Kriftel.

Tödtmann, C., 1998: Service als Nische. In: Wirtschaftswoche 28 / 1998: 84.

Wolfsgruber, A., 1998: Service: Und sie bewegen sich doch! In: Focus 4 / 1998: 58-60.

Zentes, J., 1996: GDI-Monitor: Fakten, Trends, Visionen. In: Zentes, J. / Liebmann, H.-P. (Hg.): GDI-Trendbuch Handel No. 1. Düsseldorf, München: 10-36.

Zentes, J. / Hurth, J., 1997: Status und Folgen der Handelskonzentration. Universität Saarbrücken. Ms.

Anhang

Brödner, P. / Helmstädter, E. / Widmaier, B. (Hg.):
Wissensteilung. Zur Dynamik von Innovation und kollektivem Lernen,
München und Mering: Hampp 1999

Peter Brödner

Begriffserläuterungen

Vorbemerkung: Die zu lösende Grundschwierigkeit bei der Definition und Erläuterung nachstehender Begriffe besteht darin, daß sie (und die zugehörigen Benennungen) zumeist gleich in mehreren Disziplinen eine prominente Rolle spielen und dort teils ähnliche, teils unterschiedliche Bestimmungen erfahren haben. Darüber hinaus gibt es Perspektivwechsel zu verzeichnen, die veränderte Interpretationen zur Folge haben. Dem müssen unsere Begriffsbestimmungen so gut es geht Rechnung tragen, sich dabei aber auch in bestimmte konsistente bzw. kompatible Sichtweisen einordnen. Wir sind hier also keineswegs frei, sondern bewegen uns in Feldern, die von Philosophie, Naturwissenschaften, Erkenntnistheorie, Soziologie, (Kognitions-)Psychologie und Ökonomie in hohem Maße vorgeprägt sind.

Wissen ist durch Begriffsbildung ins Bewußtsein gehobene Erfahrung (indem neue Situationen mit bekannten Bedeutungsinhalten in Zusammenhang gebracht werden). Mit Hilfe relevanter Begriffe wird Erfahrung geordnet und expliziert (Bell 1975: 302).

Wissen nimmt die Form von Theorien an, von Systemen konsistent aufeinander bezogener Begriffe und Argumente (Aussagen). Theorien erklären, wie etwas funktioniert (Verstehen). Mit erlaubten (Denk-)Operationen kann eine Theorie nicht verlassen werden. Eine Theorie geht nur mit sich selber um, sie ist selbstreferentiell geschlossen. Aus ihr können unmittelbar keine praktischen Schritte für Problemlösungen abgeleitet werden (Janich 1997). Wissen ist daher abstraktes „Handlungsvermögen" (Stehr 1994).

Anmerkungen: „Wissen (ist eine) Sammlung in sich geordneter Aussagen über Fakten oder Ideen, die ein vernünftiges Urteil oder ein experimentelles Ergebnis zum Ausdruck bringen und anderen durch irgendein Kommunikationsmedium in systematischer Form übermittelt werden" (Bell 1975: 176 f).

Wissen läßt sich in Zeichen (und Artefakten) vergegenständlichen und dadurch kommunizieren („geronnene Erfahrung"; Brödner 1997). Indem wir Welt theoretisierend erfassen und begreifen, verwandeln wir sie in einem fortgesetzten Prozeß der Semiotisierung in eine Welt von Zeichen. In der Mathematik werden sogar mittels der Zeichen deren Objekte selbst erst gesetzt (Nake 1997).

Können ist die praktische Handlungskompetenz des Menschen, gekennzeichnet durch seine Fähigkeit (und Fertigkeit) in einer Situation angemessen zu handeln, um seine Wünsche und Interessen zu verwirklichen; es ist erfolgreiches situiertes Handeln („situated action", Suchman 1987).

Anmerkungen: Sein körperlich-praktischer Bezug und sein intentionales Verhältnis zur Welt befähigen den Menschen, im Funktionskreis des Handelns aufgrund immer schon wirksamer vorreflexiver Gewohnheiten und Erwartungen zu handeln und Ähnlichkeiten oder Unterschiede in Situationen wahrzunehmen, sie eben dadurch als etwas (nicht) Vergleichbares zu deuten (Erfahrung). Situationen sind dabei nicht etwa durch einzelne Merkmale bestimmt, sondern werden gestalthaft als ganze wahrgenommen, die bestimmte Handlungen herausfordern; erst die Erfahrung einer Situation als typische, als ähnliche oder unterschiedliche zu früheren Situationen, bestimmt umgekehrt deren Merkmale und löst passende Handlungen aus (Brödner 1997; Dreyfus 1979; Polanyi 1985; Schon 1983).

Können umfaßt sowohl Fähigkeiten, Situationen zu deuten, als auch prozedurale Routinen, das jeweils Angemessene zu tun. Können wächst durch Erfahrung sowie durch die Aneignung und situationsbezogene Anwendung von Wissen.

Diese grundlegende Unterscheidung zwischen explizitem und implizitem Wissen (Können) findet sich trotz aller Nuancierungen bei vielen Autoren psychologischer, soziologischer und philosophischer Provenienz wieder. Hier einige Beispiele für vergleichbare Begriffe, freilich mit anderen Benennungen:

Explizites Wissen:	*Implizites Wissen (Können):*
Deklaratives Wissen,	Erfahrungswissen,
Faktenwissen,	Handlungskompetenz,
knowing that (Ryle),	knowing how (Ryle),
explizites Wissen,	implizites Wissen,
begriffliches Wissen,	tacit knowledge (Polanyi),
theoretisches Wissen,	prozedurales Wissen,
propositionales Wissen (Göranzon),	praktische Inteligenz (Göranzon),
reflective cognition (Norman),	experiental cognition (Norman),
diskursives Bewußtsein (Giddens),	praktisches Bewußtsein (Giddens),
...	...

Diese Unterscheidung hat neben dem handlungstheoretischen auch einen neurobiologischen Hintergrund: Können und Wissen werden in unterschiedlichen Gehirnregionen hervorgebracht (vgl. Roth 1995; siehe auch die unterschiedlichen Gedächtnisarten bei Markowitsch 1996).

Zwischen den Polen elaborierter wissenschaftlicher Theorien auf der Wissensseite und reiner Erfahrung auf der Könnensseite gibt es ein breites Spektrum mehr oder weniger konsistent und allgemeingültig explizierten Wissens, sog. heuristisches Wissen, „theories-in-use" etc. Gleichwohl beruhen auch diese Wissensbestände auf Begriffsbildung und haben Aussageform (Tatsachenfeststellungen, Wenn... dann...-Aussagen, sog. Hornklauseln).

Wesentlich für das Verständnis von Können und Wissen ist deren dynamische Beziehung, die Art und Weise, wie sie einander wechselseitig hervorbringen: Vorgängig ist stets die natürliche Handlungskompetenz, das Können. Erst durch besondere Anstrengungen (etwa durch Reflexion, Begriffsbildung oder Experimentieren) lassen sich Aspekte des Handelns (aber niemals zur Gänze) in explizites, theoretisches Wissen transformieren. Durch dessen Aneignung für praktische Zwecke, d.h. durch Interpretation seiner Funktionen im Handlungskontext, wird das explizite, abstrakte Wissen wieder in einen – freilich eben dadurch veränderten – Praxiszusammenhang gestellt (rekontextualisiert), ein Vorgang, der seinerseits Können erfordert. Dieser Dialektik der (stets partiellen) Explikation von Erfahrung in Wissen und der Aneignung von Wissen als erweitertes Können zufolge ist das in Zeichen vergegenständlichte, dekontextualisierte Wissen „geronnene Erfahrung" und wird durch Aneignung zugleich Teil einer veränderten Praxis (Brödner 1997).

Mit Blick auf die Wissensbasis einer Organisation und praktische Aufgaben des Wissensmanagements ist ferner die Unterscheidung zwischen *individuellem* und kollektivem Können und Wissen wichtig. Dabei stehen die in folgender Abbildung dargestellten Transformationsprozesse im Vordergrund der Betrachtung (Nonaka / Takeuchi 1995):

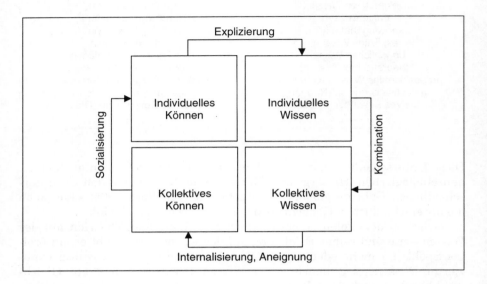

Wissensteilung ist ein komplexer gesellschaftlicher Interaktionsprozeß, durch den Wissen effektiv generiert und genutzt wird. Er umfaßt sowohl die Spezialisierung und Fragmentierung von Wissen bei dessen Genese als auch die Diffusion durch Teilhabe bei dessen Nutzung.

Anmerkungen: Mit der Ausdehnung des Umfangs des Wissens geht zugleich dessen Spezialisierung und Zersplitterung einher: Wissen ist fragmentiert und verteilt auf unterschiedliche Gegenstandsbereiche, Disziplinen, Institutionen und Praxisgemeinschaften, die wegen notwendigerweise unterschiedlicher Perspektiven der Begriffsbildung und Dekontextualisierung von einander weitgehend isoliert sind. Wissen ist zudem wegen prinzipieller Grenzen der Explikation stets partiell und daher von begrenzter Reichweite für praktisches Handeln.

Das gesellschaftliche Faktum der Wissensteilung macht es zur Lösung praktischer Probleme in der Regel notwendig, relevante, aber zerstreute Wissensbereiche zusammenzuführen und produktiv aufeinander zu beziehen (eine Aufgabe des Wissensmanagements, das von allen Beteiligten hoch entwickeltes Können verlangt).

Wissensteilung hat Ähnlichkeiten mit der Arbeitsteilung, ist gleichwohl von dieser zu unterscheiden: *Arbeitsteilung* beruht auf der Spezialisierung von Arbeitstätigkeiten; ihr Sinn liegt nach Adam Smith darin, daß sie die Produktivität der gesellschaftlichen Arbeit steigert und so den Wohlstand mehrt. Die Synthese oder Koordination geteilter Arbeitsprozesse zur Erstellung von Produkten und Leistungen wird gesellschaftlich über Wettbewerb und Transaktionen am Markt, im Unternehmen durch Planung und Kooperation geleistet. *Wissensteilung* beruht dagegen auf Spezialisierung von Prozessen der Wissensgenerierung; dabei entsteht zusätzliches, zwar fragmentiertes, aber vertieftes Wissen, das neue Möglichkeiten der Nutzung und Verwertung in der gesellschaftlichen Produktion und Reproduktion eröffnet (Wissen als „Handlungsvermögen", Stehr 1994). Die Synthese oder Koordination zerstreuter Wissensbestände zur Problemlösung wird häufig durch Vermittlung und Übertragung von Nutzungsrechten und Leistungsansprüchen an „Wissensträger" sowie in Prozessen kollektiven Lernens geleistet (vgl. Innovationssystem).

Individuelles Lernen verändert die Art und Weise, wie ein Mensch in Situationen handelt. Es gibt mindestens drei verschiedene Formen oder Stufen individuellen Lernens:

• Konditionieren (Behaviorismus, Pawlowscher Reflex),

• Nachahmen erfolgreichen Verhaltens (erfolgreiche Handlungsmuster werden als Vorbild genommen und reproduziert),

• Problemlösungslernen, bei dem eingeübte Lernroutinen selbst verändert werden („Lernen des Lernens", Deutero-Lernen im Sinne von Bateson oder Akkommodation im Sinne von Piaget).

Das letzterem zugrundeliegende *einsichtige Lernen* besteht in der Konstruktion eines veränderten, subjektiv konsistenten mentalen Modells (das dazu dient, Sinneseindrücke handlungsorientiert zu organisieren), wobei aktuelle Wahrnehmungen mittels langfristig verfügbarer, allgemeinerer Schemata neu strukturiert werden (Dutke 1994).

Anmerkung: Individuelles Lernen ist notwendige (aber nicht hinreichende) Voraussetzung für organisationales Lernen.

Kollektives Lernen findet in und in Bezug auf soziale Systeme statt und beruht auf individuellem Lernen, führt aber über dieses hinaus. Es setzt geteilte (veränderte) Ziele voraus und besteht zunächst in der Verständigung über zielführende, zweckmäßige Aufgaben und Handlungsweisen, d. h. letztlich in der Entwicklung hinreichend übereinstimmender mentaler Modelle der Mitglieder des sozialen Systems über dessen Struktur und Funktionsweise. Kollektives Lernen besteht ferner in der interaktiv abgestimmten Festlegung der jeweils eigenen individuellen Rolle im neuen System bei Einsicht in dessen Aufbau und Funktionsweise (einschl. der Reflexion und Bewertung gewachsener Denkweisen und Handlungsmuster), schließlich in der entsprechenden Veränderung der eigenen Praxis entsprechend der neuen Rolle (Aneignung).

Anmerkungen: Kollektives Lernen ist Folge einer Irritation. Es entsteht, wenn gewohntes Handeln scheitert, wenn es sozio-kognitive Widersprüche gibt derart, daß verschiedene Individuen unterschiedliche Antworten auf das gleiche Problem haben, dabei aber an einer gemeinsamen Lösung interessiert sind. Damit diese zustande kommen kann, sind sie auf einen Wandel von Sichtweisen und Präferenzen durch Einsicht angewiesen. Eine konsensuale Lösung in diesem Sinne findet sich dann aufgrund individuellen Lernens (auf der Stufe des Problemlösungslernens) in Verbindung mit einer Veränderung der kollektiven Handlungsroutinen und des institutionalisierten Wissens der Organisation.

Innovationen beruhen im Kern auf kollektiven Lernprozessen.

Daten sind identifizierbare Formen, die aufgrund von Erwartungen, gegebenen oder unterstellten Abmachungen Information darstellen (nach DIN 44 300).

Information ist „jeder Unterschied, der (im Handeln) etwas ausmacht" (Bateson 1980). Ein Unterschied ist eine Relation zwischen Dingen (z. B. zwischen Erwartungen und Ergebnissen von Handlungen, zwischen wahrgenommenen Umweltgegebenheiten), nicht etwa eine Eigenschaft von Gegenständen oder Vorgängen. Diesem handlungsbezogenen, semantischen Begriff von Information zufolge entsteht Information durch die Interpretationsleistung handelnder Menschen, indem sie einem wahrgenommenen Unterschied Bedeutung zuweisen.

Anmerkung: Davon streng zu unterscheiden ist der syntaktische Informationsgehalt von Daten nach der Informationstheorie; er ergibt sich aus der Eintreffenswahrscheinlichkeit ihrer Zeichen (Shannon/Weaver 1948).

Ein **Zeichen** ist eine Relation zwischen drei Entitäten:

1. dem materiellen Zeichenträger (ein als Zeichen gedeuteter Gegenstand oder Vorgang, Repräsentant R),

2. dem bezeichneten Gegenstand oder Vorgang (Objekt O) und

3. der Bedeutung, die ein Interpret dem Paar (R,O) zuschreibt (Begriff B).

Das Zeichen ist also die gerichtete Relation ((R $\rightarrow$ O) $\rightarrow$ B). Seine auf R reduzierte Dimension ist die Syntaktik (wie wird bezeichnet? $\rightarrow$ Daten); seine auf (R $\rightarrow$ O) reduzierte Dimension ist die Semantik (was wird bezeichnet? $\rightarrow$ Information) und die sozio-kulturelle Dimension der Zeichenbildung selbst ist die Pragmatik (wozu wird bezeichnet? $\rightarrow$ Wissen).

Anmerkungen: Daten sind auf ihre syntaktische Dimension R reduzierte Zeichen.

Information ist ein auf die Relation R → O, auf die semantische Dimension reduziertes Zeichen. Sie ist Ergebnis einer Unterscheidung, eben der „Unterschied, der etwas ausmacht".

Wissen (das „Gesehene") ist eine Menge von Begriffen und deren Beziehungen in Aussageform, ein Geflecht von aufeinander bezogenen Bedeutungen, die mittels der sie repräsentierenden Zeichen kommunizierbar sind (Eco 1976; Morris 1975; Nake 1997; Peirce 1983).

Innovation ist jede wirksame Neuerung in der Organisation von Prozessen gesellschaftlicher Produktion oder Reproduktion, die sich – wirtschaftlich oder gesellschaftlich – durchsetzt. Innovationen manifestieren sich in neuen Produkten oder Leistungen, in neuen Verfahren und Organisationsformen, in neuen Märkten, in neuen Institutionen.

Anmerkungen: Innovationen beuten den Wandel aus und sind paradoxer Natur: Sie brechen mit gewohnten Denkweisen und Handlungsroutinen und führen sie auf überraschende Weise in neuer Perspektive fort. Sie laufen im Kern darauf hinaus, eine neue Praxis zu erfinden und erfordern daher die kreative Interpretation gegebener Umstände. Sie implizieren neue Spielregeln, veränderte Sichtweisen und Handlungsmuster (einen Kulturwandel) und erfordern daher kollektive Lernprozesse, die Interaktion betroffener und interessierter Akteure (etwa von Erfindern, Entwicklern, Herstellern und Anwendern; siehe Innovationssystem).

Innovation erfordert Unternehmungsgeist und Unternehmertum beruht auf Innovation, auf der ständigen Anstrengung, Wandel als Gelegenheit zum Geschäft zu nutzen. Über den wirtschaftlichen Erfolg einer Innovation entscheidet letztlich der Markt. Wirtschaftlicher Erfolg bedeutet aber nicht unbedingt auch gesellschaftliche Nützlichkeit.

„Innovation ist durch Wettbewerb selektierte Kreativität" (Albach).

Ein **Innovationssystem** ist ein soziales System, in dem verschiedene Akteure mit jeweils eigenen Sichtweisen und Handlungsmustern zusammentreffen, in der Interaktion lernen, ihre unterschiedlichen Perspektiven produktiv aufeinander zu beziehen, und eben dadurch Überraschendes, Neues (die Innovation) hervorbringen.

Literatur

Bateson, G., 1980: Mind and Nature. A Necessary Unity, Toronto: Bantam Books.

Bell, D., 1975: Die nachindustrielle Gesellschaft, Frankfurt/M: Campus.

Brödner, P., 1997: Der überlistete Odysseus. Über das zerrüttete Verhältnis von Menschen und Maschinen, Berlin: edition sigma.

DIN 44 300: Informationsverarbeitung. Begriffe, Berlin: Beuth.

Dreyfus, H. L., 1979: What Computers Can't Do. The Limits of Artificial Intelligence, New York: Harper & Row.

Dutke, S., 1994: Mentale Modelle: Konstrukte des Wissens und Verstehens. Kognitionspsychologische Grundlagen für die Software-Ergonomie, Göttingen: Verlag für Angewandte Psychologie.

Eco, U., 1976: A Theory of Semiotics, Bloomington (IN): Indiana University Press.

Giddens, A., 1988: Die Konstitution der Gesellschaft. Grundzüge einer Theorie der Strukturierung, Frankfurt/M: Campus.

Göranzon, B./Josefson, I. (Eds.), 1988: Knowledge, Skill and Artificial Intelligence, London: Springer.

Janich, P., 1997: Kleine Philosophie der Naturwissenschaften, München: Beck

Markowitsch, H. J., 1996: Neuropsychologie des menschlichen Gedächtnisses, Spektrum der Wissenschaft, September: 52-61.

Morris, C., 1975: Grundlagen der Zeichentheorie, München: Hanser.

Nake, F., 1997: Der semiotische Charakter der informatischen Gegenstände. In: Bayer, U. (Hg.): Festschrift zu Ehren von Elisabeth Walter, Baden-Baden: agis.

Nonaka, I./Takeuchi, H., 1995: The Knowledge Creating Company. How Japanese Companies Create the Dynamics of Innovation, Oxford: Oxford University Press.

Norman, D. A., 1980: Twelve Issues for Cognitive Science, Cognitive Science 4: 1-32.

Peirce, C. S., 1983: Phänomen und Logik der Zeichen, Frankfurt / M: Suhrkamp.

Polanyi, M., 1985: Implizites Wissen, Frankfurt/M: Suhrkamp.

Roth, G., 1995: Das Gehirn und seine Wirklichkeit. Kognitive Neurobiologie und ihre philosophischen Konsequenzen, Frankfurt / M: Suhrkamp.

Ryle, G., 1987: Der Begriff des Geistes, Stuttgart: Reclam.

Schon, D. A., 1983: The Reflective Practitioner: How Professionals Think in Action, New York: Basic Books.

Shannon, C./Weaver, W., 1948: The Mathematical Theory of Communication, Urbana: University of Illinois Press 1962.

Smith, A., 1973: Eine Untersuchung über Wesen und Ursachen des Volkswohlstandes. Republikation, 2 Bde., Gießen.

Stehr, N., 1994: Arbeit, Eigentum und Wissen: Zur Theorie von Wissensgesellschaften, Frankfurt/M: Suhrkamp.

Suchman, L., 1987: Plans and Situated Actions. The Problem of Human Machine Communication, Cambridge (MA): Cambridge University Press.

Brödner, P. / Helmstädter, E. / Widmaier, B. (Hg.):   263
Wissensteilung. Zur Dynamik von Innovation und kollektivem Lernen,
München und Mering: Hampp 1999

PERSONENREGISTER

SACHREGISTER

Arbeit und Technik

herausgegeben von Franz Lehner, Gerhard Bosch, Peter Brödner, Josef Hilbert

Ausgewählte Veröffentlichungen im Rainer Hampp Verlag

Franz Lehner (Hg.)
WertSchöpfung. Maßstäbe einer neuen Ökonomie
Arbeit und Technik, hrsg. von F. Lehner, G. Bosch, P. Brödner, J. Hilbert, Band 12,
ISBN 3-87988-380-7, Rainer Hampp Verlag, München und Mering 1999, 291 S., DM 53.20,
EURO 27.20

Die Zukunftsdebatte in Deutschland wird gegenwärtig unter einer engen ökonomischen Perspektive geführt. Die Wettbewerbsfähigkeit der Unternehmen verdrängt den Wohlstand der Nationen als Ziel der Volkswirtschaft. Statt dieser rückwärts gewandten Reaktionen auf den Wandel müssen wir strukturelle Veränderungen offensiv nutzen, um neue Chancen für Wirtschaft, Arbeit, Lebenswelt und Ökologie zu eröffnen. Dazu brauchen wir neue Orientierungen und Maßstäbe, die ökonomische, soziale, ökologische und kulturelle Perspektiven miteinander verbinden und die WertSchöpfung auf eine neue Basis setzen.

Sie zu finden, war Ziel dieses Kongresses, der, einer bewährten Tradition des Wissenschaftszentrums Nordrhein-Westfalen folgend, auf einen intensiven Dialog zwischen Wissenschaft und Praxis sowie zwischen unterschiedlichen Wissenschaftsdisziplinen und Wissenschaftswelten setzte.

Peter Brödner, Hansjürgen Paul, Ileana Hamburg (Hg.): **Kooperative Konstruktion und Entwicklung. Nutzungsperspektiven von CAD-Systemen**
Arbeit und Technik, hrsg. von F. Lehner, G. Bosch, P. Brödner, J. Hilbert, Band 3
ISBN 3-87988-162-6, Rainer Hampp Verlag, München und Mering 1995, 274 S., DM 49.80

Infolge wachsender Komplexität und Dynamik des technischen Wandels, hohen Wettbewerbsdrucks und vielfältigen Kundenanforderungen an Produkte und Serviceleistungen steigt auch die Erfolgsverantwortung des Konstruktionsbereichs für das Produkt; die während des Konstruktionsprozesses getroffenen Entscheidungen beeinflussen Fertigung, Qualität, Kosten, „time to market", und so auch den Erfolg des Produktes auf dem Markt. Dem wird zunehmend mit der Einführung von integrierten, kooperativen Formen der Produkterstellung wie Simultaneous Engineering (SE) oder Concurrent Engineering (CE) zu begegnen versucht. Die vielfältigen Probleme im praktischen Einsatz von CAD-Systemen, insbesondere im Zusammenhang mit der Verbesserung und Reorganisation von Konstruktionsprozessen, sind noch keineswegs befriedigend gelöst. Neue kooperative Arbeitsformen werden erprobt und stellen neue Anforderungen an die Technik. Damit sind weitere Anstrengungen gefordert, der Konstruktion angemessene Werkzeuge und Kommunikationsmedien verfügbar zu machen.

Die Beiträge der hier zu Wort kommenden Arbeitswissenschaftler, Psychologen, Informatiker und Ingenieure berichten über Erfahrungen aus betrieblichen Umstrukturierungsprozessen, aber auch über Konzepte für zukünftige CAD-Systeme und deren Nutzungsperspektiven. Immer deutlicher zeichnet sich ab, daß Gestaltung und Einsatz von CAD-Technik als Teil der Arbeitsgestaltung und Organisationsentwicklung begriffen werden müssen, weil die konkreten Formen und Abläufe der Arbeitsprozesse insgesamt die Leistungsfähigkeit entscheidend bestimmen.

Irene Maucher (Hg.)
Wandel der Leitbilder zur Entwicklung und Nutzung von PPS-Systemen
Arbeit und Technik, hrsg. von F. Lehner, G. Bosch, P. Brödner, J. Hilbert, Band 10,
ISBN 3-87988-276-2, Rainer Hampp Verlag, München und Mering 1998, 240 S., DM 46.80

Systeme zur Produktionsplanung und -steuerung sind eigentlich ein alter Hut. Teil-funktionen wie die Materialwirtschaft gehörten mit zu den ersten kommerziellen Einsatzfeldern elektronischer Datenverarbeitung. Eigentlich, so müßte man glauben, sollte dies eine gut beherrschte und sinnvoll genutzte Technik sein. Doch weit gefehlt - der tatsächliche Nutzen steht oft in keinem Verhältnis zu Aufwand der Einführung und Kosten der Nutzung.

Diese Schwierigkeiten haben verschiedene Ursachen. Zum einen stellen PPS-Systeme, engstens verwoben mit der Organisation des Unternehmens, eine Organisationstechnik wie kaum eine andere dar. Ihre Funktionen und Datenstrukturen müssen sich nicht nur an jeweils besondere organisatorische Gegebenheiten anpassen, sondern auch mit der Fortentwicklung der Organisation leicht verändern lassen. Zum anderen treten dabei die sozialen Bezüge der Entwicklung und Einsatzformen von Technik, ihrer Gestaltung und Aneignung, besonders deutlich hervor.

Ihre Überwindung macht ein iteratives, die Nutzer stark einbeziehendes Vorgehen erforderlich (das in der Praxis freilich nur zu oft unzureichend umgesetzt wird). Das darin angelegte Kernproblem, ein angemessenes Zusammenspiel von Technikherstellern und -anwendern, wird im Rahmen der einzelnen Beiträge dieses Buches im Zeitverlauf näher untersucht. So gelingt es, die PPS-System-Generationen anhand der jeweils dominanten Problemlagen und Leitbilder der Akteure zu rekonstruieren.

Ludger Pries
Betrieblicher Wandel in der Risikogesellschaft. Empirische Befunde und konzeptionelle Überlegungen. Mit einem Vorwort von Ulrich Beck
Arbeit und Technik, hrsg. von F. Lehner, G. Bosch, P. Brödner, J. Hilbert, Band 9,
ISBN 3-87988-273-8, Rainer Hampp Verlag, München und Mering 1998, 232 S., DM 46.80

Betriebe sind in industriell-kapitalistischen Gesellschaften die wichtigsten Orte der materiellen Produktion von Gütern und Dienstleistungen. Am Ende des Jahrhunderts gewinnt die Frage nach ihrer Wandlungsdynamik und Zukunft enorme Bedeutung: Welche Rolle spielen noch Taylorismus und Fordismus in der betrieblichen Produktion? Ist das Ende der Arbeitsteilung" tatsächlich eingetreten? Lösen sich die Betriebe gar in kooperative Netzwerke auf? Ausgehend von Ulrich Becks Theorie der Risikogesellschaft wird hier anhand umfangreichen empirischen Materials die Dynamik und Richtung des gegenwärtigen betrieblichen Wandels als reflexive Modernisierung interpretiert. Dabei werden Betriebe in einer doppelten Perspektive als Handlungseinheiten von materieller und sozialer Produktion gesellschaftlicher Wirklichkeit verstanden.

Reflexive Modernisierung bedeutet dann auch, daß gegenüber der materiellen die soziale Transformation von Wirklichkeit wichtiger wird. Wenn dies zutrifft, so stellt sich die alte Frage der Betriebsdemokratie als Problem der demokratischen und sozialen Legitimierung betrieblichen Handelns qualitativ neu. Jenseits der ökonomisch, technisch und organisatorisch begründeten Sachzwang-Diskurse eröffnet sich die Tendenz (und Chance!?) einer Politisierung des Betriebsgeschehens.